U0004995

台灣原住民 64

布農族
傳統文化誌

田哲益（達西烏拉彎‧畢馬）◎著

晨星出版

[作 者 序]

布農族豐富多元的生物多樣性智慧

布農族長期生活在中央山脈的高山森林中，大自然資源提供了他們生活的資源，也涵養了他們樸實渾厚的生活哲學。

布農族是台灣原住民族居住海拔最高的民族，所以有人稱他們是「雲端上的民族」，他們守護著荒山野嶺，保育著台灣的原始森林。

高山、森林是現代布農人往日回憶的搖籃，無論是在深山裡學習狩獵，或在田野裡採著野菜拎回家，都是這片深野土地的賜予，所以布農人非常感恩自然大地，並且與大地自然和諧生存。

布農人與大自然環境共存，不僅生態知識深厚，更包括與土地的倫理關係，尊重森林和保育大自然。布農族與森林裡的野生動物和各種花草樹木都建立了良好的感情。

過去，山林沒有過度開發，環境十分幽靜，布農人生活在這樣的氛圍下，至今還可以明顯感受到布農族人那種自然、樸實的氣息。

原始山林到處都是寶，布農人生於斯，長於斯，因此善用大自然的恩物，生活上從來沒有匱乏。舉凡傳統飲食動植物來源、狩獵文化、採集經濟、漁撈經濟、飼養經濟、傳統住屋、交通運輸、民族服飾、傳統樂器、傳統衛生與醫療、民族工藝、紡織工藝、編器工藝等，都是來自於大自然。

　　對布農族來說，山林孕育了布農族人的生命，山林給予了布農人生活所需的一切。族人認為，這些資源和物資，都是冥冥之中「上天」所賜給，所以「上天」（Dihanin）是布農人唯一的「真神」信仰，凡事都禱告祈求「上天」。

　　布農人知道，唯有「尊神」、「敬神」，才能保障「上天」繼續給予資源與物資，因此，布農人舉行了許多歲時祭儀和生命祭儀，成為台灣原住民族中祭儀最繁複的一族。透過這些繁多的儀式，向「上天」祈福與避邪。

　　布農族是懂得「感恩」、「惜福」與「節制」的民族，例如，打獵不僅僅是獵捕，更有神聖的精神，知道不要趕盡殺絕、不獵殺幼獸和懷孕的母獸，這樣才能夠永續保持肉類蛋白質的來源與取得。而且還有休獵期，讓野生動物繁殖生長。

　　建築材料的取得，不會只在一個地方砍伐殆盡，而破壞了當地地景與生態，而是在許多地方取得所需材料，這樣就不會破壞地景地物。這是布農族對生態環境高貴的環保意識與倫理道德。

　　採集野菜，也不會把該地的野蔬採得光潔溜溜的，必留下一些做為繼續繁殖的根本，其後還可以來此採擷，這就是古代布農人生活上永無匱乏的原因。

　　總之，生物多樣性傳統知識越豐富，大自然可供利用與運用的資源也就越多樣化。這本書是布農族生物多樣性傳統知識與利用及運用的第一本專書，以做為拋磚引玉。

田哲益　序於南投水里山水居　2019年8月20日

CONTENTS

第
一
章

布農族山林傳統
農耕生產經濟

早期，原住民族除了農耕活動外，也以狩獵、漁撈維生。台灣原住民的謀生方式，因為居住環境的差異而有不同，各族群都會適應自然環境，建立自己的謀生方式。在漢族人來台以前，他們早已過著狩獵、捕魚或簡單的農耕生活。

　　世界上各民族文化得以滋生和發展的土壤是農業，農業生產要求人民居住相對穩定，這就產生了古代農民安土重遷的思想。不過，台灣原住民族特殊的政經地位，自荷西時期、明鄭、清代、日治、台灣光復初期，不斷地遷徙未曾間斷，行政區域規劃設定確定後，才逐漸安定下來。因此，其農業的發展經濟是晚期的事情。

　　台灣原住民族的生產方式，17世紀以前，基本上以漁獵為主，兼營採集與初級游耕。

　　人類追求進步是永無止境的，布農族人也不例外，布農族人從中央山脈深山舊社過著半原始的生活，而至今之現代化生活，其間傳統產業與經濟貿易，從工具的使用以及從「以物易物」至「錢幣消費」的經濟貿易，皆產生了許多變遷。

　　布農族人原始的產業經濟，從採集、狩獵到游耕至定耕，布農族最原始的耕作農具例如手鍬、鹿角掘土器、竹刀、山刀、手斧與坎草刀、鋸子、耙子等。進入現代化後，農具也進入了新的境界，大大提升了生產力，從木製手鍬到鐵鋤，從人力到引進耕牛以獸力代替人力，進而以機器耕耘機和播種機耕作，碾米機代替了傳統搗米，並且有農機車與貨車替代了傳統的背負運輸。

∿∿ 一、布農族農耕生產農具動植物之利用 ∿∿

　　傳統布農族的山田粟作，焚林闢土，既不用耕牛，亦不知施肥灌溉之法，農耕技術十分簡單。其觀念認為，狩獵為男子的工作，農耕則是女子的工作。社會分工處於「夫攜弓、婦鋤褥」的階段，今日則男女並耕。

　　使用之農具頗為簡單，屈足伏地而鋤：

　　（一）「掘杖」乃以木杖之一端削尖而成。

　　（二）「手鍬」：以勾形木枝為柄，將微彎的狹長石片或鐵片以藤皮縛於彎柄上而成，用於掘土鋤草。

　　（三）「石器」、「骨器」：古時無鐵片，曾將鹿角或石斧縛於木柄上做為鍬使用。

∿∿ 二、布農族農耕生產農具之演進 ∿∿

（一）掘杖農具

　　布農族農耕的農具頗為簡易，往昔僅有掘杖之類。以木杖之一端削尖，即成掘杖的原始形式。

（二）手鍬農具

　　布農族人的原始生活，用以耕作掘土的工具為「手鍬」（木

鋤），勾形木枝為柄，將微彎的狹長石片（石頭磨製而成）以藤皮縛於彎柄上而成，掘土鋤草都用此物。

古代布農族人非常珍惜農具（鋤具等），尤其有了鐵製小鍬，因獲得不易，所以非常珍愛，更成為結婚定情及喜慶送禮之物。

布農族歲時祭儀中，有一項關於農具的祭儀，即「封鋤祭」，此祭儀是在播種小米的工作全部結束之後舉行。所謂「封鋤」，即收藏農具並酬謝農具完成播種工作。

封鋤祭日，把開墾和播種時用過的鋤頭手鍬都收集起來，祭司供出粟穗及灑酒祭之，為了今年的播種工作能順利進展，如期完工而致謝，並祈求今歲收獲遠超過往年，祭司領著準巫師一起唱〈收穫之歌〉。祭畢，到頭骨架前，作同樣祈禱，然後家中酒宴開始，近鄰各家互訪，走到那裡，喝到那裡，以慰連日耕耘之勞。祭祀敵首骨，其意為希望敵族的食物全部都到自己的家裡來。

（三）鹿角掘土農具

「鹿角」為布農族人傳統原始的農耕掘土、鬆土器。利用野獸骨作為農具挖掘泥地，是世界原始民族的農業發展過程。古時無鐵片，曾將鹿角或石斧縛於木柄上為鍬。後來才有比較現代的鐵製小鍬（Tanga），農具的使用日益進步。

（四）竹刀農具

原始時代，布農族人沒有鐵刀，當要採收小米時，是用竹刀

（竹削製的刀片）採擷；殺豬也是用削尖的長竹刀刺豬的心臟部位；嬰兒的臍帶也是用竹刀來剪掉。布農人與漢人接觸後，便有了砍刀、鐮刀、斧頭、匕首、剪刀等工具，從事農耕就更加便利與事半功倍了。

（五）鐵製農具

布農族還在中央山脈舊社生活的時候（尚未被日本人集團移住至現址），就已經渡過了石器時代，有簡單的鐵器（從漢人處輸入，以物易物獲得）從事農業生產，其後鋤頭、手鍬、鐮刀、砍草刀等鐵器相繼輸入。

（六）山刀農具

「山刀」（男子佩刀）是原住民常用的農具，舉凡開墾、砍柴、狩獵都需要用到刀，因此山刀變成了原住民主要的隨身用器，也是狩獵的武器，所以佩帶腰刀，幾乎是台灣原住民族男子的標識。布農族的山刀，區分為農耕狩獵山刀及獵首山刀，二者不可混為一用，這是禁忌。

布農族的「佩刀」佩於腰間，又稱「腰刀」（郡社語Haili，巒社語Via）。刀為鐵製，昔日原住民不能自製鐵器，所用鐵器，皆由平地漢人處輸入，有時則由一、二位漢人常駐山地，依布農人需要，製造鐵器以供當地人所用。

布農族人非常寶愛刀，常以刀為厚重贈禮，布農族人的生育習俗：舅舅要送男嬰一把刀為贈禮，希望嬰兒長大成為布農族勇猛有智慧的勇士。

據傳說南投縣信義鄉望鄉部落曾經有一位「鐵匠」：

[鐵匠的故事]

採錄者：田哲益、全妙雲
採錄地點：南投縣信義鄉望鄉部落
採錄時間：2003年11月11日
報導人：全春榮（I-bi），巒社群・索各魯曼氏族人

　　望鄉部落以前有一位鐵匠，他的姓名叫做Ti-iang sai-hu，「Ti-iang」是名字，「Sai-hu」是「精於某事者」或「專家」。Ti-iang sai-hu原來是居住在原鄉舊社的「依斯卡卡福特」（Is-qa-qa-vut）氏族人，日治時期遷徙至望鄉部落。他精於打刀、鐮刀、箭頭、火槍製作，所以我們稱他為「Ti-iang sai-hu」。他死後，鐵匠的技藝沒有傳承給後代。

（七）手斧與坎草刀農具

　　「手斧」（Tumpu）也是布農族人重要的伐木工具，如築屋所需的木柱、橫樑等，皆需用手斧砍伐。較早的時候使用石斧，晚近才使用鐵製的手斧。

　　「砍草刀」即直柄鐮刀，刀下端成直形，僅上端向內彎成彎刃，郡社群人稱「Navu」，巒社群人稱「Kaul」。短且寬厚的砍刀，專門用來砍樹枝燒柴火用；細長而薄的砍刀則是專門用來砍山田樹草。

（八）鋸子農具

日治時期，「鋸子」（Kulut）也是布農族人伐木以築屋的重要工具。台灣的天然樟腦，在當時堪稱世界第一。布農族丹社群人也參與了砍伐樟腦，提煉樟腦油的工作。

據說，因為日人扣押工資，丹社群伐木工人發動了二次「丹大事件」，並且集體翻山越嶺遷往（為怕被報復，實有逃往之意）花蓮。後來，日本政策實施集團移住，日人為便於管理丹社群人，於是令他們全部移住花蓮。

目前，丹社群後裔留在南投縣老家的人口並不多。遷居東部的丹社群人比留居西部者多，分別散居花蓮縣萬榮鄉馬遠村和紅葉村，台東縣長濱鄉南溪部落，花蓮瑞穗鄉奇美部落及花蓮縣豐濱鄉磯崎村高山部落，聚落零散。

（九）耙子農具

「耙子」（Kakalus）是用耙草使之集中燃燒的農具。布農族的斧、鋤、小刀、鋸子等皆被用作農具，但此等用具非屬原有，乃得自漢族。布農族的這些生產工具，原本都是石製或木製而成，後來從漢族以物易物換得鐵器後，開始用鐵製生產工具。

（十）鐵鋤農具

日治時，布農族人自原居舊社遷徙現址後，最初，農事還是用比較古老的方法，後來以獸力及機械代替人工，大大節省了人力、物力和時間。數千年來，布農族人視農業為一項永續產業，過去傳統的農耕工具，只有簡易的鹿角、木製掘器與竹刀（收割小米）等，後來更引進了「鐵鋤」，掘土與鬆土、鋤草更加便利

了，大大提升了工作效率，一直到現在，「鐵鋤」仍然是農家形影不離的工具。

　　與漢族人以山產貿易交換的「鐵鋤」，布農族人非常珍惜，更發展出專為感念農具協助農耕的祭典儀式「封鋤祭」，這是收藏農具的祭儀。為小米全部播種完畢後舉行，感謝農具幫忙完成播種工作，很虔敬的收藏於布農族人視為神聖之域的小米倉庫裡面。

（十一）耕牛之引進

　　布農族人畜養耕牛是在日治末期以後，日本人教授族人水田稻作的技術，族人便從漢族人處買進牛隻，作為耕田稻作之用，此時，族人開始使用牛隻耕田。

（十二）耕耘機與播種機之引進

　　布農族人被日本人遷徙現址後，日本人指導族人開闢水稻田，並教授耕耘、管理與收成的技術。台灣光復後，族人亦開始購買耕耘機，機械節約了許多人力；傳統播種水稻需要很多人力，族人購買了播種機，也減輕了人力。

（十三）碾米機之引進

　　傳統布農族人以木杵和木臼搗米，是婦女日常的重要工作，台灣光復後，也買進了小型「碾米機」代替人工搗米。

　　未買進碾米機以前，布農族人自製了以水力碾米的「水力碾米機」，也算是布農族人的科技發明。

（十四）農機車與貨車之引進

農機車是目前原住民上山耕作常見的交通運輸工具，幾乎從事農業的族人，家中都會有農機車，做為到山坡地從事農耕或運輸農產品的工具，堪稱非常便利。也有經濟情況較好的族人，家中有貨運車，以作為交通與運輸的工具。

進入現代，布農族人的生活幾乎無一不與機械科技相結合，享受現代科技的成果，也成了布農族人不可分離的需求與滿足。

三、布農族之農耕作物

人以食為天，布農族人歷經數千年的發展，在飲食方面也累積了經驗，也有具民族特色的飲食文化。布農族食物來源有下列數種：農耕、狩獵與漁撈、畜養與採集等。

農耕所獲為日常生活主副食最重要來源，例如：種植小米、玉米、地瓜、稗、水稻、陸稻、芋頭、樹豆、南瓜、萬年瓜、紅豆、花生、葫蘆、綠豆等。大體上採粟、旱稻與薯、芋並作。種植蔬菜：包括先後引進的白菜、高麗菜、肉豆、金瓜、佛手瓜等。

種植水果：包括梅子、芒果、龍眼、百香果、木瓜、芭樂、香蕉、蓮霧等。並且種植煙草、苧麻，為製煙和織麻用。

四、布農族之耕地與耕作法

　　布農族的耕地，多半在聚落附近的坡地上，開墾山田，傳統是倒樹燒山法，以草木灰作為肥田用，以鍬鋤土，將石塊疊成護坡牆，或用短木椿、竹柵插置於急坡處，藉以保持水土。

（一）兩性分工與通工

　　布農族的傳統經濟生產包括：農耕生產、採集、狩獵、漁撈、飼養等。依舊日習慣，農耕工作為女性負責，男子則從事狩獵。至於最主要的食物來源乃依山田燒墾方式所生產的小米、玉米、甘藷等作物，而此農業生產則由兩性共同負責。不過，生產過程隨不同階段，兩性所負擔的工作也有所差別，比較粗重、危險、艱難的工作，如開墾土地，由男人負主要責任；輕易、瑣碎的、安全的工作，則由女人來擔任，如：除草、巡視農田等。但收獲時，則由兩性共同進行，但是，與耕作有關的祭儀「Mapudahu」（播種的試播祭儀），多是由男人來執行。但兩性的分工並非絕對的，也會「通工」，還有一些工作是適合兩性工作而沒有性別區分。

（二）換工團體

　　布農族人從事農耕，在勞力的使用上，需較多人力時，傳統上是以「換工團體」（郡社群稱Kiuzu，巒社群稱Puk-upa或Palapaiv）方式進行，如開墾及收穫時，因需要較多的人力，所以大都以換工團體來完成。

換工團體是一種集體工作的方式，由數個家戶組成一個耕作團隊，每一個家戶必須派出一員，然後輪流至成員家中進行耕作，先後順序由成員共同決定，若其中成員在某一次輪工中無法派員時，必須自己再選擇一天到未參加的家戶中還他一個工作天，這樣的輪工方式，主人不必殺豬酬庸，但中餐及晚餐要幫參加的成員準備。但在貨幣交易成為主流後，已慢慢式微。

（三）幫工

布農族其餘的小型耕作勞力，均靠家庭勞力完成。而工作繁忙時，同一聚落的姻親（Mavala）（或較遠之姻親），則有無條件幫助（幫工Mana-iav）的義務。

「Mana-iav」是回娘家「幫工」之意，Mana-iav為一種義務性質，沒有酬勞，甚至有時必須自備食物前往。通常由女方家長「Mavala」（意為親家）於工作繁忙時，向嫁出去的女兒提出幫忙的要求，Mana-iav時，丈夫會陪同太太回到娘家幫忙，甚至有時會將已經具有工作能力的小孩一同帶往，若娘家居住地方遙遠時，夫妻兩人會居住在娘家中，一直到工作完成後，才返回自己的家。

不管是「換工」、「幫工」或「召工」，來工作的人，必須自備耕作時所需的生產或耕作工具，例如刀、鐮刀、鋤頭、小鋤、鋸子、背簍等。

（四）召工

「召工」（Mapin-huma）指需要大量勞力才能完成，限期完成或耕作及收割緊迫的時候，請人來工作。

召工通常為一天。在欲召工時，必須先上山狩獵，而姻親（Mavala）善於狩獵者，也可以一起上山參加狩獵，上山獵獲的獸肉，用以做為回報其付出的勞力。

因此，布農族人有許多途徑，可以獲得勞力上的協助與幫工，除了換工外，亦可以獵獸肉作為報酬。

（五）酬工

近代貨幣通行後，耕作勞力漸漸轉為工資制（酬工），稱為「Misakuli」，為日本語，意即賺錢打工。

當貨幣金錢進入部落，布農族人生產活動的價值標準起了變化，交易開始以金錢為主要的衡量標準，召工與換工式微，取而代之的，是以金錢論工酬的「Misakuli」，此種生產活動方式，於日治末期後漸漸成為主流。

五、布農族休田法

布農族採混作的方式種植，一般不會施肥。在人稀地廣的昔日，他們採棄耕制，每一塊地由於不施肥，因此經過數年（約三至五年）種植，地力已盡，即棄而另選他地再種。讓草木生長恢復地力，經過數年才再行燒墾，重複使用。故每一社區皆需比村落八、九倍大的耕地才能輪流墾植。

古昔新開墾的田地，大抵以粟、旱稻與薯、芋並作，耕種

三、四年後，地力用盡，即行「休田法」，暫時棄而不用。

在開墾地耕種的數年中，布農人會先種植小米、糯米及「Kainunan」（該奴南即臻木）樹。Kainunan（該奴南）樹為落葉喬木，樹葉落下，在田內腐爛後可作肥料用。

待小米、糯米收割後則種植青芋、甘藷，此二者收穫後接著種「Batal」（巴達兒），Batal收割後種「Tsalaz」（稗，莎拉爾），Tsalaz收割後，休耕約五年，讓草木恢復地力。

經過五年後，Kainunan（該奴南）樹已經長成可用之材，於是就砍下來做為建築材料。

旱田恢復地力後，再燒墾重複使用，這塊旱田又可周而復始的輪耕小米、糯米等農作物。

布農族農耕休田法，一家之中，最少有九塊旱田可輪流耕種，每一個部落，總需比村落八、九倍大的耕地才能輪流墾種。

布農族人休耕期間會到其他土地上從事開墾，因此會形成游耕農業的面貌。

六、布農族之播種與收穫期

農作物收入是生存的主要來源，同一塊土地，每年大致播種收穫兩次，常用混播間種方法，使整年皆有作物生長。大致上，12月至1月為開墾作田期，2-4月為第一次播種期，6-8月為第一次收穫期及第二次播種期，9、10、11月為第二次收穫期。惟因部

落地勢高低不同，故各部落之播種與收穫的時間，有許多出入。其經濟屬於一種自給自足的狀態。

山田燒墾農業的生產活動是以「家」為單位，旱田及勞力也都是以「家」的所有為基礎，所以生產所得均屬於「家」。

古昔，布農族採行原始共享與分享，如果部落中有人家農作不豐收的時候，豐收者會提供食物。由此可見，布農人的傳統物質文化不僅是以消費為目的，因此充滿共享色彩。

布農族開始播種小米之前，會先舉行「播種祭」（Minpinang）。粟於一月播種，播種時先取下種粟穗，以足趾蹴取粟粒，置入瓢內，左手持瓢，右手播種，其後的人，覆土蓋上。黍播種方法與粟相同，陸稻用條播法，諸芋用穴播法（點播法）。

布農族主要作物中的小米，有一種「龍該瓦爾」（Lonkaival），色紅、堅硬、穗短，收穫量少。然而收穫量很少，他們也一定要種，而且播種小米時，要先播種此種小米。

播種龍該瓦爾小米的地區，稱為「帝能早蘭」（Tinintsaulan）。假若普通小米分種於數處地方時，則各處均會開闢有帝能早蘭的種植區，布農族人到小米田中，就是在此區中作祭。

布農族人舉行小米收穫祭的時候，必須先在帝能早蘭區割小米穗，帶往祭司家中，祭司合各家的龍該瓦爾小米之後，將這些小米穗綑紮成一大把的小米球狀，稱為「達母可」（Tamuku），以舉行收穫祭。

布農族人正式收割小米的時候，亦得先割帝能早蘭區的小米。布農族人初嘗新粟的時候，所吃的小米飯（Lalau）也是以

龍該瓦爾小米煮成的。

　　這種龍該瓦爾是布農族人最古老的小米，是他們的祭粟，然而，自從布農族人信仰新教（西洋宗教基督新舊教）之後，就不再種植此種收穫量很少，且具有神聖性的小米了。

　　布農族旱田中所種植的主要農作物除了小米外，尚有甘藷、青芋、花生、樹豆、稗、玉米、糯米以及南瓜、高梁、旱稻、黍等。

　　小米是布農族人吃得最多的主食，次之則為甘藷與青芋。甘藷年種三次（3月、9月、12月），青芋年種二次（3月、9月），甘藷不僅供人食用，也用來餵豬（用其根葉及地瓜）。

　　布農族種植農作物的節期，各社群或各區域因為居住區域地形的高低或氣候的不同，因此並不一致。

七、布農族之除草與收穫

　　除草：布農族人在粟田除草前，會舉行「除草祭」，每年之三、四月間，為粟田除草期，傳統上，除草工作由女子徒手拔除，分區將拔下之草放置於草堰上作為肥料。旱稻則用鋤頭。

　　收穫：粟大約於六月末至七月初收穫，開始收穫之前，會舉行「收穫祭」（收割祭）。收穫時以手分開粟葉，自粟穗下方約一尺左右，用竹刀切斷粟桿，束為粟把。

　　收割完成後，再用「Batal」葉束之，堆置在地堰上，傍晚時

分，置於背架或背簍內運返家中。

　　布農族的同一塊旱田上，每年大致播種、收穫兩次，常用混播間種方法，使一年中田地經常有農作物生長。

八、布農族創造了農事曆

　　有「中央山脈守護者」美譽的布農族，活動力超強，為了適應高山叢林的生活，不論男女身手都非常矯健，因為長久居住於高山，飲食所需由農耕及狩獵而來，農事祭儀也特別繁複，還因而發明出自己的農事曆（祭祀曆、祭祀板曆、祭祀畫曆）：太陰曆法和原始象形字畫，是台灣原住民族中，唯一擁有自己象形文字的種族。

　　中國文字的產生，就是源於飲食活動。《周易・繫辭下》：「上古結繩而治，後世聖人易之以書契。」結繩文字主要是記食物的數量，如五隻羊就作五結，七頭牛就作七結。不同繩索表示不同的食物，如用草繩表示穀物，用毛繩表示牲畜。迄今，發現的甲骨文、金文，也多與飲食活動有關，說明上古文字，主要是為人們的飲食生活服務。隨著農業生產和飲食活動的發展，人們之間的交往日益增多，要用文字突破語言在時間和空間的限制，以便久傳，因此文字日趨規範化。文字的出現，促進了數字的運算，這也是通過食物計量，如甲骨文中常見一牛、二罍、三犬、十豕、十牢、百羊等數字，都是記載食物。日常生活中數字的運

用也多在飲食方面。（註1）

《易經》有云：「上古結繩而治。」中國古代結繩之傳，應可相信。古者無文字，記載事物之方式，以結繩表示。事大，大結其繩；事小，小結其繩。結之多少，隨物眾寡。結繩之為用，蓋以助記憶也。亞洲的琉球、海南島的黎人，結繩記事，古意猶存。

往時，台灣原住民亦以結繩記事，或結繩記物、記時。婦女常以「苧麻索」打結，計算丈夫上山打獵回家的日子，若超過時間，表示出了狀況。與朋友約定見面的日期，也是以繩結計算。

山中無甲子，歲月不知年？舊時，布農族人將一年分為幾個大節日，再利用結繩記日的方法計算日期。部落要舉行祭儀或聚會、開會，則須由祭司看好日期，再傳遞消息，發布通知開會精確的日期與時刻。傳遞消息的方法有：（一）奔相走告，（二）專人傳告，（三）烽火（Pistibu）：布農族的祭司住屋旁有「烽火台」，燒生草以冒濃煙，此為聯絡居住各山頭族人的通訊方法。

大凡曆之產生，是基於人類生活的實際需要。究竟人類什麼時候有曆法，恐怕從原始部落就已有簡單的曆法，作為相約、記事的準據。

布農族人由原始生活進而定居務農。有人以為，傳統布農族人逐水草而居，處於日出而作、日落而息，山中無甲子的時代，是用不著曆法的，但其實他們也有傳統曆的計算方法。

古代布農族人沒有什麼月曆，沒有文字，都是靠口述流傳，當時，都看著某種植物的發芽，感覺天氣的冷熱，來決定該種植什麼樣的作物，並以月亮的圓滿或虧虛，由族中的祭司決定舉行

祭典儀式的日子。也就是利用自然界植物生長的週期，來決定種下植物的時機。

日本人占據台灣時期，橫尾廣輔當時任職於當時的警務局，曾在布農族部落先後發現三塊不同形式的祭曆板，對布農族之畫曆，曾經三次以本名及橫尾生文之名，在《理蕃之友》雜誌撰文，討論他所見到的三面布農族畫曆。

雖然，我們不能據以判斷其為布農族普遍的文化遺物，但是從木刻畫曆的發現可知，布農族原始社會日益進化，由生食而熟食，由手勢至語言，由黑暗到文明，由漁獵而農業，人的交往，事的交錯，就需要時日的計算和氣候的觀測，因此就有曆的發明。從另外一方面來說：木刻畫曆的發現，也說明了布農族人傳統生活中，以月亮之盈虧來訂定每個月祭儀之事實。

年、月、日是時間的根本觀念。古代布農族人生活簡單，時間經濟的思想不甚發達，有大概之標準，年、月、日已夠運用，不似今日，一分一秒之差，何止千萬里之謬誤。

宇宙原是無窮大的空間，古今原是無限長的時間，布農族人以有限的智慧，制定了適合自己民族的曆法（世界上各種不同民族如埃及人、巴比倫人、中國人、希臘人、希伯來人、印度人、羅馬人，都曾發展出各種適合本身特殊需求的曆法），既合乎天時、地理，又合乎布農族人的生活（起居耕種及狩獵）、欲求、享樂（祭儀）等。

布農族人曆法的發明，代表著布農族文化的開端，更意味著其精進不已、日新又新的精神。

布農族日的計算法：他們把一日分為：白天（Tusqang vali）、晚上（Maqmut）、早上（Matingmut）、中午

（Hanian）、傍晚（Labian或Sanavan）、深夜（Maq mut-daingaz）。日間布農族人以太陽的位置判斷時辰，收工下山回家的時間也以太陽為準據。夜間以月亮的移動位置判定時辰。

　　曆就時間分有日曆、月曆、年曆、萬年曆等。布農族的曆以月曆為主。就曆的性質分有太陽曆、太陰曆，布農族之曆屬於太陰曆（陰曆）。

　　曆法之推算，就理論上言，太陰曆之推算，只求合乎太陰之運行，不問太陽之周天，謂之太陰曆。太陰曆的推算，只須以月為單位，一年有十二個陰曆月，一個月分為三十日。

　　曆法（Calendar）是以日、月、年記時之法也。世界曆法，無論何地，大多起源於月，即先有陰曆，而後有陽曆。陰曆以太陰繞地球一週（29.530588日）為單位，所謂月是也。陽曆以地球繞太陽一週（365.24219日）為單位，所謂年是也。中國舊制曆法、希臘曆法，及回曆太陰年等，為陰曆之較著者；埃及曆法、墨西哥古時曆法、格列哥里曆法、回曆太陽年，及天曆等，為陽曆之較著者。而現今中西通用之陽曆，即格曆。格曆雖為比較進步之曆，然亦不無缺點。

　　布農族人結繩以記日，一結代表一日，結滿三十結後即為一月，以一根小木頭插於第三十結中，用表一月之數，獵人至山上狩獵，亦結繩記日。布農族的曆純粹是月亮陰曆，每一年均在同一個季節中開始。

　　布農族人的太陰曆與月亮無關的太陽曆不同，太陽曆也把一年分成十二個人為的月，且不與月亮同步調，亦即陽曆者，其月份與月亮並無關連。

　　布農族人使用太陰曆，基於宗教和實用上的目的，去記住宗

教節日，並有助於農業耕種、起居耕作的依據。簡言之，曆用來判別節候、記載時日長短、規定時刻標準。

布農族的曆，其最重要的目的是供族人耕種，著重節氣變化，以及農業有關知識。由於曆一定要管用，所以它必須與季節齊一步調。布農族的祭司（Liskadan-lusan）是農業的指導者，也是曆法專家，他掌管天象，指導族人從事農事耕作，祭司根據月之晦朔弦望推算，何時要耕作何種作物，或要舉行什麼祭儀。

布農族人根據月亮的圓缺有無，將一月分成八段：即新月（Mintikutu），亦謂之朔，朔表晦暗及初一。此時月在地日之間，其暗面剛好與地對，地上不見月光，陰曆每月初三、四日之月稱新月。半月（Minkaingil），此時之月面，西半明而東半暗，自地視月，恰如弓形之半圓，出來時金烏尚未西墜，不到午夜便已西沉，又稱上弦月，陰曆每月初八日前後。其下是將圓（Mananakis）。滿月（Minpailulu），又稱圓月、望月，簡稱望，望表圓滿和十五，在金烏西墜時，便已東升，金烏初昇時，便已西沉，此時地球在日月之間，月之光面剛好與地對，自地視月，恰如正圓。稍缺（Vanaqan），缺月（Minnaulu），殘月（Mintikukutu），又叫下弦月，在午夜後，姍姍來遲，金烏東昇時高掛在東天之上，陰曆每月二十三日前後，此時的月面，東半明而西半暗，自地視月，恰如弓形之半圓。第八段即最後一段，為無月（Mintukun）。布農族各月的祭儀，即是按照月亮的圓缺來舉行。

布農族人年齡的計算法，用收割小米的次數來計算，如某孩子已經過三次小米收割祭典，即是三歲。

布農族人年代的計算有下列幾種方法：

（一）直述法：他們可以計算出歷史上的人事是在何年發生。

（二）事件法：大事件使人印象深刻，也可以回憶起發生的年代。

（三）層遞法：如推算祖父、曾祖父的年代。

（四）展轉法：如描述某年○○○還活著，即可大概算出那個年代，或搭配○○○小孩子才○歲時，也可推算出那個年代。

布農族雖然有四種傳統方法推算年代，但不管用什麼方法，都只能求其大概，不能夠求出在哪一天發生。

布農族的曆月是依照某月中進行的工作及當時所見的自然現象而命名。傳說中，布農族人原來不懂祭祀，是由月亮親自賜予粟種並指示祭期，什麼月份要舉行什麼祭儀。在每座家屋中，最神聖的地方是祭粟倉，同時主要祭儀也是以粟為中心。傳統布農族的祭儀非常頻繁，布農族人訂定一年的歲時祭儀，主要包括開墾祭、播種祭、除草祭、收穫祭、收倉祭等，每年少則七十日，多達一百日以上。布農族各社群或各部落之祭典祭期與繁簡不同。

布農族的曆月名稱與月份之數，在六群間（學者多認為布農族目前有五大社群，蘭社群已經消失，事實上不然，其實蘭社群還存在，分布於高雄市那瑪夏區和桃源區，只是今多附屬郡社群），即使在同一群中諸社，也有不同曆月名稱，曆月在卓社群就多達十七種，原因是一月份中常舉行不同工作或發現不同自然現象，而有不同曆月名稱。以致於常發生曆月互相重疊現象，因此每一曆月中之時間與陰曆一個月份之時間無法一致。會有此種誤差，並非曆月日數不能達二十九日或三十日，而是某某月份有

異稱所致。因此，每一群皆能很自然的，從不同曆月名稱中，作適切抉擇，以較為重要之歲事或自然特徵為名，始能獲得較為固定曆月系統。

由於布農族住區地形上的特徵，氣溫依高度而有顯著差異，故作物生長季節不同，農作活動也有早晚之分。然而，本族歲時祭儀與農作祭儀緊密結合；農時不相同，則農作祭儀，及其他歲時祭儀均不能同時舉行。東埔社（Tungpu）與卡尼荳岸社（Qanituan）尚能對應，惟要使住高度差甚距之住民間，同時舉行歲時祭儀，頗為困難。尤其是本族移住台東、高雄、花蓮等縣者。例如台東郡社群之播種月在陽曆11月，冬月為8月，較南投縣祖居之地約提早二個月。然山獸結束冬期蟄居，而出覓春草之射耳月春獵之日，則不能在4、5月前舉行。

東埔曆之冬月，為舉行收穫歲事完畢後的第一月，亦即新年元月；第五個月為播種月，而其前月為閏月；此一多餘之月份，所行的歲事與上月相同，因為播種期未到，無農事可行，為湊足月數而設，是原始曆法常見的置閏方式。因而平年曆月之「死算」（Dead reckoning）至此月時，若已發生播種時期的自然現象，如昴宿昏沒、無患子（Dahu）樹葉全黃等出現，則棄此月，直入下月。行如此閏法，平年於曆月系列上，刪去第四月，此抽月法稱Sin nau-mu，而平年稱Sia tasa。郡社群以曆月系列，有多餘之一月為正規，實際上並無原來意義的置閏方式。反之，Qanituan（卡尼荳岸社）曆之曆月系列，則以各月之十二劃分歲事命名曆月，及另以休息（Al-uan）為名之曆月組成，後者即是閏年（Kadusa）所添加的一個閏月。據稱，插入閏月位置在獵首祭月之後；獵首祭月相當於東埔曆冬月，為粟收穫歲事完畢後第

一月。閏年調節曆月與歲時季徵為何，則不清楚；然而粟熟無疑可以作為季節徵候。然則閏月宜插入於獵首祭月之前，因上月未及時治理歲事而補發額外曆月之置閏法，與中國曆法所行相同。（註2）

　　布農族的原始曆法，是用十二份太陰曆月之系列與季物作對照，以求曆月與歲時合節，然而，布農族祭儀頻繁，甚至年有一百日以上，最少七十餘日，最多一百三十餘日，依亞群、村社而異。一年有祭儀之月份，占八個以上，其間挾雜指撥於其他歲事之月份，合併成逐月有歲事的全年曆月系列；於是，發現太陽季節性農事在此種太陰曆月系列中的周期，依順序循環成為發明閏法之契機：且繪曆板僅記錄太陰曆月中若干（8至9月）月份有祭儀日，自然無法依此曆法行曆日之死算，刻舟求劍地找尋太陽曆上之季物。

　　文字是藉視覺傳達意義之手段。台灣原住民族無文字，可謂其社會尚未發展至文字階段。原住民是沒有文字的族群，長期處於望月盈虧、結繩記事的原始階段。近代，在布農人和排灣人地區，發現年代不詳的記事曆板和繪畫木板，反映了原住民圖畫文字的雛型。

　　布農族的「記事曆板」又稱「木刻畫曆」，依據文獻記載，日本據台時期，橫尾廣輔當時任職於警務局，於1934年發表於《理番之友》第三年一月號（余萬居譯），曾提到在台中新高郡（今南投縣信義鄉）布農族卡尼荳岸社（Qanituan）發現一塊畫曆板。

　　布農族人十分重視米糧及農耕，又重視祭典禁忌，終於描繪出自己的行事曆和原始字畫，成為台灣原住民各族中獨樹一幟，

日治時期布農族繪曆，圖中為丹社群忙達梵氏族的祭司。

擁有自己文字的種族。

布農族的記事曆板主要紀錄部落每天發生的重大事件和生產活動，符號結構單一，有一定的意義。例如，黑三角形表示一天，類似q字符號表示架平鍋釀酒，正方形表示禁忌砍柴；圓圈裡有黑點的符號象徵背簍裝粟，表示收割與出獵；樹狀符號象徵木鍬，表示耕耘；帶格的長方形符號象徵開墾的旱田；圓圈外有曲線的符號，象徵鬃毛聳立的豬，表示飼養等。這些原始符號，是布農人拓荒、收割、狩獵、飼養以及宗教禁忌等生活內容的濃縮與抽象符號，無疑是台灣原住民族初級農耕兼狩獵歷史階段的產物。布農族的記事曆板上，有用記號刻成的行事曆，可視為文字萌芽階段的產物。惟尚未普及成大眾化、社會化的文字，故僅能視為記號化之圖形，以傳達意義而已。

台灣原住民族中，只有布農族與排灣族有行事曆的文物，但

排灣族所刻劃的圖形，代表的用字為何，不得而知，研究原住民文化的學者推測，也許是用以歌頌祖先的歷史畫，因此，布農族在畫曆的符號則可認為是文字，成為台灣原住民各族中，唯一擁有自己文字的民族。

排灣人的繪畫木板繪製了五十多種圖象，可歸納十四種會意形象，大多是人物與動物的圖形畫。例如：羽冠崢嶸、手提人頭昂首闊步的頭目，攜刀橫槍、神態威武的勇士、騎鹿悠然前行的稚童、持棒待耕的農人；花鹿、山羌、百步蛇……或臥地小憩，或縱身一躍，或睥睨窺伺，稚態可掬，渾然天成。每一圖象宛若言簡意賅的寫意畫，象形會意，幾乎都是原始社會耕征、狩獵生活的折射，難怪被譽為表現部落祖先業績的歷史畫。

布農族人與排灣族人創造的記事曆板和繪畫木板，都具原始文字醞釀期萌芽記事的特點，古樸稚拙，意象簡明，無不閃耀著原住民先民智慧與創造精神的光輝。

後來，日本人又陸續發現了兩塊類似的曆板，圖形大致相仿。但也僅止於此三塊的發現，而且年代久遠，布農族的後裔也無法說出畫曆上代表的意義。

布農族丹社群司祭家藏有木板繪曆，作為歲時祭儀日之備忘錄，稱「Isi-lu-lus-an」。繪曆曾發現過三塊，形式各不同，無傳統形制，製造年代較晚，但從另外一方面來說，繪曆的發現，說明了布農族人傳統中以月亮之盈虧來訂定每個月祭儀之事實。

1994年3月6日，南投縣立文化中心舉辦「1994年文藝季山地知性之旅：認識布農族」，探訪信義鄉人和、地利二村。在地利村筆者又發現一塊布農族木刻畫曆。自1937年，日人發現的布農族第三塊木刻畫曆，保存於何處並不得而知。這是目前發現布農

族木刻畫曆的第四塊，木刻畫曆的重現，又再度證明布農族人已創造文字雛形。

筆者發現布農族第四塊木刻畫曆，長36公分，寬27.5公分，好像切菜板，成橢圓形，尾端挖掘一圓洞，便於掛在牆上，以為行事參考。持有人是金全春蘭（Suni man-ququ），據說是其祖Qai-sul mang-davan製作，本來有相同的兩塊，其中一塊被日本人拿走了，至今不知所終。被日本人拿走的是完整的木刻畫曆（是否為日本人發現的三塊之其中之一，不得而知），留下的這一塊是未完成的畫曆板，製作人已過世，因此留下很多空白未刻劃的部分，又因年代久遠，斑駁部分甚多。這塊木曆和1937年發現的木曆，同樣都是出自卡尼荳岸社（Qanituan），且都為丹社群（Take-vatan）忙達彎（Mang-davan）氏族人祭司後裔所有。

據布農族老一輩人說，巒社群、卡社群、卓社群、郡社群人各氏族的祭司（Liskadan-lusan）都擁有自己的畫曆板，以指導族人農耕及舉行祭儀，唯至目前尚未發現他們的木刻畫曆板。

筆者於地利發現的布農族第四塊木刻畫曆後，於1998年筆者曾再度前去欲觀賞，結果已經被台北來的漢人借去，一去無回。好在筆者於1994年時，請全妙雲小姐（Valis Takis-qaivangan）繪圖，留下了珍貴的文字畫圖形。

布農族人從無文字，到發明原始字畫，似非偶然，他們或許早已有創造文字的動機，終於發明了原始象形字畫。我們試看筆者於1992年10月17日於南投縣信義鄉人和村採錄兩則布農族文字的故事：「傳說布農族人古代是有文字的。在很早很早以前，布農族人飄洋過海來到台灣，在今台南登陸。在船上不慎把文字掉落海上去了，先人沒有把它撿回來，從此以後，布農族人就沒有

文字了，一直到現在。」

　　另一則說法是這樣的：「古代人類本來只有一家（指同種），語言、風俗、習慣等，都是一樣的。有一次，他們要建造一座很高很大的碉堡以通天，人們都在這碉堡上面構築工事，結果碉堡垮了，人們就四處散開，言語也變得不一樣了，人類變成好幾百個種族。當時，其他種族的人，妥慎的照料書本，所以，今天他們才有文字；而布農族人只顧著尋找新的生活天地，竟不慎把書本遺落掉了，所以布農族人一直到現在都沒有文字」。（口述者：全阿笑Vungaz，女，65歲，巒社群人。）

　　這兩則布農族文字的傳說故事，盛傳於布農族民間社會，或許因為這樣，布農族人終於發明了屬於自己的原始象形字畫。

　　布農族人除了木刻畫曆以誌行事，尚有於其所有物，如刀、弓矢、火槍上刻有記號性質之標記，如武器上刻有一條一條的橫紋，以誌獵頭數記，或弓身上刻橫紋以誌獵獲數記等。

　　《隋書》稱原住民俗無文字。荷蘭侵占台灣期間，為了傳經布道需要，傳教士曾創造一種拉丁文為基礎的羅馬字，翻譯《聖經》、聖詩，嘗試在平埔族西拉雅人地區推行。據《台灣通史》記載，那裡的平埔族人：多習羅馬字，能作書，削鵝管，略尖斜，注墨於中，揮寫甚速，凡契卷公文均用之，故不數年而前後學生計六百人。

　　鄭成功收復台灣後，廢教堂、建聖廟、立學校，這套羅馬字因此步《聖經》之後塵而消失。

　　由於歷史和現實的種種原因，原住民長期使用他族文字。目前大多數台灣原住民族都還沒有自己的文字用來記錄自己的語言，僅有少數如阿美族、排灣、雅美、布農等，才有教會傳教士

為他們製訂的羅馬拼音文字用來翻譯《聖經》、聖詩等。

布農族用來翻譯《聖經》、聖詩等之羅馬拼音文字，由於布農族有五個社群（註3），有的方言通行的地理區域較廣，而有的方言卻只限於局部；有的方言保存較多的古音系統，而有的方言卻有語音合併的現象。因此，在選擇哪一種方言作為代表時，這些都是應該考慮的因素。因為方言歧異，語音系統也就有出入。選擇的標準可以根據以下這兩個因素：

（一）使用該方言的人口越多越好，也就是通行的地理區域越廣越好。

（二）保持古音系統越完整越好。

若這兩個因素都指向同一方言當然最理想，但事實上，往往互相衝突，因此取捨之間也較困難。好在，布農族五個社群之間彼此溝通上並沒有很大的困難。布農族通行區域最廣的是南部方言郡社群語，而且已經有《聖經》翻譯，可是保存古音最完整的卻是北部方言卓社群方言和卡社群方言。

早在1950年代 ，布農族已出版了聖經《新約》〈馬太福音〉、〈路加福音〉、〈使徒行傳〉、〈提摩太前後書〉等，但都是用注音符號拼音成布農語。1964年，《新約》全書翻譯完成。1987年2月，由「台灣聖經公會」與布農教會洽商，請布農傳道人和族內長老，以羅馬拼音翻譯《舊約》及修訂《新約》。

〰〰〰〰〰〰〰 **九、水土保持** 〰〰〰〰〰〰〰

（一）「石牆」（Qutun）：山坡地堆砌大小石頭，防止土地流失。

（二）「山黃麻」（Nal-ung）：在山坡地可做為水土保持的速生樹種。

（三）「九芎」（Natulun）：栽植於邊坡供水土保持。

（四）「木牆」：將砍下來的樹木、樹枝堆砌於山坡地下緣，也可以防止土地流失。

【註釋】

註1　姚偉鈞，〈從吃開始──飲食中國文化的根基〉，《聯合文學》總第141期，頁66-71，1996。

註2　《台灣省通志》。

註3　布農族過去有另一社群蘭社群，因人口減少，最後歸化於鄰近的鄒族部落。原住民數位博物館，http://www.dmtip.gov.tw/web/page/detail?l1=2&l2=33&l3=19&l4=30。

第二章 布農族山林傳統飲食文化與動植物來源

布農族的主食是米、小米、稗、玉蜀黍、番薯、芋頭、樹薯等。
而布農族食物過去傳統來源有:從事農耕;狩獵、蛇類與水族類;畜
養家獸與家禽;採集野蔬與野果;採集昆蟲、蛆與鳥蛋等。

〜〜〜〜　一、布農族食物之來源　〜〜〜〜

（一）從事農耕

農耕收成為日常生活主、副食最重要的來源，包括種植主食與輔食。種植蔬菜：凡人類刻意栽植的菜類，包括先後自漢人處引進的各種蔬菜等。種植水果：凡人類刻意栽植的水果，亦是自漢人處輸入。

（二）狩獵、蛇類與水族類

布農族人上山狩獵以獲取野獸肉，以補充肉蛋白。除百步蛇外，其餘蛇類皆可捕食。布農族雖然也吃蛇類，但很少捕食，漢人則捕食很多。

蛇類在人類的印象中，是一種令人毛骨聳然的動物，但卻是餐桌上的佳餚；諸如蛇肉、蛇膽、蛇血、蛇鞭等，都上了人類的菜單，其實牠們是很溫和的動物，只要不理牠，牠是不會無緣無故攻擊人的，而且，牠也是大自然食物鏈的一環，不但在生態平衡上占了很重要的位置，也貢獻了一份力量，如果沒有了牠們，老鼠的數量將會失去控制，由此可見，有其不同的生物價值；人們應捐棄成見，去了解牠，相信牠是願意和人們共同擁有這個美麗的大自然的。(註1)

布農族也會到河溪中捕抓魚、蝦、螃蟹、田螺等水生；也會吃蝸牛。

（三）畜養家獸與家禽

布農族人畜養家獸與家禽，主要用途即為食用，例如：豬、雞、鴨及鵝（較晚自漢族傳入）等，布農人飼養雞與豬，歷史也很久遠，更是祭祀天神舉行祭儀時重要的犧牲，同時雞也是報時工具。

布農族也畜養犬，但犬是用來狩獵捕抓野獸，古代一個家都養了數十條犬，訪查時有謂，多至三、四十條者。布農人不吃犬，甚至把犬當成家人對待。

布農人除了畜養傳統家獸，也將獵場上活抓的幼獸畜養之，例如：野豬、水鹿、野兔、長鬃山羊、山羌、獼猴、白鼻心、松鼠等。

（四）採集野蔬與野果

布農族人將野生植物的嫩葉或根莖採來吃食。野果做為婦女、兒童的山間食物，多數為野生果樹。

非人類栽植而生長的野生植物，族人所常用為蔬菜者稱為「野菜」，野生水果則稱「野果」，都是野外自然生長者。根據數千年的經驗與傳承，布農族採集的野蔬與野果也很多。

（五）採集昆蟲、蛆與鳥蛋

布農族採集的昆蟲，例如野蜂、蜂蛹、蜂蜜、蟋蟀、蝗蟲、樹幹裡的蟲等皆可烤來食用。亦吃獵物（腐肉）生出來的蛆，煮食或生食。如果發現鳥巢中有鳥蛋或幼鳥，亦會採來食用。

蝸牛也是布農族人捕食的對象。但並不多食蝸牛，因為認為蝸牛的黏液不乾淨。筆者小時候，家裡有養豬，會將地瓜葉、構

樹葉、蝸牛一起烹煮，是給豬吃的，父母也會從中取蝸牛加鹽巴或澆醬油當菜吃。布農族還有一項非常特殊的吃食，飛鼠腸與腸裡的糞便一起生吃，族人認為飛鼠只吃嫩葉，所以飛鼠腸與其腸裡的糞便是很乾淨的。

　　地球上有十億人缺乏蛋白質，而昆蟲含有生物高蛋白，不僅營養豐富，而且味道鮮美。人類的確是一種食性極廣的動物，以動物食品來說，人類大概除了自身以外，幾乎任何動物都可當做食物。在特殊情況下，照樣也會吃人肉和人的臟器。家禽、家畜自不消說，而野味方面，飛禽、走獸、水游、地爬，無一不可做為盤中飧。有人說過，只要脊背朝天的動物都吃，真不愧為「萬物之靈」。然而，在眾多葷菜之中，人們並未因此滿足，早就有人向蟲豸問津，中國自古就有。廣東人吃一種黑色的甲蟲名叫龍蝨，據說味道鮮美，還可治小兒夜遺，並有補於身體。北方人吃蝗蟲，美其名曰旱蝦，天津人吃螞蚱。江浙一帶因盛產絲綢，於是蠶蛹也成了美味，不但可以入席，並已成功地將蠶蛹加工成系列食品，如椒鹽蠶蛹、蠶蛹花生醬、蠶蛹麵包和餅，以及蠶蛹滋補系列飲料、多味蠶蛹罐頭等。福建、廣東一帶用地龍（蚯蚓）做餡、煮湯，鮮不可言。蜂屍（死蜜蜂）長期以來都當廢物丟掉，然而，現在的科學技術研究發現，其中蛋白質極為豐富，並且含有多種維生素和微量元素。經過加工處理，已研發出蜂糕、蜂精、蜂糊等多種食品。不但質量和味道都比蜂乳製品好，而且還能改善人的體質、促進食慾以及加速病後康復，在國際市場享有盛譽。近年來，不少地方又吃起螞蟻來，除了治饞，還可治病，諸如關節炎、風濕痛之類，頗具療效，常服可以益壽。有蟻醬、蟻酒可供不時之需。做為佳肴，北京頤和園仿膳有樣名菜就

是炸蠍子，山東泰安的餐館也有此菜。蠍子本是毒蟲，和吃毒蛇一樣，金環和銀環以其劇毒而名益貴，蠍子也是如此，非但味美，也具藥效，可治痙攣、發燒、消腫、解毒和神經衰弱。或許是受都市飲食文化的影響，城裡人對於蟲餐還涉足不廣，而在中國少數民族地區，食用昆蟲的品種就比較豐富多彩。已經知道的，就有紅毛蟲、掃地蟲、冬瓜蟲、柴火蟲、竹蛆、芭蕉蟲、檳榔樹蟲等，可稱洋洋大觀。（註2）

二、布農族種植與採集食物

（一）傳統栽植食物

布農族的主食是米、小米、稗、玉蜀黍、番薯、芋頭、樹薯等，米和小米煮飯用，玉蜀黍磨成粉後再混合食用。

1、「小米」（Maduh或Tilas）：為族人的主食，每年歲時祭儀亦以栽培小米的活動為中心。

據丘其謙載，布農族的小米種類有八種：（註3）

（1）Kaivun種子堅硬，葉具刺。

（2）Kaluvungal種子色白，穗無尾。

（3）Lepunut果實皮紅肉白，滋味鮮美，莖、葉較一般小米長。

（4）Mantejung果實白色，穗較小，莖、葉與Lepunot等長。

（5）Mitsilau果實淡紅色。

（6）Tukulatasal果實最白。

（7）Toual果實色青，具毛。

（8）Tsinhaval果實青色，葉大而長。

上述八種小米，Kaluvungal可以釀酒、製糕；Mitsilau可以釀酒、製糕、煮飯，其餘六種均用以煮飯。此外，他們尚有Ivaltalal、Talpitungal、Kuntsvisal、Kalavang、Kalilin、Munhaval、Kuntiun、Sulsul等八種小米，除Ivaltalal及Kalilin可用以釀酒和製糕外，其餘均用以做飯。

小米尚在旱田稱Maduq，收回來後叫Tilas，捆成一大把者稱之Tapaz。

2、「粟糯米」：卡社群人的粟糯米與小米同時播種，然比小米遲二個月收割。在收割小米時，須將雜種於小米叢中的糯米主枝折斷，則另外可再長五、六枝新枝；換言之，可另長五、六枝糯穗。糯米可做飯、製糕、釀酒，然而野鳥喜歡吃它。

3、「陸稻」：布農族人於山坡地上種植陸稻，五月種，十月收割。陸稻耐旱性極強，較適合於雨量較少的地方種植，唯產量不多，因此後來布農人不再種植陸稻。

4、「甘藷」（Hu-tan）：也是布農族人主要輔食之一。按布農族甘藷年種三次，9月、1月及3月。隨時可挖出其地下塊莖煮來吃。

依據丘其謙《布農族卡社群的社會組織》載，布農族人種植的甘藷亦有許多種，較常見的有五種：(註4)

（1）Tankaizu：所結塊根長長的，外皮白色，裡面金黃色，葉緣鋸齒形。

（2）Tankaitkait：所結塊根外皮紅色，吃起來很硬，縱使煮

熟了亦如此，葉長形，無齒緣。

（3）Tanxapul：球根皮白，肉金黃，葉圓形。

（4）Tankauontu：球根皮白，肉白，葉圓形。

（5）Tansanlau：球根，皮白，肉白，葉有三缺，如心臟形。

除以上這些之外，還有八種甘藷，這些甘藷是Tankixon、Tantinaulok、Tanluluna、Tanlek、Tanpiun、Tankasut、Tanpukai及Tanlankats。可見布農人種植甘藷之品種很多。（註5）

5、「青芋」（Tai）：煮其地下莖來吃。也是布農族人重要輔食之一。布農族人在一月初栽種甘藷，甘藷與青芋同時栽種。栽種此等作物，也由祭司統一告訴社人於何時種植。按祭司是古代布農族人農耕祭典的司祭者，也是農耕作業的指導者。

在種植之前幾日造酒，酒造好後用酒瓢盛裝著，攜往山上作撒祭。由家中二男人至山上，抵達則拔去旱田的草。拔完草後，一人煮小米飯，另一人種四甘藷及四青芋。然後二人用酒向甘藷及青芋撒祭，祝作物繁茂，不讓蟲吃。

祝禱完將鋤頭插於旱田中心，酒瓢的把有孔，以繩穿過，用此繩將酒瓢掛於鋤上。二人將所煮的飯吃下，如此方能使家人健康平安。

種植甘藷、青芋也有不少禁忌，栽種當天，甜的東西、水族類等食物可以吃，但不能夠吃鹽巴等鹹的東西。

上山栽種甘藷及青芋的時間必須是凌晨，那時縱有蛇、鼠也看不見，否則路遇蛇、鼠，必須折返家中，停止任何工作。

第一次收獲回來的甘藷及青芋，要食用時，不能用火去烘烤，須用鍋煮，否則甘藷及青芋會給蟲蛀或枯死。採收甘藷及青

芋的這一個月裡，還要修築從家裡到新墾地之間的耕作農路。

依據丘其謙《布農族卡社群的社會組織》載，布農族種植的青芋有七種之多：(註6)

（1）Pantanganal：根青色，長圓柱體形，粗如茶杯，長則倍之。

（2）Taivukvuk：芋頭白色，球形，如茶壺大。

（3）Tailauvas：芋頭紅色，長圓柱體，如茶杯大。

（4）Tailinku：所生芋頭最大，球形，一個可供六人食用。

（5）Taikalavang：生球根，白色。

（6）Taikanal：葉最圓，球根如壺。

（7）Taipanau：根紅色，長而圓，下大上小。

上述七種青芋，前四者為卡社群人原有的青芋，第五種是從泰雅族輸入，後二種為漢人品種。在收穫祭時須剪（1）和（2）之葉與其他作物之葉作祭。(註7)

布農族人種植青芋是給人吃，不用以餵豬，然而甘藷則不僅供人食用，且用其根葉餵豬。

6、「玉米」（Pu-ii或Tipul）：玉米漢名又有玉高粱、玉麥、包穀、珍珠米、玉蜀黍等異名。漢民族先民墾台時，當時的原住民以玉米為輔食，而稱為「番麥」，又有因玉米為舶來品，故稱「番麥」。

玉米是禾本科一年生草本。莖中實，高約2.5米，莖具甜味，布農族人把它當甘蔗吃。葉長大，披針形，葉鞘包莖。花單性，雌雄同株，雄花開於莖頂，圓錐花序，有大苞包被之；花柱長，柱頭如絲狀，露出苞外。果實如黃豆大，排列於肥大之花軸上，有黃、白、紅等色。

　　玉米於3至5月種植，7至9月收穫。玉米收割後，曬乾入臼舂之，其殼與糠用以餵豬，玉米仁則供人吃。若玉米收穫多，為長久儲存，他們會以木灰撒在玉米上，以防蟲蛀。布農族人也曾把玉米當做釀酒的材料。

　　7、「樹薯」（Hutan-lukis，簡稱Tan-lukis）：栽種供人食用，也以之餵豬。3月種植，於二年後之12月收割，一顆樹薯可得5公斤之薯粉。以插枝法種植，種後不加肥料，但須每隔二月割除雜草一次。（註8）

　　據說，樹薯的嫩葉可以先燙然後配薑絲炒肉絲，或配排骨煮湯。

　　8、「稗」（Tsalaz或Salaz）：像穀的一種植物，禾本科，莖扁，高一米，葉細長而尖，有平行脈，花小，圓錐花序，梢頭出扁穗，結實甚小，實如黍粒，可以煮粥。布農族人種植稗，多磨成粉，粉成紫色，與小米混合後煮吃，這是布農族人喜歡的一種傳統米食吃法。

　　稗於3、4月間種，於7、8月間收穫，稗多磨製成粉做糕吃，若與小米混合後煮吃，可滋陰補腎，使人喜近女色。（註9）

　　9、「藜」（Mukun）：種植取其種子，用來做小米酒時，幫助發酵，也可以食用。自古以來布農人種植藜，並以藜實作為釀酒的發酵物，這可謂布農人在化學知識上的重大發現。

　　10、「Batal」：種於旱田中，年種二次，3月種植，5月收穫，6月種，8月收。果實圓珠形，較小米大，可製酒、糕。置入臼中舂時，須和以爐灰，要舂時上面須蓋布，否則Batal會跳散出臼外。（註10）

　　11、「高粱」：3月種植，8月收穫，高粱與小米、糯小米種

在一起，然收割時先收小米，再割高粱，糯米最後。高粱一半用以釀酒，一半供作食用。供作食用時，先將高粱舂成粉末，然後與小米合在一起煮食。（註11）

12、「Painutanaul」：為豆類，亦為古來已有的作物。第一年12月種植，次年10月收穫。所結果實有紅、白二種，形似紅豆而稍長。在收割小米時，有許多食物都禁忌食用，惟豆與辣椒不禁忌。（註12）

13、「Tipulkaihats」：3月種植，12月可收割。所結果實為小圓珠形，比玉米略小，舂白後煮吃或釀酒。此種作物種下後，可數年不除野草，不加肥料，仍長得很好。年割一次，愈割愈茂盛，第一年收穫不足一包，第二年有一包，第三年有七包，第四年有十包之多。此種作物專門留給自己食用。（註13）

14、「薏苡」：栽種後，吃其種子。種子亦是布農人製作項鍊的材料。薏苡的種子曬乾後，族人用來編串成「薏苡項鍊」（Qaihas）是布農人傳統項鍊中最精美者。

15、「葫蘆」：葫蘆果實多肉多漿，又稱瓠果，供食用。布農族人很尊敬葫蘆，因為傳說布農族人的小米「種粟」是從葫蘆裡長出來的，所以布農族人才有賴以維生的「粟」。傳說，古代布農族人的田裡都要種植葫蘆，如果沒有種植葫蘆，家庭會變貧窮，如果葫蘆種植不好，則小米將來不會豐收。古代布農族人非常禁忌用石頭丟擲別人種植的葫蘆，或嫉妒別人種的美好而蓄意去破壞，否則家裡也會變成貧窮。所以經過別人家的田裡時，一定要特別注意叮嚀自己的小孩子，千萬不可以用石頭丟擲別人家種的葫蘆，不然的話，葫蘆不會保佑自家的田園，收成一定會減產，以至於貧窮而三餐不繼。

16、「樹豆」（Qalidang）：是布農族人最重要的湯類副食，布農族人一年到頭都煮樹豆當湯佐食。「樹豆」是一年生草本植物，春生夏長開黃花，結莢，一排豆子，黃色，如黃豆大粒者，煮豬肉排骨皆可。布農族人煮吃「樹豆」，只加薑或香椿，不加鹽巴。

樹豆一株可收獲三公斤的種子，種子圓珠形，較玉米為小，有紅、黑、白三種，其藏於扁長之莢果中；紅的種子有異味，白的味鮮可製佳餚。（註14）

17、「綠豆」（Lai-ian）：4月種，7月收；7月種，10月收。據云女人食用奶水會多起來，故產婦多食之。（註15）

18、「南瓜」（Bahat）：是布農族人的輔食之一。南瓜有甜味，布農族人煮南瓜也當主食吃，他們還把南瓜的種子收集起來曬乾後，烤來剝皮殼吃裡面的仁。南瓜可以儲存很久不壞，且愈陳吃起來愈香。南瓜為一年生草本，莖蔓延地上，用以餵豬或供人吃。

19、「花生」：卡社群人的花生有古今二個品種，古時的花生叫Paino inanaɔn，一株可結花生米一升，然收穫時很難挖掘，故與平地漢人接觸後改種Penolabutun的花生品種。3月種下，7月收穫。（註16）

花生含有豐富的維生素B1、B2、E和菸鹼酸、磷等物質。

20、「梨瓜」（Qalput或Manihuli）：即「萬年瓜」、「佛手瓜」。有野生者，也有栽種者，瓜生得多時，布農族人也以瓜餵豬。

21、「稻米」：漢人傳入，台灣原住民從事水稻農作，除了平埔族外，再來就是阿美族、卑南族和南投縣信義鄉境的鄒族。

布農族從事水稻農作則是較晚的事情（日治末期）。

日治時期，由於日本統治當局的政策，將布農族人自中央山脈高山遷移到較低的丘陵地帶，以便於有效地高壓管理與統治。遷徙至低地之布農人有了較為平坦的地方，因此可以從事稻米種植。不過他們還是繼續種植傳統主食小米。

第二次世界大戰末期，日本政府因為短缺軍糧，便強迫布農族人全面種植水稻，布農族人的農耕方式起了重大的變化，由傳統山田燒墾變為現代水田稻作，而且水田稻作變成了主要的生產方式。

農耕生產方式改變了的布農族人，因為由於水稻種植的步驟與時間跟原來配合小米種植的歲時祭儀不合，因此，原有的歲時祭儀便已隨小米種植的停止而停止。直到1980年代，布農族的傳統祭典儀式才復甦繼續舉行。

（二）引進栽植蔬菜

1、「山藥」：原生長在野外，布農族會栽植，吃法像地瓜一樣。

2、「番茄」（Matumatu）：品種很多，現在是布農人的高經濟作物。

3、「紅豆」（Bainulizan）：5月種，10月收，此種作物多種於深山之中。

4、「香菇」：「杜英」（Duhlasaz或Tanumaz）樹幹可利用做段木栽培香菇。布農人自漢人處習得栽培香菇。

5、「蛇瓜」：植物中最像蛇的作物，果實蜿蜒彎曲，又長又滑稽，真的跟青竹絲沒什麼兩樣。它是瓜科家族的成員，跟絲

瓜、葫蘆、南瓜、西瓜等都有很近的親緣關係。蛇瓜原產於亞洲的熱帶地區，在印度已經有兩千年的栽培歷史，台灣大約是一百年前開始引進栽植的。最大的特徵是成長迅速，從播種到收穫大約只要三個半月就行了。花朵在夜間開放，純白色，雌雄同株而異花，花瓣邊緣變成鬚狀，非常奇特；雌花尚在開花階段，子房就已顯出蛇模蛇樣了，真是可愛。它的幼果鮮嫩，削皮後切片炒肉絲，滋味非常鮮美。果肉中含豐富的維他命A、C及磷等礦物元素。（註17）

6、「豌豆」（Menukatskats）：為蔓性草本，6月種，10月收割；12月種，則6月收割，因冬天種下，所須生長的時間較長。亦為古來已有的作物。（註18）

7、「龍鬚菜」：萬年瓜其鬚根亦可食用，即我們稱之的「龍鬚菜」，可配肉絲炒吃。

其他蔬菜尚有：白菜、高麗菜、韭菜、茄子、四季豆、敏豆、苦瓜、豇豆、黑豆、扁豆、油菜、菠菜、芹菜、蘿菜、小白菜、甘藍菜、蘿蔔、胡蘿蔔、九層塔、芥菜、花椰菜、金針、甜椒、青椒、胡瓜、蔥、蒜、紅龍果、柑橘、柳橙、茶葉等。

（三）引進栽植水果

水果之栽植則有：香蕉（Bun-bun）、梅子（Banuaz）、李子（Banuaz）、桃子（Qalup）、龍眼（Ling-ki）、木瓜（Salitung）、芭樂（Lapat）、百香果（Tou-kisu，改良型種植於田園的四季果）、蓮霧（Qadupal）、番茄（Tumatu）、芒果（Sangiav）、葡萄（Buzu）、橘子（I-zuk）、柚子（I-zuk）、甘蔗（Sibus）、鳳梨（Bung-lai）、楊桃（Qadupal）、西瓜

（Suika）等。

　　據說取「海州常山」（Danumaz）的葉子與香蕉一起埋入土中，會加速使香蕉變熟，挖掘土地成洞穴，四周以海州常山葉子圍繞，中間放香蕉，頂端再用海州常山葉子覆蓋，再覆以土壤，數天香蕉就催熟變黃了。橘子和柚子則是「射日」神話故事中常常提起的民俗植物。

（四）非栽植的野生蔬菜

　　1、「野生竹筍」（Huzuk）：布農族人也採食野生竹筍當成食物。春夏季雷陣雨滋潤，桂竹繁衍迅速，布農族人此兩季採擷桂竹筍來吃。布農族人的吃法，是先將桂竹筍的筍殼剝下，然後以火燒烤，就可以食用了，亦可以豬肉煮湯食用。

　　2、「玉山箭筍」（Talum）：布農族人也採食箭筍烤吃或煮湯吃。其吃法是剝下筍殼生吃，亦可煮來吃。箭筍不論生吃或煮熟，都是令人口角生津的美食。玉山箭竹產於高山地區，每年春分及秋分前後是箭筍發芽期，在每年春夏之交時，山上盛產。

　　3、「野秋海棠」（Ba-sia-kadul）即「巒大秋海棠」。布農族人將野秋海棠的莖皮剝掉，吃了以後，據說可以解渴，亦可以切成小段與肉片炒吃。

　　4、「刺莧」：可以煮其嫩葉。

　　5、「野莧」：可以煮炒其嫩葉，或煮粥與煮湯。

　　6、「薊類」（Dugusha）：有刺，但其嫩葉汆燙後也頗可口。

　　7、「一枝香」（Sanva）：吃其嫩葉，燙或炒食。

　　8、「山萵苣」（Samah或Sanglav-Samah）：可以煮其嫩

葉。「山萵苣」即「鵝仔草」，菊科，多年生草本。山萵苣因漢人採集用來餵鴨、鵝，故俗名「鴨菜」、「鵝菜」。山萵苣，煮食時帶有苦味，民間多稱為「苦菜」，又因葉子酷似牛的舌頭，而有「牛舌頭」之名。山萵苣分布在低海拔山區向陽之地，路旁、斜坡或耕地，都很容易見到。山萵苣高約60-200公分，莖中空，葉形有多種，橢圓形葉子邊緣光滑，亦有邊緣有羽毛狀裂痕，直接從根部長出的葉子，比由莖部長出的葉子大，莖葉折斷有乳汁。頭狀花是淡黃色或淡紫色，分散排列在花柄上，果實扁平狀有白色毛。布農族人採集山萵苣莖葉當菜湯喝，味苦，布農族人還會把花生仁搗碎和山萵苣一起煮，叫做「La-bai-nu」，此菜湯不加任何調味料。山萵苣是布農族人的家常菜，幼苗及嫩莖可煮或炒食。也常與龍葵（Qudu）、食茱萸（Tana）、雙花龍葵（Nici）混合煮湯。

9、「昭和草」（Sanglav daulu或Bubunuk）：在未開花前可以煮其嫩葉或炒食。全年皆可採集。

10、「山芹菜」：可以煮其嫩葉。

11、「龍葵」（Quduh或Sanglav-hudu）：可以煮其嫩葉。一年四季均有，台灣中低海拔的平地丘陵都可見到它的蹤跡。漢語俗名烏子仔菜、鳥甜仔菜、鳥仔菜、水茄等。龍葵為布農族人普遍採集的野菜，莖葉均可採集煮食，不加任何調味料，非常清爽，布農族把它當菜湯和飲料來喝，可以降火，據說宿醉的人，喝了野菜龍葵，可解除宿醉。布農人也會將搗碎的的花生仁與龍葵一起下鍋煮吃。煮小米粥可以加入龍葵增加香氣。

12、「雙花龍葵」（Naici）：可以煮其嫩葉。灌木或亞灌木，上部葉常假雙生，大小不相等；茄科多年生直立草本，台灣

原生草本植物，普遍分布於台灣全島低至中海拔 2,000 米之間，陰涼之荒野、疏林內，路旁自生。其嫩葉常與龍葵、刺蔥混煮。味道香甜略帶苦澀，很適合煮粥吃。

13、「山苦瓜」（Takuz）：瓜果可以煮湯或炒食吃。

14、「假酸漿」（Balanbaan或Bazan-banaz）：除做一般野菜外，葉子也常用來包小米糕，葉子與米糕同時一起吃。

15、「蕨類」：布農族採集可食的蕨類通稱為Lih-li，大致有四種：

（1）「過溝菜蕨」：嫩葉及幼芽鮮美，單炒或炒肉絲或魚片甚為可口。

（2）「鳥巢蕨」（山蘇）：幼芽鮮嫩可口。

（3）「球蕨」：或稱「腎蕨」，嫩芽可食，是野外求生救荒食品。球莖可以解渴。

（4）「瓦氏鳳尾蕨」：也是常用的蕨類。

16、「黃藤」（Quaz）：山藤生長在深山裡，莖葉長滿尖刺，採割山藤需要技巧和力氣，砍莖除刺。黃藤可以炒吃，也可與樹豆、豬腳煮成湯來吃。據說，布農族吃黃藤並不普遍，而是表示生活到了山窮水盡的地步了，才會採集黃藤來吃，所以黃藤是布農族窮人的食物。

黃藤不是平常的食物，而是有急難缺糧的時候才吃，亦即已經窮途末路，實在沒東西吃了，才吃黃藤。左右鄰居看到這一家人的生活辛酸淒倒窮困，便會紛紛慷慨解囊濟助這一家人食物。

17、「葛藤」（Valu）：地下塊根肥大，布農人取之煮湯吃，葛藤也有數種，他們所吃的是葉毛較長者。花可蒸食或煮食，嫩葉燙熟再蘸調味料食用。

18、「玉葉金花」：在山林裡有一種叫labus ung的藤，中文以花葉的特徵稱作玉葉金花，是布農族背重物爬山時，咬緊牙根的良伴。Labus是甜，ung是心，啃咬其藤皮，緊閉眼睛，一兩分鐘後，用嘴吸氣，呼吸將有甜涼的感覺，疲勞頓消。(註19)

19、「台灣赤楊樹」：這種樹到處都有。赤楊樹皮可以拿來咀嚼，像嚼檳榔一樣。

20、「台灣土黨參」（Ba-qav）：嫩葉炒食或煮湯吃。

21、「台灣胡桃」（Halusinngu或Binulukis）：果實可以烤來吃。

22、「大葉石櫟」（Babu tu lukis）：殼斗科，果實烤後硬殼裂開，可食。大葉石櫟也是大型野獸類的重要食物。

23、「太魯閣櫟」：殼斗科，果實烤後硬殼裂開，可食。

24、「長尾栲」：殼斗科，果實烤後硬殼裂開，可食。

25、「水麻」：低海拔植物，可以直接採集生吃。

26、「構樹」（Quna）：嫩葉可煮湯喝。布農人採集葉子，煮給豬吃。構樹皮可以編織成球，給小孩子玩耍。構樹皮也是傳統布農人鞭陀螺的鞭器。布農族人曾經在山林裡採集構樹皮，曬乾賣給漢人，據說是製作紙漿用的，所以構樹曾經是布農族的經濟來源之一。

27、「愛玉子」（Tabakai）：以前族人不知道愛玉子可食，後來採集賣給漢人做愛玉凍。在信義鄉人和村的松茂申家族，在三十年前，每年固定的時節即會到深山採集愛玉子，售賣給漢人。

28、「山豬肉」（Langdun）：布農族人常採其嫩葉炒食或將花生敲碎一起煮湯，亦可取嫩葉與樹豆，配肉或骨頭熬煮。南

投縣信義鄉人和村，早年集團移住的時候，此地很多「山豬肉」樹（Langdun），所以稱此地為「Langdun」（漢譯人倫）。

29、「野小番茄」，可食。

30、「曲芒髮草」：煮來當湯喝，是高山消除疲勞的方法之一。（註20）

31、「小蘗類」：高海拔山區的常見植物，挖其根，味苦，可以燉雞補身體。據說可以消除疲勞。（註21）

32、「火炭母草」：為中、低海拔至高海拔蔓藤，其莖是獵人常嚼來解渴的來源。（註22）

33、「高山白珠樹」：布農人上山狩獵的解渴恩物：高山白珠樹的果實有清涼味，很常見，是布農族狩獵高山時的解渴水果。（註23）

34、「芒草」（Padan）：其嫩莖可烤食。將乾芒草葉綑綁成把，可做為取火工具。

35、「五節芒」（Padan）：其嫩莖可烤食，挖掘其嫩筍亦可炒食。將乾五節芒草葉綑綁成把，亦可做為取火工具或照明工具。

36、「咸豐草」（Suluk）：即鬼針草，莖葉皆可食，幼嫩可炒食。

37、「鹽膚木」（Qalus）：嫩心嫩葉可當野菜，果實可做鹽巴的代用品。

38、「台灣山蘇」：嫩葉可與豬肉一起炒食。

39、「台灣秋海棠」（Pasi-haizu）：嫩莖去外皮，裡面富含水分，是在野外缺水時，幫助自己分泌唾液的植物，生津止渴。「Haizu」是「酸」的意思。

40、「台灣杪欏」（Tanabas）：嫩芽及髓心皆可食，是野外求生植物。

41、「牛奶榕」（Dung-haivaz）：嫩葉可炒或煮湯、煮稀飯等。

42、「冇骨消」（Naza）：莖與嫩葉可食，是野外求生植物。

43、「山黃麻」（Nal-ung）：其嫩葉、花穗、果實可食用。

44、「台灣栲」（Kantuszah）：種子煮熟可食。

45、「海州常山」（Danumaz）：別名臭牡丹、臭桐、臭芙蓉，嫩芽及葉可炒食。

46、「山芙蓉」（Laspang）：花可炒食或油炸。

47、「食茱萸」（Salusukal）：嫩新葉可煮湯，常與豬肉、綠豆一起煮。「食茱萸」全株有刺，有香蔥味，故又稱刺蔥。樹幹長滿瘤刺，鳥兒不敢棲息，所以又叫鳥不踏。

48、「台灣肉桂」（Haimus）：果實磨粉，加入豆類和湯，也可以醃漬烤肉。葉片具辣味，煮飛鼠時加入調味。

49、「野薑花」（Sidu）：嫩芽、地下莖皆可食用。

50、「台灣百合」，未開花前，地下鱗莖可以食用。

51、「包籜箭竹」，筍可生食或煮湯、炒食。

（五）非栽植的野生果實

1、「川七」（Sa-lin-bun-nu）又稱「火花母草」，布農族人直接食用其成熟的黑色果實。

2、「山苦瓜果」（Baesa）：瓜果可以拿來吃。

3、「紅絲線」（Naiti或Naici）：布農族人直接吃紅色果實。

4、「台灣羊桃」：為台灣原生的奇異果，味道有點酸。

5、「台灣茶鹿子」：口感還算是好吃的水果。高海拔野果。

6、「台灣土黨參」（Ba-qav）：布農族人直接食用其果實。

7、「構樹」（Quna）：低海拔植物，布農人採構樹成熟的聚合果直接吃。

8、「小構樹果」：低海拔植物，樹果可以直接採集生吃。

9、「赤楊葉梨」（Halup）：是原生的台灣中海拔梨子，可以採食。

10、「石月」：藤本，其果實味似香蕉，有甜味。

11、「山枇杷」（Litu或Qadupal）：中、低海拔植物，汁多味甜有點酸，唯果肉不多。

12、「茄苳」（Lukis-qanitu）：中低海拔植物，果實味道有點酸。

13、「宜梧」：中低海拔植物，味道有點酸。

14、「玉山紫金牛」（Lang-kudung）：中低海拔植物，核果球形，熟時鮮紅色，可食，味道有點酸。

15、「草莓」：布農族所採的桑椹、蛇莓、腺萼懸鉤子、刺莓、虎婆刺等，都稱為「Mulas」。味道甜且可口，為山邊、路上到處可見的野果。

16、「小葉桑」（Pakaun）：果可生食。果一般稱「桑椹」，有紅紫二種，味甘可食。每年4、5月，族人會採桑椹果來

吃。小葉桑是低海拔的小甜果,直接採集生吃。

17、「蛇莓」（Mulas）：在台灣地區在路旁、田畦、山野、庭院,都可見其芳蹤。

18、「腺萼懸鉤子」（Mulas）：常見於林道旁土坡處,生長成一大片。

19、「山豬肉」（Lanlun）：果子可食。

20、「呂宋莢蒾」（Ba-lin-sin）：樹果可食。布農族人採其成熟的紅果給孩子當零食吃。

21、「玉山假沙黎」：口感還算是好吃的水果。高海拔野果。

22、「高山胡頹子」：一種宜梧,高海拔野果。口感還算是好吃的水果。

23、「高山白珠樹」：果實有清涼味,可以解渴。（註24）

24、「四季果」（Tu-kisu）：是布農族人摘食的天然美果。台灣的山地,到處生長著野生四季果,味甜而香。

25、「山龍眼」（Hasanu）：獵人看到野龍眼果子成熟了,會摘一些回家給小孩子吃。果實亦為許多野獸的食物。

26、「野香蕉」（Bunbun-qanitu）：可能是種植的香蕉野生了,沒有人工種植的香蕉好吃。野香蕉果內有黑色種子。

27、「台灣懸鉤子」（Babanal）：常見於路邊和荒地,4、5月果子成熟,可食。

28、「闊葉獼猴桃」（It-vuh）：生長於400-2,000米山區,果子可食。果實呈土黃色,像奇異果但較小。

29、「杜英」（Duhlasaz或Tanumaz）橢圓形的果實似橄欖,可食。

30、「腎蕨」（Lili），其地下莖是球形的儲水器，民間稱為鐵雞蛋，是取水植物，具有止渴、解飢、除熱的效果，於野外可以補充水分。布農族人在山田工作口渴時，就會順手拔起腎蕨取鐵雞蛋，將鐵雞蛋外圍的毛擦拭乾淨，即可入口，裡面是鮮脆多汁的白色半透明肉質，因水分多又有甜味，是很好的解渴之物。

31、「牛奶榕」（Dung-haivaz）：紅熟果實，可食，有淡淡甜味。

32、「台灣山蘋果」（Lasvi）：小果實，可食，唯甜度低，味酸澀。

33、「刺茄」（Takulus）：果實可食。

34、「黃藤」（Quaz）：成熟的果實可以生食。

35、「火炭母草」：暗黑色的成熟果實，可食。

36、「虎婆刺」：紅色的成熟果實，可食。

（六）非栽植的蕈類、木耳、香菇

1、「蕈類」（Qung）：布農族人也會到山上去採些野菌及木耳等煮食，不過有些蕈類含有劇毒，因此沒有經驗的人，不要隨便採食野生蕈，採集時要很注意。

據丘其謙《布農族卡社群的社會組織》載，布農族卡社群採集之野生蕈類如下：

（1）「Kalitskatsal」：長於枯樹上，除冬天外，其餘三季皆有，吃起來很硬。

（2）「Tali ija」：長於枯樹上，吃起來不硬。

（3）「Tsutaul」：長於枯樹上，色青，傘大如盤，味鮮，

氣香。

　　2、「木耳」（Kula-kulaz）：其形稍似人耳，大者10公分，其色內面暗褐色，外面淡褐色，密生柔軟之短毛，供食用。會附生於腐蝕木頭上，採集煮食之。

　　楓香段木可以種植木耳，布農人從漢人處學得。

　　3、「香菇」：早期採集香菇食用，後來才自漢人處學得栽植人工香菇。青楓（Sab-lah）和楓香段木可以栽植培養香菇，布農人從漢人處學得。

（七）捕食野蜂

　　布農人喜歡烤吃野生的蜂或吃其幼蟲（蜂蛹）及蜂蜜。依據丘其謙記錄布農族食用的野生蜂種類如下： (註25)

　　1、Azu：居木柴縫隙中，蜜糖糖色青，味鮮可吃。

　　2、Kunsila：為一種小蜂，巢長桶形，幼蟲可生吃，不用火烤。

　　3、Maputsal：長於樹上，色黑，會螫人，其幼蟲可烤來吃。

　　4、Sanlava：體小，居石縫中，金色，吃其幼蟲。

　　5、Takinastu：於土中挖洞作巢，亦會螫人，若人被三蜂所螫，足以致死，幼蟲可烤吃。

　　6、Tsatu：體小，築巢高樹上，嗅人息，會追逐螫人，其幼蟲可吃。

　　7、Vanu：長於土中，蜜色白可吃。

（八）捕食小蟲、昆蟲

　　布農族人也會到田裡捉些小蟲、昆蟲來烤吃，蟋蟀與蝗蟲亦

可烤吃。

據丘其謙載，卡社群食用的野生昆蟲如下：（註26）

1、「Lupusvain」：有黑白二種。

2、「ŋaŋatsa」：長於草地上或水田裡，然不吃稻草。色青，八腳，會飛會鳴。

3、「Palinukal」（蟋蟀）：長於土中，色黑，六腳，會飛會鳴。

4、「Papala」：長於青草上，不危害農作物，色青，八腳，會飛。

5、「Papanu」：居土中，吃茅草之嫩芽，色白，如指長，一年四季均有，為蟬之幼蟲。

6、「Sasanal」：柴蟲，長於木柴中，色白，味佳。

7、「Sisinak」：長於青草上，不吃農作物，色青，八腳，會飛。

8、「Tsikau」：色青，腳特別長，頭亦長，觸之出聲，會飛但飛不遠。

「Sanginan」：木幹內會生Sasanaz蟲（蟲蠐），可以取出烤吃，味香似吃豬肉，也可以配蔥蒜炒吃。「海州常山」（Daumaz）木幹內也會生Sasanaz蟲，布農人常會尋找並食用。

挖掘「茅草」（Padan）、「五節芒」或「香茅草」（Qatibung）底部的時候，也會發現白色如大人大拇指一般大的Sasanaz蟲，可以烤食吃之。Sasanaz蟲也可以去頭生吃。

蝸牛（Mu-muan或Sekut-sekut），早期不太吃，現在已經會食用了。

（九）蛆之集食

　　布農族狩獵，有以製作陷阱捕抓野獸者，每數日則去巡視一番，有時獵物已經腐爛生蛆（Sukaz），但是布農人並不在意，獸肉仍然帶回家烤吃，腐肉的蛆會收集起來煮食或烤食。族人認為腐肉的蛆是很乾淨的，因為牠們吃的是獸肉；與廁所的蛆不同。

（十）捕食水族

　　布農族人也會到河溪裡面去撈一些水族以為佐餐之菜，例如：撈蟹（Qalang）、螺（Siqut-siqut）、蝸牛（與螺同名）、蚌（Kamau）、田蛙（Ukh-ukh）。他們將這些水族，煮食或烤來吃。河溪的魚（Is-kan）與蝦（Ku-sun）是重要的採集食物。

（十一）捕食蛇類

　　布農族人也烤煮蛇類，只有百步蛇禁止食用，蛇亦提供了布農族人味道鮮美的肉食。惟捕蛇來烤吃並不普遍。

三、調味料

（一）非栽植的調味料植物

　　1、「食茱萸」：常用為煮湯、當配料，或加在綠豆湯、飯裡的菜。

2、「椿樹」（Tana）：又稱「香椿」，在春天發出帶紅色的嫩芽，帶有獨特的香氣。布農人把椿樹與搗碎之花生仁一起下鍋煮，作為香料。

3、「台灣肉桂」：果實捶打後可做調味料。

4、「山胡椒」（Maqav-lukis）：為會落葉的小喬木，常見林道路旁或土坡上，枝與葉有類似胡椒的味道。果實曬乾捶打後可做調味料。布農人用山胡椒果實或配合鹽巴、辣椒醃製成調味料。

5、「野薑花」：多野生，有時也種植，以取其地下莖來做薑用。

6、「月桃」：根部可當薑的替代品。

（二）鹽巴代用品

1、「羅氏鹽膚木」（Qalus）：中低海拔植物，落葉小喬木。對於長期待在中央山脈深山求生存的布農族人來說，能維持生理機能的鹽巴，是最不可或缺的礦物資源。事實上，人類的生活，已經不可一日無鹽。

羅氏鹽膚木又稱為「山鹽青」，它的種子含有鹽份，味道鹹酸，可以當作鹽巴的暫時代用品，在古代，鹽巴尚未輸入布農族社會的時候，它就是「解癮」的恩物。自從與漢族人接觸以後，鹽巴成了最重要的貿易交易品。

2、「岩鹽」：附於岩石上，古代布農人以竹片或刀片刮削取用，作為鹽巴的替用品。古代鹽巴獲得不易，故食之較少，所以攝取量較少。耆老說，古代布農族人有很多人得甲狀腺症狀，脖子很大，就是因為缺乏鹽巴之故。

（三）栽植的調味料植物

1、「辣椒」（Mahav或Dah-put）：調以鹽水（Hasila）即可佐餐。有大和小的品種，小品種的比較辣。「小辣椒」是傳統品種。

2、「生薑」（Duduk）：3月種下後，到8月時有薑可採，昔日種來自己吃。布農人煮山產野獸肉，一定要用薑來煮，更能保存原來的野味，亦可去腥味。

3、「大蒜」（Salu）：為種植的，作為佐料用。大蒜第一年9月種，次年5月收，昔日種來自己吃。

4、「Salu pinasaq」：蒜類，為傳統種植者，調以鹽水即可佐餐。

5、「Salu zumu」：蒜類，為傳統種植者，調以鹽水即可佐餐。是一種圓形的蒜。

6、「花生」（Bainu）：花生粉也是調配野菜重要的調味品。

（四）豬肉脂肪

「豬肉脂肪」（Titi-simal）：將豬肉的脂肪榨成油以佐小米飯吃。過去布農人雖然有養豬（傳統豬），惟祭祀的時候才會殺豬（平時不會隨便殺來吃）。當還居住在中央山脈舊社的時候，就會以野豬換取漢人飼養的家豬，以獲得豬肉的脂肪。豬肉的脂肪另有一項妙用，就是會將之塗抹在頭髮上，頭髮會變得烏黑亮麗，據說可以保護頭髮。豬肉脂肪也成了化妝品。

四、布農族的主食與調理

（一）「小米飯」：小米是布農族數千年來的傳統主食。

（二）「小米粥」：小米在鐵鍋中加水煮開，一邊以長柄木杓搖勻，以免底部黏鍋燒焦，在燒煮過程中，要不時地加水，讓小米不致太乾也不致太稀，而吃起來洽到好處。傳說布農族最古老的搶婚習俗，男子把女子搶帶回家，餵食她祭過天神的小米粟（Hulan，這種小米外人不能吃），就算是入門了。此種小米也就是預備明年作為栽種之種籽，甚為珍貴，不會隨便把它煮食之。

（三）「小米稗飯」：將「稗」磨成粉，與小米合煮。

（四）「小米玉米粉飯」：將「玉米」磨成粉，與小米合煮。

（五）「白米粟飯」：日治時原住民學會種植水稻之後，白米飯取代小米，但在白米中加些粟米吃，別有一番風味。稻米是由漢人傳入的，日本統治台灣時，理蕃政策迫使布農族人由高山遷移到丘陵台地，在第二次世界大戰末期，日本政府需要軍糧，而強制族人種植水稻，布農族人也由山林生活轉成耕植水稻維生，進入了稻作的時期，不過，族人在水田種植水稻，在山坡地上仍然栽種小米。

（六）「白米地瓜飯」：地瓜原來是布農族人傳統主食之一，後來種植水稻後開始吃白米，有時白米加入地瓜煮吃，也甚好吃。

（七）「白米南瓜飯」：南瓜也是布農人傳統栽種的食物，

有時也被當主食來吃，因具甜味，與白米同煮，加入一些新鮮花生仁，頗具風味。

南瓜可以儲存長久而不易腐壞，南瓜種籽曬乾，經烤乾之後剝皮來吃，香味可口，是布農族圍爐夜談時喜食的佐品。

（八）「芋頭」：野生山芋過去也是布農族人主要食糧之一，發展到後來，種植野芋也變成布農族人農墾主要栽植的作物之一。山芋主要食材是地下球根的部分，布農族人將它以清水煮熟，剝皮來吃，保持它的清香原味。

五、布農族藥膳食補

茲錄台東師院自然科學教育系教授劉炯錫〈布農族的藥膳食補〉如下：（註27）布農族人對菜餚的觀點，從以下常見的部落菜餚名稱，還有他們相信的食用效果可以看出一斑，這樣的調查，值得生藥學者和人類學者深入研究。

（一）奶滋烤綠筍：降溫、消暑、調配肉食。

（二）茄映野豬鬆：增加體力、擬得到山豬的蠻力。

（三）山羊遊龍葵：山羊不畏冷、不怕峭壁，小孩多吃山羊，骨骼會堅硬，大人也有壯陽作用。

（四）麻辣野豬雜：配酒、飯菜、內臟曬乾煮食可增加乳汁。

（五）豆豉三彩椒：布農族用烤食方法來配烤肉吃。

（六）東昇採野蕨：布農族很少吃蕨，野炊時才配山肉去腥味，湯才好喝。

（七）樹豆銀蒸肉：樹豆為布農族日常的主菜，可配酸菜、山肉、雞鴨肉，其中配五花肉或排骨則成為上等菜。

（八）藤心立鳳凰：布農族相信藤心可以降血壓、降溫、消暑，普遍認為其苦味對消除疲勞有幫助。

（九）南瓜沙拉卷：布農族把南瓜當主食和菜用，認為南瓜可以幫助消化和治胃病。

（十）雙喜小米點：小米是布農族的主食，上山狩獵，出草，事先會做小米點配備用，作長時間外出的便當。

（十一）小米八寶粥：布農族常在小米粥放山肉、野菜，但在小米粥內不能加糖，布農族認為會遭致飢荒，是個禁忌。

六、包裹食物的植物

（一）月桃葉：月桃葉可以包米粽類食物，稱為Savusavu。

（二）假酸醬：假酸醬葉可以包米粽類食物，吃時假酸醬一起吃。

（三）香蕉葉：香蕉葉可以包米粽類食物，味道很特殊。香蕉可以與糯米製成糕。

（四）芋頭葉：可以當盤子放置烤肉、烤魚。是早期包裝的材料。

（五）麻竹葉：葉子燙過後可以包裹食物。

（六）台灣八角金盤葉（Lanbal）：可以用來包裹年糕。

（七）「野薑花」（Sidu）：葉可包製年糕。

（八）「血桐」：葉可包裹糕類。

（九）姑婆芋葉：是早期包裝的材料，但姑婆芋葉不能夠煮。

七、布農族食物的防腐與儲藏

　　古代沒有冰箱儲存食物，以防腐爛及保新鮮，但是布農族人自有一套儲存食物的方法，大致有曬乾、烘烤及儲存於灰燼中。

　　菜葉類曬乾儲存，肉類則以火燒烤去毛，剖肚取出內臟，將肉切割成小塊，慢慢烤乾，即可儲存長久。

　　地瓜及芋頭則長期曝曬於屋頂上，只有下雨天才收進屋內，待全乾後即可儲存長久。

　　南瓜及萬年瓜不用做任何的處理即可儲存長久，尤其據說儲存了很久的南瓜，煮食之更是鮮美。

　　布農族種植最主要的豆類植物為樹豆，此外亦種植綠豆、紅豆、大豆、黃豆等。若豆類、花生、玉米等收穫多的豆類植物，為了防止蟲吃或自然風化腐爛，首先是先把豆類充分曬乾，放入缸中或木桶中，再用大量爐灶裡木石燒過的灰燼撒入桶中（灰燼須充分冷卻），以防蟲蛀，這樣就可以保存長久。要食用時從木

桶中取出，用清水沖洗，洗去灰燼，即可煮食。

　　至於儲存食物的方法之一「醃法」，布農族人似乎比較少用。

八、水源地引水

　　布農族選擇住居的地方，必須是有水源的地方，水源地在部落上方，而引水至部落使用，傳統上是以麻竹（或桂竹）作為水管（竹的各個環節皆須打通），從水源地一根接一根，引水至部落，部落族人就有水使用了。如果水源地是在部落下方或較遠的地方，則以麻竹製的汲水筒取水，汲水是婦女和小孩子的事情，是每天例行工作。小孩子用的是較小的汲水筒。

九、布農族的嗜好物

（一）菸草

　　古代布農族人也嗜好吸菸，菸係舶來品，傳說17世紀以後引進，但抽菸習俗相當普遍，男女成人皆嗜之，唯兒童與未婚少女則禁止吸菸，他們且自種菸草及菸葉。據說，古代布農族人的農

耕地都會種植菸草，因為菸草是耕地的「王」，會保護其他作物生長，如果農地沒有種植菸草則農作物會生長不好。

（二）檳榔

台灣原住民如：排灣族、卑南族、阿美族、魯凱族、達悟族等皆嗜食檳榔，且與宗教祭祀產生重要的關聯。

古昔布農族人並不吃檳榔，也沒有檳榔文化，不過，現今台灣各族群閩南人、客家人、外省人、新住民、原住民族群等都已經嗜食檳榔，檳榔攤、檳榔西施更是世界上獨一無二的特殊景象，到處林立。

小孩喜歡模仿大人吃檳榔，會剝下「杜紅花」（Iah-iah）的樹皮與Lih-li（蕨類）一起放在嘴裡攪咬，嘴巴會紅紅的，與嚼檳榔很像。

【註釋】

註1　林俊聰〈台灣毒蛇小記〉,《科學研習》第40卷第6期,國立台灣科學教育館,2001年10月,頁15。

註2　劉大公〈吃蟲美食家〉。

註3　丘其謙《布農族卡社群的社會組織》。

註4　同註3。

註5　同註3。

註6　同註3。

註7　同註3。

註8　同註3。

註9　同註3。

註10　同註3。

註11　同註3。

註12　同註3。

註13　同註3。

註14　同註3。

註15　同註3。

註16　同註3。

註17　同註3。

註18　鄭元春〈與蛇有關的植物〉。

註19　劉炯錫等〈台東地區布農族野生植物的調查研究〉,《台東文獻復刊》第12期。

註20　同註19。

註21　參劉炯錫等〈台東地區布農族野生植物的調查研究〉,《台東文獻復刊》第12期。

註22　同註19。

註23　劉炯錫主持台東縣永續發展學會、中華建築文化協會《台東縣海端鄉布農族霧鹿部落社區再造工程規劃案》。

註24　同註19。

註25　同註3。

註26　同註3。

註27　劉炯錫〈布農族的藥膳食補〉,《台灣原住民月刊》第13期,2000年12月。

第三章 布農族山林傳統祭典飲食與小米酒文化

每當祭祀慶典時，布農族人必釀酒，男子會上山狩獵，以備節慶時需用的山獸肉，婦女則在家釀製小米酒及製作各種糕點。

一、布農族祭祀慶典食物

（一）小米酒

每當祭祀慶典時，布農族人家家戶戶必會釀酒，以備節慶時飲用。

（二）糯米糰

是用煮熟的稻糯米製作，將稻糯米用手混揉適量的鹽巴水，捏成圓團，即成「糯米糰」。

（三）竹筒飯

「竹筒飯」為原住民族群大多有的飲食文化，是鋸斷新竹，一節一筒，裝入米水，再蒸熟或烤熟。米香、竹香特別好吃，吃時要打碎竹筒，才可以吃到竹筒裡面的米飯，味道很好，竹紙皮與飯一起吃起來口感更特別。

（四）烤肉

「烤山獸肉」：節慶前，為準備肉類食物，族人會先行上山狩獵，節日一到就有野鹿、山羊、山羌、野豬等烤肉了。

「烤山豬肉」：布農族人，獵得的野獸鳥禽等，通常是以火烤的方式食用；而飼養的豬、雞、鴨等，也是以火燒除毛，煮起來味道非常特殊。

布農族烤肉，以木柴為燃料，烤肉上只塗上鹽巴，不加其他調味料，易於保持原味，令人口齒清香。

　　在原住民部落，常可看到原住民隨時隨地都在烤肉，豪邁的大塊切割山豬肉，以鹽巴醃漬，直接在烤肉架上燒烤，肥嫩的豬肉散發出的烤肉香撲鼻而至。

　　布農族有分豬肉的習俗，如訂婚、結婚、生子、嬰兒節及各種慶典等，都會殺豬分豬肉給親友。古代布農族人飼養豬隻，平常不宰殺，多是用於慶典時宰殺食用，以分享親友，如今則是買豬宴饗戚鄰。

　　布農族分豬肉也有幾個過程，首先是除毛，然後切斷四條腿，再把骨肉分開，骨肉分成條塊狀後，再平均分袋給各親友。

　　台東縣海端鄉一道有傳說的美食即「松木烤肉」，傳說布農族祖先曾經出獵，在一顆二葉松樹下烤肉，因為天氣很熱，樹幹上的松油脂滴入山豬肉身上，嗞嗞作響，布農人意外發現吃起來有濃烈的松木香氣，別有一番風味，因而發展成為當地一項傳統美食。

　　亦有傳說：以前高山上曾經發生過一次森林大火，事後獵人撿拾木頭，有一隻山豬被燒死在二葉松樹下，飄來濃烈的香味，獵人因肚子餓就扒起來吃，發覺比以前的山豬肉都好吃，認為可能是松木「加味」。一傳十，十傳百，二葉松烤肉的方式就此在各部落流傳開來，以後獵人打獵，也會帶著烤好的肉片上山當三餐，獵人們發現其他任何樹木拿來烤肉都有澀味，只有二葉松適合。「松木烤肉」因布農族善於打獵的特殊生活習性，而成為飲食文化的一部分，並慢慢發展成為一項美食，具有獨特的文化意義。

　　在台東縣海端鄉霧鹿村射耳祭典，松木烤肉是不可或缺的祭典食物，「松木烤肉」在布農族飲食中，占有重要地位。

　　「燻烤飼養豬」：把飼養豬肉用鹽醃起來再加以燻烤（Matap-pa）。有的是整頭豬燻烤，再慢慢切片來吃。布農族是台灣典型的高山住民，性格豪邁、粗獷熱情，目前每逢漢人節慶例如新年、端午、中秋等節日，族人們亦同享節慶歡樂，準備了小米酒、大家一起烤肉，已成族人的一項特色。族人同聚相互研習交換心得，歡樂開懷痛飲，甚至通宵達旦。

　　布農人舉行祭典時，也有烤肉乾或醃肉乾，邀來親朋好友，歡飲一堂的習慣。

（五）烤魚

　　「烤魚」：早期布農人的漁獲亦用火烤，將魚去腮及內臟後洗淨，用鹽巴塗抹魚身，以長竹由魚嘴刺入從魚尾穿出，在炭火上烤至魚皮兩面金黃就可以食用了。

二、祭祀慶典糕餅類食物

　　布農族祭典前數日，男子上山狩獵，以備節慶時食用的山獸肉，婦女則在家釀小米酒及製作各種糕點，例如「小米糕」、「黃瓜糕」、「米糕」、「布農粿」、「玉蜀黍糕餅」、「稗糕」等。布農族人稱糕餅類食物統稱為「Bu-qul」（布克爾）。布農族製作的傳統糕餅沒有加任何的餡料，多為甜鹹糕餅。

（一）小米糕

「小米糕」（Savu-savu）：是以糯小米製作，用以包裹的葉子是月桃葉，吃起來有特殊的月桃葉芳香味。月桃葉燙熱後，即可包裹小米糕蒸煮，味道芬芳特殊。也有用香蕉葉包裹，味覺又是另一種滋味。

「苧麻」（Liv或Div）之嫩葉可食，為製作糕餅、粿食的基礎材料。

（二）黃瓜糕

「黃瓜糕」：是以黃瓜製作，蒸煮後吃起來有一點像蘿蔔糕一樣，金黃色的黃瓜糕吃起來美味可口。

（三）米糕

「米糕」：是用稻糯米製作，將煮熟的稻糯米放在椿臼用杵搗後，再用手製作成一塊一塊的圓餅糕。通常將手沾上食用油來抓取需要的份量，揉成圓形或沾上花生粉來吃，十分可口。

（四）年糕

近代布農族人也學漢人製作一般年糕。在南投縣信義鄉望鄉部落，每逢一年一度的聖誕節，每家都會製作大量的年糕，以備聖誕節時食用，並且也贈送給其他部落的親友。筆者每年吃的年糕就是望鄉的家人送來的，真是非常感謝他們。

（五）布農粿

「布農粿」：是小米揉成小米糰，用熱水燙過的香蕉葉（或

芭蕉葉、月桃葉）包好，以蘆葦葉綁緊，放入墊有蘆葦葉之沸水鍋中，煮約一小時，即成傳統的「布農粿」。

（六）玉蜀黍糕餅

「玉蜀黍糕餅」：是玉蜀黍磨成粉，用來蒸煮製作玉蜀黍糕餅。

（七）稗糕

「稗糕」：稗也可以磨成粉蒸煮製作「稗糕」吃，但大多是與小米混摻著製作。

三、布農族飲料

（一）小米酒

酒是人類最早的飲料之一，人類在很早的時候，就懂得如何釀酒，布農族人也不例外。台灣的原住民族，除了離島的達悟族不會釀酒（所以也不會飲酒），其他各族都有豐富的「酒文化」。

「小米酒」是布農族的飲料之一，釀酒（Kadavus）一般屬於女性的工作。在布農族社會裡，最具代表性的酒精飲料「小米酒」稱為「Davus-tapha」或「Davus-bunun」，它乃是布農族人的「族酒」。不僅是古代宗教儀式之必需，傳統上也非它莫屬，

布農人造酒準備

自古迄今，無可取代，至今重要宴客少不了它，仍普遍飲用，如小孩成長禮（Piskazav）、議婚（Masingv）、結婚（Mapasiza或Mapadangii）等重要宴席，都會提供小米酒以供飲用，且是未經加水稀釋的「Tun-av」，為最精純者，稱得上醇美而嫵媚，和布農人女性一樣柔軟溫馴，深受喜愛。

　　「小米酒」（以糯小米釀成）色澤就如洗米水一樣白濁，以純糯小米浸泡醱酵而成（有的會加糖），香醇帶有酸味，不嗆鼻，很容易入口。剛喝時不敢喝，一兩杯下肚後，即開始乾杯（Aminun），酒精含量多少不知，只覺得開始喝很舒服，不見醉意，但後勁很強，不知不覺就酒醉了（因為喝下的酒，到胃裡還會繼續發酵）。

　　「小米酒」是布農族人物質靈魂的一部分，這是由於布農族人有史以來，「小米文化」的農耕形式，形成「小米」與「小米

酒」，在布農族人的生活和傳統文化中，具有特殊的地位。

布農族小米酒釀酒原料是小米（糯米），經過去殼、浸泡、蒸熟、發酵（用酒麴Tamul，所以小米酒又稱為Davus-tamul）、儲存、濾清等釀造過程，約經五至七天即釀成美酒（要看當時的氣候）。

布農族人喝酒習俗，以一個竹杯「輪杯」著喝，竹杯內的酒必滿，飲者也必定飲乾，喝過酒才能吃菜肉，不可僅吃菜肉不喝酒。

布農族社會，男性力求表現（布農族人崇拜英雄），也要能逞強飲酒，他們以為不會喝酒的人，狩獵、出草必定不會有出色的表現。

小米酒配以山林野味，公認為相得益彰，尤其用布農人的青竹杯（麻竹或桂竹截成）酌酒，挾著清新的竹香，清香撲鼻，別具風味，另有一番情趣。

小米酒、青竹杯，融合著大自然的芬芳美味，大自然的清香確是絕美，任何人造香味都無法與之相比。布農族的酒器，也有用葫蘆或匏瓜製成的。

現在布農族人宴客，熱情的主人，吃飯前必先飲酒，即使明知「空肚易醉」，亦無所顧忌。以為讓客人先飯後酒，便是失禮，未能充分表現主人請客的誠意。

布農族人也喜歡與客人喝「同杯酒」（Sun-dusa），即與客人用同一酒杯同飲。所以漢人要到布農族那裡作客，應對當地稍有了解，避免「敬酒不吃，吃罰酒」之困擾。布農族人喝酒講究的是同量，一杯一杯的輪流喝下去。

目前布農族人也意識到飲酒衛生的問題，已經不會強要客人

喝「同杯酒」（Sun-dusa），也是一種進步，惟同族人之間，還是盛行喝「同杯酒」（Sun-dusa），或稱「ainumi」（日語）。

（二）玉米酒

布農族人除了釀造小米酒之外，「玉米」也是布農族人釀酒的材料，「玉米酒」較小米酒為甜。

（三）、布農族釀酒之發酵劑

「紅藜」：取其種子，釀酒時，可以幫助發酵。

「月橘」：是製作酒麴的材料之一。別稱七里香、九里香、十里香、千里香、萬里香、滿山香、九秋香、九樹香。為芸香科九里香屬植物，嫩葉也可以與小米一起混著來釀酒。

「太魯閣艾」：菊科植物，為菊科蒿屬下的一個變種。嫩葉可以與小米一起混著釀酒。

「玉山抱莖籟簫」：菊科籟簫屬植物，嫩葉可以與小米一起混著釀酒。

「台灣山蘋果」（Lasvi）：鮮紅色的果子也可以用來釀酒。

四、傳統飲酒禮俗的瓦解

古代布農族的酒分為「祭儀酒」和「節慶酒」兩種，亦即只有在有祭儀或節慶時，家家戶戶才會造酒，祭期或節慶期間酒喝

完後，平常不存酒或無端造酒，又恢復農耕狩獵生活。由此可知，古代布農族人雖嗜愛杯中物，但僅在祭期與慶典時才有酒喝，平常時日是沒有酒喝的。古代布農族人釀酒，是由祭司宣布什麼時候開始釀酒，部落頓時舂米聲震天，便知節慶要來臨了。平常時日是不准釀酒的，節慶結束，家中也不可以儲藏酒。

如今，布農族人自中央山脈深山舊社遷移現址後，由於農耕型式的改變，放棄了種植小米而改種水稻，布農族原有的小米文化（小米文化可謂布農族的精神文化）也徹底瓦解了。

而相繼圍繞著小米文化的布農族「飲酒文化」也改變了，因為沒有了古代傳統祭儀的禁忌，加上社會結構轉型的苦悶與困頓的適應問題，「酒」自然變成逃避現實，尋求苟安之物了。

又由於現在市面買酒方便，日日有得買，日日有酒可以喝，布農的優良「喝酒文化」變成「酗酒文化」，這是與古代布農族的原有「喝酒文化」是絕對不相同的。

古代布農人喝酒是因祭祀酬神，族人盡情歡飲，今日喝酒是逃避現實和苟且偷安。今後，如何致力恢復原有喝酒文化的秩序與精神，不糟蹋生命的飲酒，才是布農人應努力的方向。

第四章 布農族山林傳統狩獵文化與環保倫理

　　布農族人世居中央山脈，大多居處於高山地帶，其傳統生活基本上是依賴山田燒墾（或稱刀耕火耨）的農業生產方式，而輔以狩獵及採集的勞力工作，他們經常穿梭於崇山峻嶺追逐野獸，打獵是生活的一部分。

　　狩獵獲得野獸，以衣其皮，食其肉，也是布農族人經濟文化重要的一環，僅次於農作耕種，或可這麼說，狩獵是布農族人的第二生命，也是布農族人經濟生活的主要活動……

一、狩獵是傳統重要經濟生產

　　除了農業之外，狩獵也是布農族另一項生產方式。布農族人的經濟生活除了定耕種植，狩獵也是重要的傳統食物肉品來源。

　　台灣原住民族群自遠古時期一直到19世紀末期，仍在森林原野裡追逐野生動物，過著原始樸素的生活。

　　台灣的山區，都是原住民長久的居住地或是傳統狩獵及採集地，因此原住民族群的文化與狩獵有著密切的關係。

　　狩獵對布農族來說不但是生計絕對之所需，且與各種重要祭儀相關連，足徵狩獵原為原始生活主要生產方式。

　　傳統布農族人以散戶方式分布於中央山脈山區，20世紀初葉，日本政府為方便統治布農族人，始陸續將各散戶集中成村。在布農族人的觀念中，其領域可分為住家、耕地和獵區。對於一個布農族男子來說，獵區尤其是生活的重要場域，包括狩獵、採取木材與野菜等。

二、布農族人重視狩獵

　　布農族人世居中央山脈，大都居處於高山地帶，其傳統生活基本上是依賴山田燒墾（或稱刀耕火耨）的農業生產方式，而輔以狩獵及採集的勞力工作，他們經常穿梭於崇山峻嶺追逐野獸，

打獵是生活的一部分。

　　狩獵獲得野獸，以衣其皮，食其肉，也是布農族人經濟文化重要的一環，僅次於農作耕種，或可這麼說，狩獵是布農族人的第二生命，也是布農族人經濟生活的主要活動。

　　狩獵是布農族人早期的生活文化，重要性僅次於農耕，在其觀念中，以狩獵為男子之本分工作，而農耕乃屬女子之本分工作，凡重要祭典前必行狩獵。

　　早期布農社會的生活中，男子能捕獵比一般人更多的獵物，即代表此人的智能與技能高人一等，成為族人部落中的英雄人物。布農族男子為了追求「英雄」名望，造就了布農人為天生的狩獵民族。

　　布農族人的狩獵生活完全為生存所需，絕不同於時下趕盡殺絕的掠取手段。在這種供需的平衡關係下，野生動物一直能夠保持永續繁衍，也說明布農人永遠遵循著自然生態法則。

三、狩獵是文化的根源

　　台灣原住民的祖先們居住在台灣山區，為了飽食尋求食物，狩獵已成為他們生活中最重要的部分，原住民的文化，根本可以說是一部狩獵文化史，狩獵就是他們文化的根源，許多道德倫理都源自於他們的狩獵倫理與道德。

　　打獵是布農族文化裡一個很重要的活動，如果沒有它，子孫

對歷史文化的認知會殘缺不全，如何延續子孫對祖先的記憶？如果讓它消失，一個沒有獵人的布農文化，就像斷了根的文化，只會是成為博物館展示櫃裡一個已經消失的記憶。

四、狩獵是一種生命學習

狩獵（Hanup）是自古以來用以取得高蛋白質營養藉以生存的最原始方法，同時也是一種「生命學習」。

只有在自然界中，才能夠發現大自然的偉大與奧妙，並且深刻體認到自身存在的有限性與認知生命之無窮。

只有在極端惡劣的環境之中，才能夠親身體驗到生命的可貴，並且學會如何尊重與珍惜可貴的生命。

只有在惡劣的戰鬥之中獲得勝利，才能夠明白智慧意義之所在，並且知道如何追求戰勝，避免因散漫而遭致失敗。

只有在生死的邊緣的時候，才能夠體悟友情的重要，並且曉得如何與朋友共存共榮、共享共患難的精神。

只有在生離死別的變數之中，學會接受命運的安排，甚至從自然界中學到生命生死的真理。

傳統狩獵對於布農族的男子而言，是取得榮耀的管道之一。古代狩獵是男子的工作，男子有過獵獲才算是真正的成年人。

布農族對於狩獵英雄非常敬重，視獵人為真正的男人，即英雄之意。作為一個優秀的獵人必須具備過人的智慧與堅忍的精

神，在山林不但要克服惡劣的自然環境，還要與各種動物鬥智鬥勇。獵人除了為取得肉食外，還在探求生命意義和精神的價值。

狩獵之智慧與技巧，在於要能洞悉動物的習性、氣候、地形以及使用的工具。善獵者往往是女孩子心目中覓偶的理想對象，特別是擅長獵山豬者，會得到「山豬英雄」的封號。人是萬物之靈，也是萬物之一，狩獵不單純僅是獲取獵物的技術而已，也是向萬物生命的學習。

布農族的獵人非常艱苦，男子少年時即要跟著老前輩（Madaingaz）或自己的父親，學習狩獵（Hanup）的各種技巧，有時候為了捕捉動物，經常三兩天沒有進食，甚至連水都沒得喝。

長輩總希望小孩能努力學會在山林叢野謀生的技能，當小孩在自然中，學習如何生存的過程中，較嚴厲的大人，會在小孩獵不到動物時，以沒有盡心學習的理由，不給飯吃。

其實，如此嚴厲的教誨，包括：挑水、煮飯、學習清洗、分割、燻烤獵肉的每一項工作，是使自己有機會獨自上山時，能夠懂得「討生」。

「荊棘」（Kansapuz）根莖是以前老人家訓練小孩狩獵文化的民俗植物，由於小孩初次入山經驗與常識不如前輩，走路、跑步會覺得又累又辛苦，長輩會說：拿荊棘的根配山羊腿煮，冷卻後喝湯，之後再上山走路，就不會覺得很辛苦。（註1）

∧∧∧ 五、布農族狩獵的時期與捕獵對象 ∧∧∧

　　早期布農族狩獵的季節多在農閒時期，也是狩獵活動的旺季，大致是9至12月及3至4月間。梅雨季節則不利於狩獵活動進行。

　　通常布農族狩獵活動是不定期的（指個人或少數人行獵），但是在冬天的時候，12月至2月期間，不舉行狩獵，因為此時樹上無果實，野獸就不容易外出，夏季6月亦不入山狩獵，因為此時準備收割小米，農忙無暇。

　　布農族的狩獵時機，亦可分為平時的狩獵和祭典的狩獵兩種：平時的狩獵是指在平時農閒期間所進行的狩獵活動；祭典的狩獵指在祭典前的狩獵活動。

　　狩獵時間通常一星期至數十天不等，因獵區遠近而不同。

　　通常獵人會在獵區離水源近的地方設置獵舍（狩獵小屋），可以容納數人，獵舍中往往備有烹調用具、取暖蓋被及簡單日常生活用品，且狩獵用的陷阱大多就地取材，所以獵人往往只須帶米糧、佐料及佩刀及武器等就可以上山狩獵了。

　　布農族狩獵動物之種類，可說包括所屬獵場內一切的野獸與野禽，布農族獵獲一般主要以山羊、山鹿、山羌、野豬、猴子（有些獵團不狩獵猴子）等大型動物為主；小型則有飛鼠、穿山甲、白鼻心、松鼠、野兔、山鼠等；而禽類有鷹、貓頭鷹、雉、山鳥等。熊則是禁獵野獸，只有10月至11月才可以獵熊，其他月份若陷阱捕獵到熊，獵者（放置陷阱者）不可以回到部落（即自行與部落隔離），直到次年10月驅除厄運後（或舉行射耳祭

時），才可以重新回到部落與族人一起生活。這就是布農族刑罰
上的「放逐」。

六、布農族狩獵武器

　　布農族傳統的狩獵武器如：弓箭、矛、陷機、陷阱、佩刀、
腳吊子、網等。長矛為狩獵山豬之利器，至於火槍則為晚近（荷
蘭據台後）之狩獵利器。

　　布農族人的原始狩
獵武器是弓箭（Busul-
qah-qah），布農族人非
常重視射箭的訓練，每
一位男子都必須習得一
身技巧與本領，此由布
農族人最隆重、最大的
祭典「射耳祭」可知。
村社中所有的男子都要
參與射耳祭儀，以便互
相觀摩，熟能生巧，長
大以後成為一位優秀的
獵人，甚至於在遇到敵
人時能夠保衛自己。所

布農人捕獵的山豬

謂敵人，指同族不同社群、同群不同部落和異族。

　　布農族人是天生的狩獵民族，布農族男子自兒童時期即練習射鳥，十二歲以後即隨獵隊或父兄出獵。

∧∧∧∧∧∧∧　　七、布農族狩獵方式　　∧∧∧∧∧∧∧

　　布農族狩獵方式，依人數多寡可以分為：

（一）集體狩獵

　　「集體狩獵」是全部落成年男子共獵，集體狩獵包括集體攜槍圍獵及焚獵，與犬獵和埋伏獵、網獵、陷獵等。集體狩獵注重團體合作的分組追逐、分組包圍或者是埋伏狩獵等。

　　1、「圍獵」：以一個部落所屬之男子組成獵團，攜帶武器弓箭、刺槍、火鎗、腰刀等。集體圍獵是設置幾個狩候據點，設定某些人於狩候據點埋伏，其他的人則從山的另一端以喊叫噪雜，以驅逐動物至預設埋伏的據點，狩候的獵人即可以武器獵殺之。

　　2、「焚獵」（Malus-ta-bun）：於冬季草乾時全聚落性的集體行獵，要設置多處據點（獸出口）與埋伏者。因為要燒山，所以比集體圍獵需要更多的獵手。焚獵先搜索野獸聚居之所，而包圍之，由四周放火，迫其自林中逃出，射擊手各持弓矢刀槍守候於隘路上，見到逃出的野獸，以火鎗射擊或以矛刺殺，或攜犬追

逐圍擊。焚獵是較為危險的方式，有時甚至會引起森林火災。大概一年或數年才會舉行一次。

3、「犬獵」（Mapu-asu）：犬獵就是利用獵犬追尋野獸的狩獵方法，先自獵場周圍，放犬逐獸出林，甚至將野獸咬傷，持武器者守候於要隘處、射擊或刺殺之。台灣土狗，就是古代台灣原住民飼養的獵犬，智慧極高，頗通人性，是獵人的最愛。

布農族狩獵一切行為均聽從領隊（Lavian）的指揮，到達野獸出沒的地方後，分成二組：一組狩候猛獸，以槍法非凡者及弓箭手為主；另一組帶著獵狗追逐猛獸。

4、「埋伏獵」：選定一個山區森林，並先於此林周圍之野獸通路設置陷機，有人手持火鎗、弓箭埋伏在野獸經常通過之路旁，掘溝以隱身。而後其餘人，每人帶數隻獵犬，衝往樹林中心，然後分散，往樹林之四面八方分頭驅逐野獸。

狩候者聽犬吠的方向，在伺獵獸經過時用弓箭或火鎗加以射擊。當野獸衝出林中時，則每被預設的陷機套住頸部或腳部而被捕獲。

5、「網獵」：設置獵網於野獸路徑，野獸經過就會被網捆住而被捕獲。

6、「陷獵」：如陷阱獵、弓陷獵、重力陷機、吊頸陷阱、陷鎗（路鎗）、竹刺等。

（二）、多人狩獵

「多人狩獵」：是男子會七、八人至十餘人組隊到山中狩獵，大致為武器獵與陷阱獵。

（三）少數人行獵

「少數人行獵」：約二或三人，亦大致為武器獵與陷阱獵。

（四）個人行獵

「個人行獵」：即個人獨自上山狩獵，通常是一位狩獵技巧很好的獵人。個人行獵或一個人手持弓箭、槍矛、火鎗等武器，埋伏於野獸出沒的地方狩候。但個人狩獵大部分的情況是放置陷阱捕獸。

八、布農族陷阱捕獸

「陷阱捕獸」放置陷阱的數量不一定，獵人會依動物的足痕、排遺等及植被狀況選擇設置陷阱的地點。在獵季，獵人通常以獵舍為中心，做數個放射狀的來回路線，設置陷阱，且大多會有輪流使用的現象。

布農族獵人通常會將沿途獵獲的野獸，就地埋入土中保存（如果是在河流，則將野獸冰存於河水中），等要回程回社的時候再取走。如果獵獲野獸，則將較不新鮮的野獸剝皮去除內臟，或將山獸肉烤乾，以減輕運載背負重量。

布農族人傳統狩獵的方式亦多陷阱捕捉，陷阱狩獵大致可以分為下列數種：

（一）地洞陷阱

「地洞陷阱」是於動物必經的小徑挖地洞，然後覆蓋一層原來之舊土舊草，野獸經過時，覆蓋物踏陷而捕獲野獸。

布農族獵人打獵，放置陷阱或腳吊子，盡量不會破壞原有的環境及留有太多人的氣味，而使得野生動物不敢靠近，以致影響獵獲量。

（二）重壓陷阱

設定機關，在機關上方放置重量物，動物進入觸動機關，重物（多為石頭）便重壓下來，把野獸壓死。

（三）縛足陷獵（圈套陷阱）

獵獸的通路上，尋堅韌樹木，以繩繫於其枝頭，用力彎其枝，陷繩連於陷穴上的縛蹄環，獵獸踏及陷穴上的陷板，即刻陷入絞環內，同時牽動機繩，樹枝向上彈起，縛蹄環即緊繫獸蹄，懸於空中。此獵法最為常用，適用於捕獵山羊、鹿、羌等獵獸。「狗骨仔」（Suh-nisaz）木材如狗骨般堅硬，韌性也夠，不易斷，是縛足陷獵很好的材料。箭竹竹桿則是抓鳥的好材料。「呂宋莢蒾」（Ba-lin-sin）可以製作狩獵吊子或陷阱支架，是狩獵重要的工具。「九芎」（Natulun）木質堅硬也可製作縛足陷阱支架（吊桿）。

如今圈套的材料是鋼索，吊子用線的粗細，依野獸不同而有差異，通常獵捕山羌的線最細，山羊次之，山豬、水鹿最粗。

（四）吊頸陷阱

「吊頸陷阱」：野鹿、山羌、山羊等，脖子深入麻繩或鋼繩

製作的吊頸陷阱，就很難脫逃。「米碎枰木」（Dalis-lisaz）製作的陷阱支架，非常堅韌，連水鹿都無法脫開。

（五）重力鐵陷機

「重力鐵陷機」分大小兩種，在動物出沒之地，掘小洞，把陷機架入，陷機踏板則與地平，上舖乾草樹葉。機上帶有鐵鍊，鎖扣於旁邊之樹幹底部。

（六）陷鎗

「陷鎗」（路鎗）：設置於野獸的行徑，野獸踏觸機關，則火槍自動擊發，但是陷鎗很危險，常時有所聞，有獵人誤觸身亡。

（七）陷弓

「陷弓」（路弓）：與「陷鎗」相同，設置於野獸的行徑，野獸踏觸機關，弓箭就會自動發射，擊中野獸。

（八）竹刺

「竹刺」：將數枝竹子削尖，設置於野獸會跳躍的地方，當野獸由上向下跳躍的時候，身體就會被「竹刺」刺穿而無法動彈。

陷阱捕獸是很危險的機關，有時候是其他獵人被陷阱捕獲，沒有同伴救援，可能就會死在山林中。所以獵人都會在其設置的陷阱上方（或在樹枝葉上）標示或暗示「此處危險，請勿再前進」，以免誤殺其他獵人。筆者上山曾經發現多處綁紅色塑膠

繩，就是陷阱的標誌。

（九）捕鼠夾

布農族人也吃老鼠，主要是吃叫做「Tanpahukaz」的大老鼠，「捕鼠夾」就是專門「夾」老鼠的陷器。布農人也會生吃剛生下來還全身光禿禿、紅紅的幼鼠，沾醬油吃據說非常甜美。

九、布農族狩獵儀式

（一）狩獵前儀式

1、向東方射箭，告知祖靈將從事狩獵，敬請祖靈庇護。

2、舉行獵槍祭，唱〈招動物魂歌〉（希望動物都被獵槍擊中）。

3、舉行酒渣撒潑儀式（酒渣是敬獻給動物靈魂）。

4、出發前祈禱天神庇佑。

5、鳴槍驅邪（patis-bung，各編組一起舉行）。

6、出發。

7、鳥占，獵隊出發不久，由狩獵領隊執行儀式，占吉則繼續前進獵場。

不過，這是現代表演的儀式，其中1和5項，傳統上沒有這兩項，為了增強表演性藝術，而增加了這兩項。傳統上出發狩獵是一種隱密性行為，不是明目張膽告訴山中的野獸「我們來了」，

若是如此，就容易讓野獸逃之夭夭走避了。但是為了表演的可看性與藝術性，還勉強可以接受。

（二）狩獵中儀式
1、到達獵場舉行祈禱儀式。
2、分配工作任務後，開始狩獵。
3、狩獵結束返回前，舉行簡易豐收慶功。

（三）凱歸豐收返社儀式

布農族獵人捕獵到山豬、水鹿等大型動物，返回到部落附近，即開始高呼或鳴槍示知，做為獵獲信號，村人聞訊，婦女孩童皆立即前往迎候，幫忙背負野獸，顯出一幅和樂融融的迎獵圖。

當獵團快要回到部落的時候，即要「鳴槍」告訴部落族人，狩獵隊已經將要歸來。每個部落都有統一鳴槍的地點（部落上方高處）。如果獵獲不豐，則不舉行「返社鳴槍」，行事低調返社。如果有不幸或意外發生，比如有人受傷、死亡，或狩獵中遭敵族出草身亡，也不舉行「返社鳴槍」，而且要在黑夜才能默默遣返部落。

以南投縣信義鄉望鄉部落獵團（Pasimusmus）鳴槍示警原則，統一規定如下（筆者家父田福定，乜寇‧達西烏拉灣‧達納畢馬，曾任信義鄉兩屆鄉長）：

山鹿──「碰」，如有三隻則鳴槍是「碰」、「碰」、「碰」。（三支槍一槍一槍發射）

山豬──「碰！碰」，如三隻則鳴槍是「碰！碰！」、

「碰！碰！」、「碰！碰！」。（六支槍間隔發射）

山羊──「碰！碰！碰」，如三隻則鳴槍是「碰！碰！碰」、「碰！碰！碰」、「碰！碰！碰」。（九支槍間隔發射）

山羌──「碰！碰！碰！碰」，如三隻則鳴槍是「碰！碰！碰！碰」、「碰！碰！碰！碰」、「碰！碰！碰！碰」（十二支槍間隔發射）

部落族人聽到了獵團返歸豐收的信息，婦女小孩就紛紛前往迎接，幫忙背負獵物快快樂樂返社。

（四）回到部落儀式

1、舉行慶功宴報戰功儀式：由獵團領隊（Lavian）報告狩獵成果，吟唱〈報戰功歌〉（Malastapang），由狩獵有功人員自報功績。

2、集體饗宴：吃肉、飲酒、唱歌。

3、分配獸肉：有一定的分配倫理。

3、結束：祈禱感恩天神（Tama-dihanin）。

十、布農族平日之集體鳴槍

古代布農族人用槍的時機，一是狩獵時，二是出草時，三是驅災時。驅災時，全部落有槍枝的族人，在部落內至社外「集體鳴槍」。「集體鳴槍」的時機是在部落遇到空前災難或攸關民族

存亡的時候，其時機有下列數種：

（一）「驅鬼」：村社有人失蹤、有人被鬼魂擄走，引起部落騷動或不安。

（二）「驅疫」：村社有惡疫、流行病發生，恐將全族滅絕。

（三）「驅災」：村社有意外災害、有人意外死亡（溺死、墜崖、兇殺），或颱風、地震等致傷亡慘重，認為天將滅族。

以上族人皆認為由於鬼魂作祟，便會舉行「集體鳴槍」儀式，這種儀式是全村社的族人於夜間午夜時，從自家開始鳴槍，慢慢於村社口集結，再「齊鳴火槍」以驅逐鬼魅，所謂「聲喧驅惡鬼」，把鬼魅自村社口驅逐出境，與中國農曆新年燃放鞭炮「趨邪」意同。

後來「集體鳴槍」儀式變成了「祈福」儀式，在現今許多祭典儀式中可以看到「集體鳴槍」表演。

十一、布農族的狩獵倫理

（一）獵團與獵場及規範

布農族有氏族所屬的獵場（Hanupan），未經同意不得隨意進入狩獵。獵團（Pasimusmus）組織，大部分是同氏族的人員所組成，進入到自己氏族所屬的獵場狩獵。有時候是二個氏族以上組成獵團，這種組成的獵團，決定到哪個氏族的獵場狩獵，則由

該氏族獵場的主人擔任領隊（狩獵領袖）。

　　台灣大部分山區都是原住民傳統的狩獵地。原住民的狩獵方式，以布農族為例，是有世襲的獵場制度。

　　獵場制度下的狩獵者，會主動維護自己的狩獵地，並有一定的狩獵禁忌，以維持野生族群的數量。布農族傳統狩獵制度實施的範圍，亦即狩獵區劃分非常清楚。獵場氏族制度的建立，只有所屬之氏族獵人可以在自己的獵場上狩獵。

　　自古以來，布農族各社群、各部落的獵場都有很清晰的疆界，不可越界打獵。越界是很嚴重的侵占行為，古代社群間、部落間、氏族間、異族間之敵對，往往因為獵場引起而成為宿仇。雖然族人努力避免因為獵場而引起的糾紛，但是疆界有時不明確或重疊者，例如界標模糊或界標被移動，及界標消失等，衝突勢所難免（日治時曾經為布農族郡社群和鄒族埋石立界）。不過族人仍然維繫著諸多的狩獵規範並且加以實踐，同時也很注意狩獵的環保精神與永續利用，獵獲物不是獵人自家食用，而是分享同氏族親朋戚友，充滿共享主義，道德情操非常高尚。

（二）獸肉分配

　　布農族獵團上山狩獵，所獲獵野獸的內臟即在山中煮而食之，獵肉則全部製作為燻肉烤乾（這樣可以減輕返社時負載之重量），運回部落後再行集體分配，其有一定的分配方法。如依射中者（最先射中者、第二位射中者）、最先到達現場捕獲者、最先追逐到的犬，獵肉各部位都有分配的規定（按分配的規則，各地不盡相同）。

　　所得獸肉亦要分給親朋好友共享。獵獲物不可獵人一家人獨

享，同時要按動物身體的器官分送給鄰居等。下回同樣會收到其他獵人或鄰居分享贈送的獵物。

古代布農族生性非常純樸，打獵時，發現別人的陷阱捕獲獵物，不會據為己有（占有），一定會背負下山拿給陷阱所有者，自己也會分得一部分獸肉。

（三）、狩獵禁忌

布農族人善於狩獵，但是也遵守許多禁忌，據說能尊重狩獵規範的獵者，會特別蒙受天神的祝福，能獵得更多的動物（所謂更多是滿足所需）。

有關布農族的狩獵禁忌，茲列述如下：

1、出門前及途中要行夢占。夢吉則如期出發狩獵，夢凶則不許出發。

2、狩獵途中要行鳥占，左邊叫則吉，右邊叫不吉；如果從右邊飛向左邊時，即停止前進；從左邊飛向右邊是好預兆，可以繼續前進；從右邊飛向左邊，又飛向右邊亦吉，可以繼續前進。

3、出門前聽到放屁聲、噴嚏聲，不可以起身前往獵場狩獵。

4、家裡有人出獵，外來的親友不可以進到獵人的住家。據說會對獵人的安全有不利的影響。

5、家裡有人出獵，不可以把火種借給別家，否則狩獵不到野獸。

6、家裡有人出獵，家人不可以隨意把家中的東西送人（送東西給人則無獵獲），也不可以出外做客，否則野獸會逃之夭夭。

7、出獵途中不得談論獵獲物的多寡，否則會嚇跑野獸。

8、出獵行動應受隊長（Lavian）之管轄與指揮，切忌私自行動。隊長（領隊）具有絕對的權威。

9、獵具和武器切忌為婦女摸觸或小孩踐踏，否則容易槍枝走火或誤傷自己。

10、有人上山打獵時，家中婦女不可以摸觸麻線，否則野獸會逃跑。這是緣於〈人逃跑變成鹿〉的故事。

11、村中有喪事、自殺、溺死、摔死、墜崖、婚事、偷竊案、凶殺案等諸事，不得上山打獵，否則隊員中有人會受傷，甚至死亡。

12、出獵途中如有人突然生病或受傷等事，應全體立即停止狩獵，迅速送傷病者立即返家。

13、出獵前要先占卜。出獵之前如未求夢卜或鳥占，則不但無所獲，且將有人受傷。

14、有些部落，如果家裡頭有孕婦，禁忌出獵。

（四）狩獵的食物禁忌

1、家中有人出去狩獵，家人不能吃蒜頭。

2、家中有人出獵，在家者不得吃味道濃烈的食物，例如蒜頭、薑、蔥等，以免驚走動物，獵獸不中。

3、狩獵的隊伍，出發的當天早上，不能吃飯也不能喝水，要等到獵獲第一隻野獸或鳥禽時，才能吃乾糧。

4、可以在他人搭建的狩獵小屋中過夜，也可以食用屋中的糧食，但下回再來時，記得要放些糧食在狩獵小屋裡。

5、有些出獵人的家禁食猴子。

（五）禁獵與禁食動物

布農族人禁獵之動物：Qai-pis鳥、Has-has鳥、烏鴉等為禁獵鳥禽，熊為有季節性禁獵野獸。有些獵人不獵猴子，布農族人不食百步蛇與癩蛤蟆，亦有禁食穿山甲者。

1、「Qai-pis」鳥（紅嘴黑鵯）：傳說中當布農族人因洪水氾濫逃難到玉山山頂的時候，Qai-pis鳥曾經幫助過布農族人去取火，布農族人有了火苗，就可以燒煮食物與取暖，渡過了災難期，布農族人為感謝Qai-pis鳥的恩德，禁止獵殺牠，也不能吃牠。

傳說連用手「指」著「Qai-pis」鳥都不可以，這是對牠不敬，否則牠會啣著一把火把你的家燒掉。

2、「Has-has」鳥：此鳥是占卜鳥，族人用以聽取牠的叫聲及飛向以卜占行止。然對布農族占卜鳥的說法不盡一致。部分巒社群與郡社群人以Has-has鳥為占卜鳥；卡社群人的占卜鳥他們稱之為「Qa-zam」，為綠色「畫眉鳥」；卓社群人的占卜鳥也是Qa-zam。

3、「Ahk-ahk」（烏鴉）：司明信（Lavali）報導：布農人禁忌吃烏鴉，因為烏鴉以前是狗，古代布農族人會舉行大規模的集體「Malus-ta-bun」（焚獵），放火燒整座山，森林裡的動物就會紛紛逃出或被燒死。狗也會進入森林裡追逐野獸，有時也與其他野獸被大火燒死，狗被燒得黑黑的，變成了烏鴉。

司文郎（Tulbus）報導：在很早很早以前，烏鴉原來是一隻黑狗，後來變成了一隻鳥，就是烏鴉。古代布農族人上山獵鳥，絕不狩獵烏鴉，因為禍事會臨頭。布農族人也絕對禁忌吃烏鴉肉。

　　從上二則報導，都謂烏鴉是狗變成的，布農人不吃狗，所以也不吃烏鴉。

　　也有族人認為烏鴉是很髒的鳥禽，因為牠會吃死在野外狗的屍體，也會吃人的屍體，因此族人認為烏鴉是不祥的飛禽，古昔布農族人出草忌諱看到烏鴉，認為會出師不利。

　　烏鴉對中國人和世界上多數國家的人來說，乃為惡運的象徵，但是在日本，烏鴉不但是吉祥物，還被認為是神的使者，就像漢人傳說中的仙鶴一樣。日本有些神社不但供奉烏鴉，還會舉辦烏鴉節予以慶祝。相傳有次日本天皇出去打仗時，被敵軍給困住了，天神便派烏鴉為天皇指路，從此日本人便視烏鴉為神鳥。不過，美國大學教授經研究後發現，鳥類當中，鴉科動物在思考推理方面的表現確實特別突出，可證是最聰明的鳥種，烏鴉除了會保存食物外，還會欺騙其他的烏鴉，聰明才智不輸給許多哺乳動物。（註2）

　　4、「Tu-maz」（熊）：傳說中，熊曾經指導過布農族人飲食的禁忌，因此熊是季節性的禁獵動物，平常不能隨意獵熊，否則家裡會一貧如洗（Min-suqzang）。獵到熊的處理方式也與一般野獸不同，必須要在野外處理食用，否則將會把貧窮與厄運帶回家。

　　5、「Hu-tung」（猴子）：傳說中猴子是人變成的，因此有的獵人禁獵猴子，也不吃猴子肉，不過有些獵人沒有此禁忌。

　　6、「Ka-viaz」（百步蛇）：百步蛇是有靈性的動物，殺死或吃牠，其他的百步蛇會採取襲擊報復，因此布農族人不敢吃百步蛇，還把百步蛇當作「朋友」來看待。「Ka-viaz」是布農族語「朋友」之意。也有百步蛇是布農人的嬰兒變成的傳說。

7、「Kul-pa」（癩蛤蟆）：傳說中，當布農族人因洪水氾濫逃難到山頂的時候，癩蛤蟆曾經幫助過布農族人取火，亦有謂癩蛤蟆是上天的動物，因此布農族人不殺也不吃癩蛤蟆。癩蛤蟆又稱「Tama-hudas」，意為「老祖父」。

8、「Qa-lum」（穿山甲）：少數獵人不食穿山甲。

9、「Asu」（犬）：布農族把狗視為一家人，絕對禁忌殺狗或吃狗，殺狗者要受到刑罰處置。布農人只有准許犬進入屋內，牧放屋外的雞、鴨、鵝、豬等，不准進入屋內。

狗是自古以來與人類相處最久的動物，能善解人意，幫忙人類狩獵，與人類為伴，因此布農族人把牠當作「家人」看待，狗死了不僅要厚葬，而且還要為牠與人同等的哀祭，布農族人真是懂得感恩的民族。布農族在原始神話中有「男人是狗變的」之傳說，或許布農人特別珍愛「狗」源此。

10、懷孕的婦人禁忌吃野獸的死屍，必須是活的野獸帶回家，孕婦才可以食用，否則對胎兒的成長不利。

∧∧∧ 十二、布農族狩獵永續利用與環保意識　∧∧∧

台灣山林多樣性面貌，孕育了許多豐富的物種，提供了人類賴以生存的無限資源，布農族獵人在其狩獵經濟活動裡，考驗著人類與自然息息相關的互動關係。從山川大地中，取得賴以生存的食物，只求溫飽，決不貪得，懷抱著感恩、敬畏與惜福的心

理，直接傳達自然生態對於人類生活的重要性，更考驗著人類與大地相處的智慧，並且謹守自然倫理。

在布農族的信仰裡，山林的飛禽走獸是天神所掌管的，所以狩獵要祈求天神賜獲野獸。台灣的原住民都非常敬重山林，是值得驕傲的事，但是背後的隱憂也隨之而起。驕傲的是數千年來，原住民族對於山林動植物資源的永續利用，未曾破壞過山林；但隱憂的是，自從外來政權（荷蘭、明鄭、清代、日本以至如今）來了之後，便大肆搜刮山林資源，把山林資源砍伐殆盡，破壞原始生態，以致野生動物無處棲息。

布農族是一個非常重視自然生態平衡的民族，傳承祖先與自然互動的生活經驗。在食、衣、住、行、育、樂及器物等方面，對於自然動植物善加利用，也因而形成特有的生活經驗。長久以來，與自然生態和諧相處，並從物盡其用中產生環保概念的生活智慧。

山林野獸古昔是原住民族群最重要的肉蛋白資源，因此各族群都具有技術高超的狩獵技能。「民以食為天」，狩獵自然變成了生活的一部分，從狩獵文化衍生的宗教信仰，更是原住民族傳承文化的依據。原住民的社會道德、倫理、秩序、組織、禁忌、食、衣、住、行等，都與狩獵活動息息相關。而原住民與山林、自然、動物、植物、礦物等，都有著自然環境生態平衡相互依存的倫理關係。狩獵是一種高超（高貴）的行為，尊重動物，取之自然不忘感恩、祈禱，感謝動物的奉獻。

古代布農族，生活就是與土地及自然資源相處的哲學。對山林沒有大規模的開發或破壞，其狩獵倫理，亦有許多管制機制，使自然環境得以維持，自然資源也得以永續存在。

　　台灣原住民的狩獵文化其實是非常符合保育原則的：

　　（一）狩獵有固定的時間：台灣原住民族狩獵的內規，多半於非野獸繁殖期或哺乳期，以及非育雛期的季節進行狩獵，所以對野生動物的繁衍不會構成危害。

　　（二）農忙時期則少狩獵：農忙時期讓野生動物休養生息。

　　（三）自給自足的需求：原住民各族群狩獵以滿足需求，夠用夠吃即止，與古代西方人及中國皇室狩獵是為了滿足殺戮英雄慾而舉行者不同；更與台灣漢人為了山產買賣致富而狩獵不一樣。布農族的〈獵槍祭〉歌詞有：「所有的動物都到我的獵槍來（被擊中）」，這並不是意味著趕盡殺絕，而是祈求滿足需要，筆者小時候見過無數的獵團上山狩獵，獵歸返回部落，所獲獵物其實只是滿足需求，絕不是無止盡的獵捕。

　　（四）基於宗教祭典需要狩獵：這是數千年來的文化發展，而原住民族社會秩序、道德倫理、宗教信仰、習俗禮儀、婚喪儀式、成長祭禮等，大多是從狩獵文化衍生而來，所以沒有狩獵文化就沒有原住民文化。

　　（五）以狩獵為行事的起止：大多原住民族舉行祭祀慶典是從狩獵開始，而也以狩獵為終止。甚至有些地方的喪葬禮俗，是上山狩獵或到河溪漁撈，做為整個喪葬禮儀的結束活動。有新舊交替重新過新生活的意義。

　　（六）平衡與永續利用野生動物：原住民上山狩獵是對野生動物資源有限度的永續利用，非常符合現代所推崇的野生動物保育理念。

　　布農族古老的狩獵傳統與狩獵文化中，蘊藏著一股自然生態永續利用的法則，如在動物繁殖期間，大多為部落之禁獵期。

　　布農族狩獵有休息期，非旦讓動物得以喘息，山林野生動物得以生生不息，也間接維持生態平衡。

　　當發現自己獵區內的動物變少時，會停止放置陷阱，待動物繁殖生長恢復後，再從事狩獵，這是非常高尚的自然生態保育行為。

　　布農族人世襲習俗限制狩獵小動物，以免過度狩獵，使野生動物絕跡，以便維持野生族群的永續生存。

　　如果一個獵人抓到小動物，族中所有獵人會譏笑他沒出息。這種保育觀念，一代傳一代，如此高尚的狩獵文化精神，對於保育工作助益厥偉。

　　人類是生物的一種，而經由共同演化的作用，使得生物間產生對各物種皆有利的生態關係。「生態智慧」遂指人類與自然界經長時間的互動關係，所產生對雙方皆有利的經驗法則。

　　在台灣，原住民在山林與野生動物生活相處了已經數千年之久。原住民永續利用自然資源的模式，對自然資源的珍惜，是一種生態智慧的表現。

　　無論原住民生態智慧背後的動因和機制是否符合自然資源保育的原理，如果產生保育所需的效果時，也同樣值得學習。

　　永續利用乃確保未來人類不虞匱乏地長期使用某一生物物種，獵捕野生動物必須以永續利用為基礎。最重要的是，物種在生態系中的其他物種，才可以共同分享各種被利用的資源。

　　後來由於所得之皮毛、鹿茸、鹿鞭、熊膽、骨、牙諸物多與漢人藥材商人，以物易物交換日常用品、鹽、糖、酒、布和火藥、槍枝、佩刀、罐頭、鹹魚等物，漸漸喪失了美好的狩獵文化精神。唯有徹底嚴禁漢族人的需求，才可以恢復布農人的狩獵文

化與環保倫理。

　　在生活環境迅速改變的今天，我們所要做的不是摒棄既有的自然倫理。在舉世倡議生物多樣性的同時，似應更進一步思考人類如何在生態體系中，扮演正面的意義及作為，而不是一味的將少數族群抽離其與自然長期交融的土地，否則，當人類再度進駐時，又是一場缺乏土地倫理的浩劫。因此，生態智慧的探討，除了啟示生物的多樣性之外，文化的多樣性也是我們所應追求的目標。相信這也是「生物多樣性公約」強調傳統文化及其使用自然資源方式，在保育上占有重要地位之原因。（註3）

【註釋】

註1　原住民族委員會104年原住民生物多樣性傳統知識保護實施計畫《瑪雅部落期末調查成果書面資料》，高雄市原住民文化藝術發展協會，105年6月17日，頁155。

註2　三采文化《我的100個世界朋友》，台北，三采文化出版公司，2005年3月，頁42。

註3　劉子銘〈台灣原住民與生物多樣性──以雅美人為例〉。

第五章 布農族山林食用野生動物與狩獵動物

自古以來，山林與自然即與布農族人的生活有著密切關係，山林與自然提供了布農族的生活資源。除從事農耕外，狩獵也是主要的食物來源。在傳統習俗裡，狩獵是有嚴格規範的，為了野生動物能夠永續利用，老祖先依據無數的經驗，制定一套獵人遵循的法則……

一、布農族與山林

　　自古以來，山林與自然即與布農族人的生活有著密切關係，山林與自然提供了布農族的生活資源：

　　（一）在飲食方面：原始採食山林中的果實、樹皮或嫩葉，採集野菜及塊莖或塊根等供人食用；動物性方面有各種獸類及鳥類等。

　　（二）在飼養方面：山林與自然提供了樹葉、草類，供為飼養家畜等。

　　（三）在燃料方面：山林與自然提供了薪柴，供為燃料用。「茅草」或「五節芒」的乾莖也可以五根以上綁敷在一起，燃火做為照明之用。

　　「松樹」含有油脂，布農人將其切成一片一片的稱為Sang，是布農人最好的傳統照明材料，也是煮飯煮菜最好的取火材料，族人上山工作或出遊會隨身攜帶Sang，以作為起火燃料。族人過去也常用「山漆」（Punu）樹莖當火把照明，唯山漆葉汁會使皮膚起泡，對皮膚有強烈刺激性，皮膚過敏者最好不要靠近。「樟木」（Dakus）削片亦可為起火的木料；樟木汁可以製作樟腦油於夜間當油燈。日治時期，日本人曾經雇用布農族丹社群人砍伐樟樹製樟腦油，結果引發了二次丹大社抗日事件。

　　（四）在穿著方面：山林與自然提供了野苧麻、水麻及天然染色植物，供為織布製衣。

　　（五）在住居方面：山林與自然提供了木材、竹子、石頭、茅草、黃藤、樹皮等築屋材料。

　　（六）在器物方面：山林與自然提供了藤、竹、月桃等編器材料。

　　（七）在保健方面：山林與自然提供了新鮮空氣，空氣內含有芬多精，具有殺菌作用，森林浴更具有保健功能。山林也提供了各類傳統的民俗藥材。

　　總之，布農族自山林中的資源取得一切生活必需品，而族人亦在森林中孕育文化。山林與自然是一種再生資源，經營、利用得當，可以生生不息，取之不盡，用之不竭。然而，由於人類的貪婪與無知，隨著人類文明腳步的推展，予取予求，過度的利用與蓄意的破壞，使山林與自然的環境面臨嚴重危機。布農族人長期與山林和自然為伍，最清楚山林與自然中生態之平衡，山林與自然包括林木、林地以及動植物和居住在附近的人。

二、食用野生動物高貴的情操

　　布農族物質經濟生活，除從事農耕外，狩獵也是主要的食物來源。在傳統習俗裡，狩獵有嚴格的規範，為了野生動物能夠永續利用，老祖先依據無數的經驗，制定一套獵人遵循的法則。例如有嚴格規範狩獵的季節，其目的就是不希望永無止境的捕獵，影響野生動物族群的繁衍，也會影響後代子孫的食物來源。

　　布農族重視狩獵，也創造了狩獵文化，但是取之有道，絕不是以趕盡殺絕為目的，可見布農族自古以來對於自然山林的動植

物，具有高貴的環保品質與情操。

三、狩獵之野生動物

布農族從事狩獵活動，主要的野生動物例如：水鹿
（Hanvang或Ngabul）、山豬（Vanis）、黑熊（Tumaz）、山羌
（Sakut）、獼猴（Hutung）、長鬃山羊（Sidi）、白鼻心（Quk-
hun-babu）、松鼠（Puhut）、野兔（Qmutis-daing）、鼯鼠
（Haval）、穿山甲（Qalum）、雲豹（Kukh-nav）、田鼠
（Tampahukaz）、黃喉貂（Lulus）、黃鼠狼（Sinap-sakut）、蛇
類（Ivut，除了百步蛇）等，以及各種鳥禽（Hazam），例如：
大冠鷲（Ku-kuav）、隼（Su-huis）、貓頭鷹（tuq-ku）、竹雞
（Tikulas或Cikulas）、深山竹雞（Kun-kun）、藍腹鷴
（Linas）、帝雉（Li-kat）麻雀（Dul-pin）、五色鳥（Paci-
kaul）、環頸雉等。捕食蛇類比較不普遍，許多人不吃蛇。

（一）水鹿

布農人上山狩獵，最欲獲得的是「水鹿」（Hanvang或
Ngabul），其體積龐大，食味甘美。射耳祭時射的耳即是鹿耳，
所以射耳祭又稱為「鹿耳祭」，獵獲鹿是布農族人最高的榮譽。
水鹿擅游水，故名之。

（二）山豬

「台灣野豬」（Vanis）是台灣原住民的傳統獵物，古代原住民飼養野豬的情形亦相當普遍，早期原住民多視之為肉類主要來源之一。台灣野豬有獠牙，公的特別明顯而且發達。幼豬體毛為咖啡色，並附有米白色斑。野豬為雜食性動物，是很聰明的動物，除了吃嫩葉，也吃昆蟲、鼠類等，也會穿越林地到農耕地覓食，食用落果，會用強壯的身軀撞樹然後食用。

台灣野豬種是台灣特有亞種哺乳動物。台灣高山地區的大型哺乳動物在生存棲地消失及持續獵捕壓力下，絕大部分種類的族群都大幅銳減，唯獨台灣野豬仍縱橫山林野外，族群保有一定數量，這是很特殊的一例。

縱使台灣野豬所面臨的生存壓力不小，可是台灣野豬能跑善泳、活動力高、移動性強，各類森林、草原、河谷、開墾地、竹林等棲地都是牠們活動的場所，憑藉其優良的棲地適應能力、多樣化的食性及高生殖力，迄今在野外仍保有不少族群量。

（三）黑熊

「台灣黑熊」（Tumaz）雖然也是布農族人狩獵的野獸，但熊為季節性禁獵動物。布農人獵熊有一定的節期，非獵熊季節，禁忌獵熊。

九至十月是唯一可以「正大光明」吃熊肉的月份。在一年中，其他的月份，若陷阱捕獲到熊，獵人會受到「放逐」的處分，在山上獨居生活，到明年射耳祭的時候，才可以回到部落生活（有些地方要放逐一年或二年）。筆者的伯父在阿里山伐木（日治時代），他的狩獵陷阱捕獲了熊，他暗中偷吃了。回到南

投望鄉部落，被人告密，叔公非常生氣，把他放逐了，他帶著伯母到山上獨居，結果自我放逐了數十年，才回到部落生活，小孩都沒有上學受教育。

從布農族人的傳說中會發現，布農族人平常生活必須嚴守的食物禁忌，可能得之於熊的啟示，才把熊列為季節性禁獵動物。列入保育的台灣黑熊，是台灣的山大王，是台灣體型最大的的陸生動物，足以傲世的野生動物。

台灣黑熊，渾身有黑色密毛，胸前則有白色體毛，如同「Ｖ」字形的「月輪」，一般以四肢行進，腳有五趾，在攝食或敵人接近，受到驚嚇或攻擊對抗時，才採取站立姿態。

受到攻擊時，黑熊會以雙掌毆擊、撕裂對方，並直接啃噬敵人，不要說是人類見到牠就要開溜，甚至連其他大型動物見到牠也都退避三舍，稱黑熊是台灣的野獸之王，一點都不為過。

黑熊棲息在森林中，分布在台灣海拔1,000米到3,000餘米的各大山區，大多數住在洞穴，為了避開敵人，多在晚上外出覓食，食量很大，具爬樹及游泳的功夫。古老的說法，遇到黑熊以「爬樹」或「裝死」，可以逃過一劫，但熊爬樹能力雖非一流，但本領仍稱高強，人類是爬不過牠的，所以遇到牠而爬到樹上，不一定安全。而在地上裝死，也可能立即遭受黑熊的攻擊。

不過，黑熊較少主動攻擊人類，其嗅覺敏銳，一遇人類味道或聲音，會自動走避，除非本身受到攻擊，或無退路，或為保護幼熊，才會採取攻勢，否則牠寧可避免正面衝突。而人類遇到黑熊的脫身方法是保持冷靜，安靜的走開，且應避免身上有芬芳氣味或攜帶味道濃而刺激的食物。

對台灣黑熊捕捉的威脅，有學者指出，主要是來自漢人，而

非原住民，因為在台灣許多原住民的傳統裡，都有禁獵黑熊的禁忌，如泰雅族人相信捕殺黑熊，會遭來「一命還一命」、家裡會死人的後果。布農族、太魯閣族、阿美族等也都有類似捉黑熊會帶來不祥的說法，通常是抱著敬而遠之的態度，並不會刻意去獵捕。

（四）長鬃山羊

「長鬃山羊」（Sidi）也是布農族人狩獵的主要獵物。山羊頭長頸短，額有角一對，牡者頦有長鬚。山羊毛灰色。山羊的行徑很險要，牠能通過其他動物所不能走的懸崖峭壁，中國有一句「羊腸小道」之語即源於此。

（五）山羌

「山羌」（Sakut）也是布農族人狩獵的最愛，山羌肉質鮮美。普通是用縛足陷機（Ahu-bantas）捕抓或用刺槍、陷機捕獵。

（六）台灣雲豹

「台灣雲豹」（Kuk-nav）數量很少，所以很少聽到布農族獵人捕獵，只偶爾提起罷了。

（七）猴子

「台灣獼猴」（Hutung）也是獵捕的野獸，惟因其身型和行為酷似人類，所以也有很多人不吃猴子肉，也有獵人是不射殺猴子的。在更古的時候，布農族人是不獵捕猴子的，這或許與布農

人的傳說有關，布農族有〈人變猴子〉的故事。獼猴是雜食性動物，但以食用植物果實為主，亦會吃昆蟲。

（八）鼯鼠

「鼯鼠」（Haval）味道鮮美，也是布農族人獵捕的對象。布農獵人是用夜間手電筒照射鼯鼠，棲息樹上的鼯鼠眼睛非常亮，被手電筒一照，牠的眼睛就看不到四周了，獵人不慌不忙用火槍射下來。古時候，深林裡鼯鼠非常多，家父年輕的時候，說兩個人上山狩獵鼯鼠，一個晚上可以獵下數百隻飛鼠，滿載獵物回家。現在鼯鼠的數量可就沒有那麼多了。台灣的鼯鼠有四種：

1、「台灣小鼯鼠」，台灣特有亞種，分布本島中、北部海拔500-2,000米的森林內天然針闊葉林中。分布高度與大赤鼯鼠相當，而較白面鼯鼠為低。夜行性，活動時隱匿而安靜輕巧，不嘈雜。有良好跳躍能力，植食性，喜食含糖分高之小葉桑的嫩葉。

台灣小鼯鼠主要特徵，其飛膜僅達後肢之膝關節；本種為台灣特有之小形鼯鼠；頭短，鬚發達；耳殼橢圓形，內外緣基部有一簇黃褐色細毛，長達30公分；各趾（指）有毛；上前臼齒二枚。體上面帶赤軟皮色，而有深褐色之斑紋；體下面淡軟皮色，腋及後肢裡面帶薔薇色。頭與軀幹長200公分，尾長172公分，後足長37公分，耳長21公分（軛骨部寬27.9公分左右，鼻骨長14公分）。產台北、台中、南投、花蓮、台東海拔500-1000米地區之森林中，東部較多。（註1）

2、「大赤鼯鼠」，台灣最大型、最普通之鼯鼠。台灣特有亞種。分布全島各地海拔300-2,500米的森林內。雜食性，喜食嫩

芽、幼葉、種籽及果實，尤其是血藤的葉片、樟科和殼斗科堅果，是飛鼠最常吃的東西之一；為典型的葉食性動物。飛膜大，用滑翔來由高處滑到低處，等抓住對向的樹枝後，再爬上樹梢，準備第二次滑翔。牠們能夠藉著上昇氣流來滑翔，遠可滑到450米外的距離。

大赤鼯鼠也是台灣常見之飛鼠，棲息地以闊葉原始林為主。有兩個主要生殖季節，一為12月至2月間，一為6月至8月間，推測12月至1月及6月至7月為主要交配期，胚胎數為1-2隻，懷孕期為45天以上，出生後約一年便達成熟階段，可以繁殖下一代。夜行性動物，日落後出巢，日出前回巢，活動高峰在晚上9點及清晨1-3點左右。有獨特的叫聲，叫聲大都在樹上活動時發出。以樹洞為主要棲息場所。

大赤鼯鼠主要特徵：（1）飛膜擴展至後肢之髁關節；（2）頭與軀幹上面濃栗色，下面淡灰赤色，尾黑褐色。體大形，當其飛膜擴張時，全體為長方形；頭圓，吻不突出，鬚黑；耳殼橢圓形，全部裸出，基部外側生長毛；體上面濃栗色，帶黑味；尾除基部與背同色外，向後約有三分之二為黑褐或黑色；體下面之毛較細而疏，淡灰赤色而帶黃味，乳嘴周圍之毛灰白色。頭與軀幹長450-500公分，尾長460-490公分，後足長65-85公分，耳長32-35公分（顱骨全長69-70公分，基底長56.5-57公分，軛骨部寬44.5-46公分）。(註2)

3、「白面鼯鼠」，台灣特有亞種，分布中、北部海拔1,000-3,500米的闊葉林或針葉林中。夜行性。除交配與哺乳期間，母鼠會帶著小飛鼠一起在樹上採食嫩葉，其他時候大都單獨出現在樹冠層活動覓食行動。

台灣的鼯鼠，其中白面鼯鼠最常見，是高山性飛鼠，嘴巴上下各有一對銳利的門齒。擁有一張鮮明可愛的小白臉，因為牠的腹部和四肢是雪白的，所以又俗稱「白肚子」。

由於白面鼯鼠是夜行性動物，所以白天躲在樹洞中睡覺，傍晚才出來活動覓食。叫聲為高頻的尖銳口哨聲，聲音極響亮，可傳至百米之外。為雜食性，牠們以嫩芽、幼葉、果實、核果、昆蟲及其幼蟲為食物。

白面鼯鼠的性別分辨，可以從牠的尾巴觀察，如果整條尾巴都是深紅褐色，就是公的；如果尾巴末端有一小截白毛，那就是母的。雌鼠每胎通常只產一子。

平常，白面鼯鼠在樹梢上行走或跳躍，但如碰到距離較遠的樹或樹枝，一般跳躍無法到達時，則會先爬到較高之樹枝，接著再用後腳用力一蹬，飛躍出去，同時張開前肢和後肢間相連的翼膜，以一定的角度向下滑行，藉著氣流的浮力就可以滑翔。當快到目的地時略微往上升，然後著陸。有時會利用峽谷的上升氣流滑行，有時亦會在滑行途中作傾斜轉彎，滑行似乎成為其生存本能。當牠在滑翔時，寬而扁的尾巴除了可以保持身體平衡，還可以像船舵一樣控制前進的方向，但是就不能由低處向高處滑行。當飛到另一棵樹上後，須再爬到這棵樹的高處，再往下跳。用這種方式就可以在森林中快速移動。一次可以飛2、30米遠。若是遇到危險時，更可以達到數百米遠。

白面鼯鼠主要特徵：（1）飛膜擴展至後肢之髁關節；（2）頭與軀幹上面濃栗色，頭之前半及頭與軀幹下面白色，尾濃栗色，先端黑色。耳長、卵形，大部分裸出；體背面同大赤鼯鼠，亦為鮮栗赤色，但黑色略遜；頭前半，包括額及顏面白色，但圍

眼部赤褐色；體腹面及四肢內面，包括足的先端及手純白色，或略帶黃味；尾部，雄者全部栗赤色，向後漸黑，雌者先端白色。頭與軀幹長350-430公分，尾長440-480公分，後足長75-76公分，耳長40-44公分（顱骨全長71公分，基底長58公分，軛骨部寬47.5公分）。(註3)

4、「白胸鼯鼠」主要特徵：（1）飛膜擴展至後肢之踝關節；（2）體上面濃粟色，下面白色，酷似白面鼯鼠，但頭部全部包括顏面，與背部同色，混有白毛；胸部全部及腹部中央白色；尾之先端褐色。產於高雄。(註4)

（九）白鼻心

「白鼻心」（Quk-hun-babu）的像貌，從鼻後一直到額頭，有一道白色的縱帶。雙眼之下有小白斑，從眉心經耳朵直到耳下後方也有白斑，而頭部臉部的底色則為黑色。所以叫做「白鼻心」。白鼻心通體肥滿，頸部粗短。白鼻心又俗稱「果子狸」，因牠們喜歡吃水果，尤其嗜食汁液多、糖分高的漿果類。

（十）松鼠

「松鼠」（Puhut）屬於哺乳綱齧齒目，又名「栗鼠」，形似鼠而大，毛黑褐色，尾長，作圓棒形，密生長毛，常向上反轉，負於脊上。眼大，門牙尖銳，能向左右開放。前肢四趾，後肢五趾，趾有利爪。松鼠性活潑，舉止敏捷，常飛躍於樹巔。巢於樹穴、巖石間，嗜食果實、樹皮、嫩葉等。

台灣產松鼠：

1、「台灣帶紋松鼠」（*Tamiops swinhoei formosanus*）又稱

「條紋松鼠」，台灣產的松鼠中體型最小者，遠看有如掛在樹上的「金瓜」，故又名為「金瓜鼠」，日本名「台灣縞栗鼠」。台灣特有亞種，分布於全台各地500-3,000米之森林中，主要棲息於原始闊葉樹林及針葉林和混生林。因冬季與夏季毛色略有差異，可確知一年最少脫毛二次。

日行性，夜晚在樹洞內睡眠。身體小而動作快速輕巧，常蹤躍於樹與樹間。白天活動，尤以清晨為活動高峰。可以像小鳥般摘食細枝上的果實，有時也可以看見牠在枝端以倒掛金鉤的方式啃食樹籽。植食性，喜食植物之種子、嫩葉、芽、樹皮、花瓣及果實。除繁殖及交配外，大都單獨行動，警戒心強。

台灣帶紋松鼠主要特徵，體背面有三條黑色縱帶，其間夾有淡色縱帶。本種為小型松鼠，頭及軀幹長不達190公分，下方之淡色縱帶不通過肩部，而與眼下之淡色縱帶相連；頸短大，吻三角形，前額扁；耳殼成廣橢圓形，外側生長毛，內側生短毛；體上面黃褐色，各部分濃淡不一；背部中央黑帶寬約4-5公分，在兩側者為灰黑色，寬約2-3公分；體下面灰白色，局部灰褐色；尾大部份黑色，有灰褐色斑點散布，先端長毛黑色；頭與軀幹長105-134公分，尾長90-112公分，後足長26-34公分，耳長12-15公分（顱骨全長35-37.5公分，基底長27.1-30.5公分，軛骨部寬20-22公分，鼻孔長9.5-11.5公分）。 (註5)

2、「荷氏松鼠」（*Dremomys pernyi owstoni*）也有人稱「台灣長吻松鼠」，顧名思義就是吻部較長。台灣特有亞種。分布全島各地，由低海拔至3,500米的森林地區，而以中海拔較多。棲息地以原始闊葉林居多。白天活動於森林下層及地面。雜食性，喜食植物種籽、毬果、嫩芽、樹皮及果實。

　　荷氏松鼠主要特徵，體背面及尾灰褐色，無條紋。腹面黃色，吻甚長；耳殼三角形，先端尖，邊緣通常為灰白色，耳背有一白色小斑；顏面及四肢均暗灰褐色，而雜有灰色小斑，趾端帶黑色；肛門附近有銹赤色斑；夏季在背面正中線往往有一帶黑毛，冬季無之；尾與背同色，大部分有軟皮色小環，尾端白色，稍內有一黑色寬帶。頭與軀幹長176-235公分（掘川氏謂可達300公分），尾長120-173公分，後足長44-53公分，耳長18-25公分（顱骨全長52.5-55.5公分），基底長40.5-43.5公分，軛骨部寬27.5-30公分，鼻骨長16-20公分。母體有三對乳房。

　　3、「赤腹松鼠」（*Callosciurus erythraeus roberti*）是台灣最常見、體型最大的松鼠，身上的毛大多是深灰褐色，只有腹部是紅棕色（栗褐色），所以叫做「赤腹松鼠」。尾巴和身體差不多長，尾巴上的毛很蓬鬆顯眼，所以有人叫牠們「蓬鼠」。又稱本屬松鼠為「漂亮松鼠」（*Beautiful Squirrels*），牠就像是活躍的小精靈，當正襟危坐翹著尾巴，並用小手捧著果實吃的時候，那模樣真是可愛極了。

　　在台灣，松鼠的數量頗多，尤其是赤腹松鼠，分布廣泛，適應力強，從平地到山上3,000米，各海拔之闊葉林、針葉林、次生林及開墾地皆可見到牠們靈巧的身影。甚至校園中，只要松樹林立的地方，都可看到牠們的小身影。

　　赤腹松鼠棲息在大樹上，在闊葉樹上枝葉較濃密的地方築橢圓形巢，外層由竹枝及枯葉框成。巢分兩種：一是外巢，築於樹枝上，巢徑約30公分，利用細枝及草架於林木叉枝上；另一種是築巢於樹洞中，稱為內巢，內部同樣襯以細枝及草；通常以外巢為主。

赤腹松鼠晨昏活動，白天常可見到赤腹松鼠在樹林間穿梭覓食，尤其是清晨和黃昏兩個時段最為活躍，中午則在樹上或草叢裡休息。除交配期與育幼期之外，一般為單獨活動。每年3月、7月兩次繁殖期，每胎產2-3隻，幼鼠在出生後六個月便可以單獨覓食了。

其生性活潑好動機靈，行動敏捷，只要稍微有風吹草動，就會迅速躲進茂密的林間。叫聲多樣而明顯，是最容易見到和聽到的齧齒類動物之一。

雜食性，喜好取食堅果類。牠們吃種子、核果、嫩葉、樹皮、樹汁、牛奶榕、花朵和蕈類等食物，也會吃蟲纓或偷鳥巢裡的鳥蛋來吃。在秋天常將核果集中儲存，以渡隆冬。

赤腹松鼠主要特徵，體大背面暗灰褐色，腹面及四肢面一致為深粟赤色；尾毛黑褐色，先端灰褐色或赤褐色。頭及軀幹長188-218公分，尾長180-202公分，後足長50-52公分，耳長21-23公分（顱骨全長52-54.5公分，基底長41.5-45.5公分，軛骨部寬29-32公分，鼻骨長14.9-17公分）。（註6）

由於牠們愛啃愛咬，常將柳杉類樹木的頂芽咬斷，或撕掉樹皮，使它枯竭而死，造成林業上莫大損失。在各種原產哺乳動物的生存都面臨危機時，唯獨赤腹松鼠激增，而形成大害，真是讓人為目前的生態環境擔憂。（註7）

赤腹松鼠往往對林木有害，因為牠們會啃人造林的樹皮，使樹木枯死。由於牠們的門牙會不斷長長，所以必須常常啃樹皮來磨牙，除此之外，牠們為了吃一些多汁而且含醣高的樹木韌皮部，以及做為築巢的材料和領域的標記等，也會啃剝樹皮，因此常使得林木被嚴重破壞。

雖然赤腹松鼠是森林的破壞者，可是牠們也是森林的功臣之一。赤腹松鼠常在秋天的時候，將堅果、種子等藏在樹洞或泥土裡面，作為冬天備用的糧食，可是，儲藏的地方太多，有時候也會忘記了儲藏的位置，所以也忘了去吃，這些種子順利的長大成樹，因此，不知不覺也促成了不少樹木的成長。

赤腹松鼠有幾種知名的亞種，如：

（1）白尾赤腹松鼠：*Callosciurus erythraeus castaneoventris*（GRAY）。

（2）黑背條腹松鼠：*Callosciurus erythraeus nigridorsalis*（KURODA）。主要特徵，背面灰褐色，腹面栗赤色，但中央有一灰褐色縱帶。背面中央有一帶黑色，且有帶黑色光澤之剛毛狀毛，故背部上面全呈黑色；手足表面亦深黑色，其他松鼠均帶淡灰色，故易於區別；頭及軀幹長202-233公分，尾長153-202公分，後足長45-57公分，耳長19-24公分（顱骨全長52-58公分，基底長42.5-48公分，軛骨部寬30.5-53公分；鼻骨長15.1-18.5公分）。(註8)

（3）條腹松鼠：*Callosciurus erythraeus centralis*（BONHOTE）。主要特徵，背面灰褐色，腹面栗赤色，背面毛色一致。中央有一灰褐色縱走之細條紋，背毛、尾毛稍帶曙色。頭與軀幹長204-225公分，尾長167-190公分，後足長48-53公分，耳長20.5-24公分（顱骨全長51.5-55公分，基底長42-45.5公分，軛骨部寬30.5-33.5公分，鼻骨長14.5-16.5公分）。

（十一）野兔

布農族人也常攜數十隻獵犬圍捕野兔。野兔（Qmutis-daing

或Usangi）為哺乳綱齧齒目。體長約五十公分。耳殼長，能轉動。眼大，上唇中裂，唇側生長鬚，司觸覺，上下兩顎，皆有突出的門齒二枚（上顎於突出之門齒外，尚有小門齒二枚），臼齒與門齒之間，無犬齒，故其間留有空隙。後肢甚長，幾二倍於前肢，故上升巧速而下降拙遲。體毛多褐色帶灰，有長短，長毛本細末粗而曲，短毛雜生其間。野兔性怯懦，日伏夜出，專啃植物，故害於作物者甚大。一年產子數回。體形同於家兔，僅耳殼與後肢較長罷了。

（十二）田鼠

有一種大型的老鼠叫做「Tampahukaz」，吃起來像雞肉，甚美味，也是獵捕的對象。小孩子開始學習放置陷阱抓野獸，就是從抓田鼠開始練習。

（十三）穿山甲

「穿山甲」（Qalum）並不是布農族人主要的獵物，但穿山甲偶爾也會被布農族人所設的陷阱逮獲。有些獵人不食穿山甲。穿山甲為哺乳綱，有鱗目，全體表面被角質鱗甲，此鱗由毛變化而成。頭小而直扁，口吻短、舌長、齒不完全。四肢短，肢各五趾，趾有爪，前肢第三趾之爪，特長而曲，適於穿穴，常潛伏，迎敵則蜷體如球以避害，性嗜食蟻，常以其細長之舌伸入蟻穴而舐食。

（十四）黃喉貂

「黃喉貂」（Lulus），為台灣特有種，獵人一般較少捕獵。

（十五）黃鼠狼

「黃鼠狼」（Sinap-sakut），獵人一般較少捕獵。食物主要是鼠類，也吃腐食性之物，會吃獵人設置陷阱捕獵的野獸。所以獵人看到狩獵的地方有黃鼠狼的蹤跡，就會轉移陣地，不會在此區設置陷阱。黃鼠狼具有一股濃烈的異味。

（十六）梅花鹿

在荷領時代，狩獵梅花鹿是先民重要之經濟活動，曾經有年出口12萬6千張梅花鹿皮之紀錄。據說，台灣北部最後一隻梅花鹿在1956年被原住民日夜追捕射殺死亡。台灣東部最後一隻梅花鹿消失在1969年。至此，台灣野外的梅花鹿從滿山遍地到消失無蹤。在台灣，純粹因為狩獵而滅絕的動物，只有梅花鹿一種。今天，我們只能在動物園、鹿苑一睹梅花鹿的風采。

（十七）各種鳥類

各種鳥禽均為捕食的對象。鳥類除了Ahq-ahq（烏鴉）、Has-has鳥（綠色畫眉）及Qaipis鳥（紅嘴黑鵯）禁食之外，餘均可食。鳥類也是小孩子練習狩獵的對象，小孩子人手一個彈弓，自己練習射鳥。

「松雀鷹」（Sihuis ikit），在叢林裡穿梭，捕抓老鼠吃。

「大冠鷲」（Kukuav），為大型兒猛鷹鷲。偶爾捕食家禽和鳥類，但通常以小型哺乳類、爬蟲類和昆蟲為食。

「隼」（Su-huis），食肉性，在食物鏈中處於頂端。牠會吃飛鼠，所以獵人在獵場上晚上看到「隼」，就很難獵到飛鼠。

「貓頭鷹」（Tuq-ku），也是獵捕對象。

「竹雞」（Tikulas或Cikulas），善鳴叫，鳴聲尖銳而響亮，常連續鳴叫數十次，至其精疲力盡為止，所以很容易暴露其行蹤。

「深山竹雞」（Kun-kun），獵人狩獵，若傍晚獵得深山竹雞，則意味今夜將獵獲豐收。

「藍腹鷴」（Linas），獵獲此鳥，帶回家煮給雙親長輩吃。

「帝雉」（Li-kat），獵獲此鳥，帶回家煮給雙親長輩吃。

「麻雀」（Dul-pin），是體型很小的鳥，最喜歡到小米田啄食小米，是最令人頭痛的鳥類。小孩子常在小米田中設置重壓石頭陷阱，以驅除麻雀，並獲得獵物。

（十八）各種蛇類

各種蛇類均為捕食的對象。蛇類除了百步蛇（Havit）禁食之外，餘均可食，惟大多數人不喜歡吃蛇。

四、野獸的食料

知己知彼，百戰百勝，獵人熟悉野生動物的食物，將對其獵獲此種動物有所助益。所以了解野獸的食性也是獵人的一門功課。

（一）「山黃麻」（Nal-ung）：為水鹿、長鬃山羊、牛之食用植物。猴子會吃嫩葉果實。小鳥、五色鳥、竹雞、藍腹鷴、

帝雉會吃成熟果實。

（二）「山漆」（Punu）：果實為眾多鳥類喜食。

（三）「台灣栲」（Kantuszah）：果實會吸引松鼠、飛鼠來吃。

（四）「台灣山蘋果」（Lasvi）：山豬喜食落果，果子狸也會吃果實。

（五）「葛藤」（Valu）：野豬、水鹿、長鬃山羊、野兔、山羌等會吃葛藤的葉子。

（六）「芒草」、「五節芒」（Padan）：野鼠嗜食根莖及人類種植的地瓜、樹薯、玉米等農作物。獼猴、山豬、山羌、長鬃山羊會食其莖葉。

（七）「四季果（百香果）」（Tukisu）：果實成熟時會招來猴子、野豬、果子狸、松鼠、狐狸等來吃。

（八）「血桐」（Tabuan）：葉子為水鹿、長鬃山羊的食料。果實亦會吸引許多鳥類和松鼠，前來覓食。

（九）「食茱萸」（Saluksukal）：鳥類喜食其果實。

（十）「愛玉子」（Tabakai）：鳥、果子狸、飛鼠會吃野生愛玉子的果實。獼猴會剝開果實吃果肉。

（十一）「山櫻花」（Dandan）：果實是松鼠的食物，紅熟的核果是鳥類的食料。

（十二）「大葉石櫟」（Babu tu lukis）：堅果是大型野生動物重要的食物來源。

（十三）「光蠟樹」（Sinav-haulus）：樹液是獨角仙成蟲喜愛的食物。

（十四）「牛奶榕」（Dung-haivaz）：葉、花、果是多種昆

蟲、鳥類及小型哺乳動物的食物來源。

（十五）「青楓」（Sab-lah）：鼯鼠會吃青楓的嫩芽。

（十六）「火炭母草」（Salin-bunuh）：長鬃山羊、水鹿、山羌喜食。

（十七）「水麻」（Bul-bu-laz）：葉子及果實，松鼠、山羌、猴子、各種鳥類都會吃。

（十八）「山龍眼」（Hasanu）：果實和龍眼樹極為相似，故名。成熟的果實是猴子、鼯鼠、松鼠的食物。掉落地面的果實是老鼠、山豬、山羌的食物。

（十九）「龍眼」（Lingki）：人、鳥、狐狸、松鼠都可以吃。

（二十）「鹽膚木」（Qalus或Halus）：也是鳥類的食物，野生動物會舔食鹽膚木的果實，以補充生理所需的鹽分。

（二一）「颱風草」（Salav-savaz）：是羊、山羌、牛的食物。

（二二）「香蕉」（Bunbun）：是人、鳥、猴、狐狸等動物可以吃。

（二三）「牛樟木」（Dakus）：果實，山羌、鼯鼠、山豬喜歡吃。

（二四）「香楠」（Buah）：果實，老鼠、狐狸、鳥、松鼠都會吃。

（二五）「山胡椒」（Haimus）：果實，鼯鼠最喜歡吃，山羌、山豬則吃落果。

（二六）「杜英」（Duhlasaz）：葉子和果實，松鼠、鼯鼠會吃。

（二七）「玉山紫金牛」（Lankudun）：果實呈黑紫色時，鳥、松鼠會來吃。

（二八）「樟樹」：果實，松鼠和鳥會吃。

（二九）「姑婆芋」：果子紅色時，鳥、鼯鼠、長鬃山羊、山羌會吃，山豬會食其球莖。

（三十）「玉山箭竹」：獼猴、山羌會啃食。

（三一）「野木瓜」：猴子、鳥類、果子狸皆會食。

（三二）「山枇杷」：獼猴、鼬獾、果子狸會食其果。

（三三）「刺裸實」：長鬃山羊會實其果。

（三四）「大冷水麻」：山羌、長鬃山羊、水鹿會食其葉。

（三五）「奮起湖冷水麻」：山羌、長鬃山羊、水鹿會食其莖葉。

（三六）「破布烏」：烏頭翁鳥喜食其果。

（三七）「屏東木」：果實山羌、猴子會吃。

（三八）「稜果榕」：白鼻心、鼬獾、獼猴喜食其果。

（三九）「山臼」：果實是許多鳥類喜歡的食物。

（四十）「樹杞」：果實常為鳥類啄食、鼯鼠、山羌、長鬃山羊食用。

（四一）「雀榕」：果子狸和許多動物會吃其果實。

（四二）「紅果薹」：紅色果實常為鳥類、山羌、長鬃山羊、山羌、山豬食用。

（四三）「天門冬」：果實酸酸甜甜的，猴子愛吃。

（四四）「過溝菜蕨」：山豬常食用。

（四五）「台灣青芋」：山豬最愛食用的根莖類植物。

（四六）「鵝掌藥」：果實是多種鳥類的食源，例如白頭

翁、麻雀、五色鳥等。

（四七）「小西氏楠」：獼猴、山羌、山豬所愛食。

（四八）「硃砂根」：白頭翁、野鴿、帝雉、竹雞、五色鳥等的食料。

（四九）「豬母乳」：果子狸愛食其果實。

（五十）「烏皮九芎」：藍鵲喜食其果。

（五一）「紅楠」：山豬、熊會食其果。

（五二）「茄苳」：鼯鼠、野鴿、五色鳥、綠鳩會食其果。

（五三）「石朴」：果色黑，小鳥會吃。

（五四）「宜梧」：五色鳥、竹雞等多種鳥類喜食其果。

（五五）「冷清草」：長鬃山羊喜吃。

（五六）「楊梅」：猴子、山豬會食其果。

（五七）「密花苧麻」：獼猴喜吃食草。

（五八）「台灣胡桃」：獼猴會用石頭敲碎胡桃果實後食其果仁。

（五九）「鵝掌紫」：鼯鼠吃其嫩葉、果實。

（六十）「阿里山千金榆」：鼯鼠會食其果，山豬也會食其落果。

（六一）「阿里山北五味子」：松鼠、鼯鼠、獼猴會食其果。

（六二）「大葉楠」：山豬常吃其葉。

（六三）「長尾栲」：老鼠、山羌、松鼠、鼯鼠、猴子、熊、山豬會食其果實。

（六四）「栓皮櫟」：山豬、果子狸、鼯鼠、熊、山羌、猴子會吃其果。

（六五）「狹葉櫟」：許多種動物會吃其果實。

（六六）「高山櫟」：山豬食其落果。

（六七）「錐果櫟」：鼯鼠、松鼠、山豬、鼠類、帝雉、藍腹鷴等會食其果實。

（六八）「山香圓」：獼猴吃其果。

（六九）「小葉桑」：山羌、長鬃山羊、水鹿食其葉芽及果食。日治末期至台灣光復初的養蠶事業，會採集小葉桑餵食蠶寶寶。

（七十）「桑樹」：桑葉養蠶。

（七一）「九丁榕」：狐狸、獼猴吃其果。

（七二）「構樹」：山豬、長鬃山羊、水鹿食其枝葉，果子為獼猴、松鼠食用。

（七三）「台灣杉」：鼯鼠、松鼠食其果。

（七四）「咬人貓」：長鬃山羊會食其莖葉。

（七五）「台灣雅楠」：野鴿、鳥類愛食其果。

（七六）「台灣何首烏」：山羌、長鬃山羊會食其莖葉。

（七七）「香葉樹」：松鼠石其果。

（七八）「山肉桂」：獼猴、果子狸、熊、鼠類、藍腹鷴會食其果。

（七九）「五掌楠」：果實是鳥類之食物。

（八十）「長葉木薑子」：熊會食其果。

（八一）「台灣樓梯草」：莖葉是山羌、長鬃山羊的食物。

（八二）「長梗紫麻」：莖葉為長鬃山羊、獼猴的食料。

（八三）「山櫻」：熊會食其紅果。

（八四）「小梣葉懸鉤子」：果子狸、獼猴、鳥類會食其果。

（八五）「通脫木」：果實為鳥食用果。

（八六）「台灣紅榨楓」：鼯鼠會食其果。

（八七）「杜虹花」：其果是綠眉繡眼鳥愛吃的食物。

（八八）「鄧氏胡頹子」：山豬、果子狸食其果。

（八九）「蛇根草」：嫩莖是山羌、長鬃山羊的食草。

（九十）「山柿」：獼猴、果子狸、松鼠、鼯鼠、鳥等會食其果。

（九一）「青剛櫟」：橢圓形堅果是熊、松鼠的食物。

（九二）「紅籽莢蒾」：鳥會食其紅果。

（九三）「台灣杪欏」：長鬃山羊、水鹿會食其帶毛之嫩芽葉。

（九四）「火燒栲」：老鼠、獼猴、鼯鼠、果子狸、山豬會食其果。

（九五）「瓦氏鳳尾蕨」：山羌、長鬃山羊、水鹿會食其芽葉。

（九六）「紅狹葉懸鉤子」：獼猴會食其果。

（九七）「頂芽狗脊蕨」：水鹿、山羌會食其嫩芽。

（九八）「醉醬草」：山羌、山羊會食。

（九九）「山芭蕉」：獼猴、松鼠喜吃其果，山豬則挖其根食用。

（一○○）「山桐子」：鳥會食紅果。

（一○一）「沿階草」：獼猴、長鬃山羊會食其葉。

（一○二）「青牛膽」：果實獼猴會吃。

（一○三）「澀葉榕」：果實獼猴會吃。

（一○四）「山苦賈」：獼猴會食其莖葉。

（一○五）「光蠟樹」：其樹汁是獨角仙的食材。

（一○六）「台灣百合」：山豬會挖掘球莖食之。

（一○七）「天南星」：熊會食其地下塊根。

（一○八）「胡麻花」：獼猴食其嫩芽。

（一○九）「山桐子」：果實許多鳥類愛啄食，例如黃腹琉璃鳥、冠羽畫眉、五色鳥、赤腹鶇、白耳畫眉等。

（一一○）「山棕」：獼猴、果子狸會食其果實。

（一一一）「幹花榕」：果實獼猴、白鼻心、鼬獾喜食。

（一一二）長鬃山羊之食料：山羊喜食植物及草，冷杉、鐵杉、圓柏的葉子，以及咬人貓、芒草等。長鬃山羊如果得皮膚病，就會啃咬人貓（Salingza）的葉片，據說皮膚病就會痊癒。

（一一三）鼯鼠之食料：嫩葉、芽、果實、小葉桑等，尤其是血藤的葉片，也吃小昆蟲。

（一一四）黃喉貂（Lulus）之食料：肉食性，以鼠類、鳥類、昆蟲為主食，亦會取食水果或核果。

（一一五）黃鼠狼（Sinap-sakut）之食料：肉食性，以鼠類（台灣森鼠、高山田鼠、高山白腹鼠等）為主，亦吃腐食性食物。也吃蛙、鳥類、鳥蛋、蛇蜥蜴、昆蟲、野兔等。

（一一六）蛇類之食料：哺乳類、爬蟲類、兩棲類、鳥類。

（一一七）「Sanciaz」：據說受傷的動物吃了「Sanciaz」的葉子，有止血療傷的作用。

（一一八）「紅果苔」（Sus-nah）：受傷的山豬、水鹿、山羊、熊、山羌等，如果吃「紅果苔」，可以療傷。

（一一九）「煙火薹」（Na-nga-laun）：野生動物受傷，吃了據說可以止血。

正在拔牙的布農人

【註釋】

註1　楊仕俊等編纂《重修台灣省通志 土地志、博物志》卷二第一冊，南投，台
　　　灣省文獻委員會，1998年6月，頁740。

註2　同註1，頁740-741。

註3　同註1，頁741。

註4　同註3。

註5　同註1，頁738。

註6　同註1，頁739。

註7　東方出版社《台灣四季小百科（秋）》，頁81。

註8　同註6。

布農族人以鹿角交換食鹽

布農族山林傳統
採集經濟

台灣原住民族的經濟生產技術，可分成採集、狩獵、漁撈、農業及飼養等項。其中以農業最為重要，因為農業是他們賴以維生的主要生產方式。但是其他的產業亦有其重要價值，亦為佐餐重要來源。

　　前人有一句亙古名言：「飲食男女，人之大慾存焉」，放諸四海無不皆準。傳統布農族的飲食文化，除了栽植主食（小米、地瓜、芋頭等）之外，其他植物類的食物是來自於各種野菜。

　　採集在布農族經濟生活中占有重要地位，採集野生食物是不分性別的，男女老幼都能參與從事採集的工作，但是通常由婦女及兒童進行採集工作為多。採集是原始生產方式的存留，可補生產方式的不足。

　　居住在台灣的原住民族，充分發揮了利用大自然的天分，生活於山林中，經驗累積與傳承，各族群都有可資食用的花草植物。雖然沒有現代飲食的精緻與豐富，卻保存了食物本身的原味。當我們疾呼親近大自然、回歸大自然的同時，台灣原住民族的飲食文化也許可以給我們一些省思。

　　以小米為主食，以採集為主要副食，以狩獵漁撈飼養為主要肉蛋白的獲得，這是亙古布農族飲食文化最基本的骨幹，它是悠久傳統生活自然而然的伸展。

　　懂得利用野生植物當然是一種文化成就，而能夠將一種植物做多種應用，更是文明的進化，從佐料與食用及製藥用途，就可看出台灣原住民的原始科技成就。有些植物對於漢人而言可能沒有用處，但是對於原住民卻渾身是寶，每一種植物在不同的季節、不同的部位，可能有多種不同的用途。

　　從對一個民族的飲食文化之研究，亦可推知其與其他民族交往融合後的變遷歷程以及外來文化交互影響之痕跡。

　　有人說，要認識一個民族，最直接的方法就是從飲食開始。原住民是居住在台灣最久的族群之一，他們的飲食與大自然緊密結合，從中可以讀出族群所處的自然環境、生態變化，而他們對動植物特殊的分類、認識與利用，亦有極高的學術價值。在人文的面向，探討飲食文化可看出一個族群的生產方式、社會組織、歷史沿革，以至於人生觀、宇宙觀。（註1）

　　布農族採集活動包括採集野生動植物，細分則有副食物（野蔬）、野果、野菌木耳、香菇的採集、小蟲、昆蟲、野蜂、水族、魚蝦、蛇類的捕食等。

　　野蔬大致可以分為七大類，即葉、莖、葉莖、花、果、根與豆類，有的野蔬同時有兩個以上的部位可食。

　　原住民族採集菌菇類，例如香菇等，亦採集木耳、松茸。原住民族採集藥草出售給漢人，由於近代醫療發達，原住民族過去傳統使用的藥草，目前許多人已經不知曉了。原住民也會採集一些清潔、沐浴、洗滌、化妝用植物，例如無患子，用它來做肥皂的替代品。

　　原住民族採集林木（赤柯、樟、楠、櫸、茄苳、梧桐、苦苓、櫧、九芎、烏心樟、梢楠木）、野藤、月桃、野苧麻等做為建築及器皿用材料，如建築房屋、農耕器具、生活用具、衣物、炊具等。

　　台灣歷史上，原住民各族人民之間，由於生活環境相似，因此自古以來飲食文化交流非常密切，而且有悠久的歷史。所以在原住民的民族食物中，有許多部分是相似的。自從原住民族與漢族接觸後，也產生許多影響，例如改變了飲食習慣，接受了烹調技術等，致使原住民地區飲食文化的地理和歷史背景發生了變

化。

人類是善用工具的動物，在外狩獵、作戰、耕作、砍材，以及居家生活都需要很多用具。布農人除了採集野蔬外，最常就地從大自然取得實用的材料。採集的實用材料分類如下：

一、建屋類
例如頁岩、石頭、竹子、茅草、檜木皮等。

二、家具類
例如杵臼、灌木皮木桶、菜板、湯匙、睡板、月桃的莖皮編成蓆子、置物箱、山棕掃帚、藤籃等。

三、農具類
刀柄、刀鞘、鋤柄、趕鳥器等。

四、獵具
例如土製獵槍、十字弓、陷機等。

五、繩索
日常生活中也需要不少繩子，像「葛藤」、「血藤」的韌性強，可以捆木頭，一些不知名的蔓藤，可以綁野菜等。「大武蜘蛛抱蛋」的長葉子、「山棕」的長葉子、「油芒」的葉鞘、「山芙蓉」的樹皮等都常用來綁小米成一束束。日本人要布農族下山耕田，發給牛隻一對，當時就用山芙蓉的樹皮來做綁牛的繩子，因為韌性夠強。另外，山芙蓉的樹皮還可以作成煙管包菸葉來

抽。「苧麻」的樹皮不只可做為繩子，還是布農族織布的材料。但織布的苧麻通常不是野生的，而是栽植的，因為栽植的品種能取得較多較好的線。「牛乳榕」的樹皮可製作腰帶，韌性也很強，可以掛佩刀。(註2)

「台灣何首烏」（Bisalu）：藤蔓烤乾處理後非常堅韌，可用當繩子，但是綑綁家屋樑柱，仍然是以「黃藤」為主，「台灣何首烏」可做為次級材料。

「白匏仔」（Tabuan）：樹皮可製繩索，樹皮用水煮過，剝出纖維曬乾，將纖維搓揉成線。

「月桃」（Sizu）：葉梢曬乾撕成絲狀，即可製成簡易繩子。

六、玩具

例如陀螺、藤球、構樹皮球等。小孩子在家附近玩耍，「青剛櫟」的果實像小陀螺，用構樹的樹皮做成可以鞭打大陀螺。

七、清潔劑

古代布農族住在溼冷的山上，他們常採「駁骨丹」的葉子、用手揉一揉，然後捧起水來洗臉。有時到低海拔山區，看到很多「無患子」的果實、也會大量摘來當肥皂。又以火燒小米的枝梗，泡水就可以洗頭了，也是常用的洗髮精。也有人將「水雞油」（Du-saulaz）莖皮捶打後拿來洗頭，據說能使頭髮黝黑發亮；亦用「豬油」抹頭髮，也有相同效果。

八、殺蟲劑

有一些動物是令人討厭的，要用植物的化學成分來驅離或致

死。「王瓜」的根部搗一搗後，放在家裡，蟑螂會來吃，然後死掉，是布農族的殺蟲劑。燒「大葉楠」、「掌葉楠」的樹皮可以驅走山上的小黑蚊。燒「雪山艾」、「茵陳蒿」的枝葉更可以驅走各種的蚊子。這些都是山上可利用的天然蚊香。（註3）

九、薪柴

用以煮食的薪柴以及照明的火把（松樹），亦從林木中採集。

十、葉子

布農族對葉子的應用：陶鍋或鐵鍋若沒有蓋子，用較大片的樹葉也可取代，「血桐」、「野桐」是常用的樹葉，煮起東西沒有怪味道，若用月桃葉，就要看個人的口味了。因為會有月桃香，有人不喜歡。但布農族的「Inalif」，通常是用月桃葉包小米或糯米後去蒸炊。湯匙是木頭做的，但要喝熱湯，尤其在野外時，就常用「拔契」的葉子，摺成碗杯狀，這樣喝起來就熱而不燙。這種革質的葉子遇熱時不會變軟，也較好盛湯。野菜、山肉通常用「山芋」、「姑婆芋」的大葉子包起來，要用的時候才打開，這樣菜比較不會枯黃，山肉比較不會被蒼蠅來沾。芋葉也是盛水的材料，尤其在野外，獸皮水袋所裝的水不夠用，在地上挖個洞，鋪一些姑婆芋的葉子，一樣可以盛水，芋葉就像現在塑膠布的使用。布農族釀酒，通常在酒桶的下面放個木架子，架子上面先鋪幾層「鱗蓋蕨」的葉子，再放小米，這樣最後可以去渣。（註4）

【註釋】
註1 黃心宜〈南勢阿美的野蔬世界〉。
註2 劉炯錫主持台東縣永續發展學會、中華建築文化協會《台東縣海端鄉布農族霧鹿部落社區再造工程規劃案》。
註3 同註2。
註4 同註2。

第七章 布農族山林傳統漁撈經濟

　　傳統布農族從事河溪魚撈捕魚的方法，除了用魚筌捉魚，有時則施放「魚藤」捕魚。魚類和獸類都是布農族攝取動物蛋白的主要來源，但捕魚不像狩獵那樣頻繁。多半是利用閒暇捕魚，婦女和小孩都可以參加，兼具娛樂的成分。捕撈的水族包括：各種溪魚、鰻魚、泥鰍、蝦、蟹、蚌、貝、螺等。漁撈有規約、禁忌和實踐禮儀，漁獲，公平分配，一起分享。

一、網漁法

布農人也會撒網捕魚，手網、撒網，他們都稱為「Vavalu」，手網法、撒網法都稱為「Mavalu」。夏天河中水漲，魚類自隱藏處出游河中。村人常三五成群地雙手持著長柄大手網網魚。以漁網撈魚，漁獲量豐盛的時候，就以火烤乾，以備他日食用。

二、射漁法

布農族的小孩也有以弓箭射魚捕撈者。惟此法較不普遍。

三、築堤法

若有河流被沙洲分而為二，他們就會在這二條小河的分流處築堤阻水，使二條小河暫時匯成一河。其中一河中的水匯入另一邊，水漸少時，即以網網魚，等河水乾涸時，就以手捉魚了。這個捕魚法最為常用。

四、釣魚法

釣魚法，為布農族卡社群人自古已有的一種漁法，以竹為漁竿，以麻繩為漁線。做法是將竹削成細長後，使彎之，從而以繩縛好，將它火烤，乾後去繩，則形彎，可用為釣。

五、漁筌法

布農族卡社群人用米糠做成糕，與甘藷一起入火烘烤，烤熟之後，納入漁筌中；然後將漁筌放入河邊大石中，引誘小蝦、魚等。

六、毒魚法

布農人用「魚藤」（Valanu）毒魚，族人掘得魚藤後，槌搗稀爛，曬乾以備用。布農族卡社群人在冬天溪流水淺時，會用魚藤去捕魚，魚藤有栽培者，亦有野生者。其根粗者如茶杯大，小者如手指大，具毒性（但對人體不會有影響，如果不幸中毒了，解毒方法為吃鹽巴或地瓜），故台灣各原住民族多用以捕魚。此等毒魚之法，年行一次。若是所毒的河流過長，則分二次逐段捕魚。

卡社群人雖不掘池養魚，然在行毒魚法毒魚時，常有一段河流不放毒汁進去，以保留魚種。有時亦自大河中捕捉小魚，放入小溪中飼養，以後有人想至此溪捕魚時，須徵得原放魚人同意，才能捕魚，所得漁獲二人均分。（註1）

七、漁撈場域之漁撈權

布農族各社群各氏族都有所屬的獵場，至於從事漁撈，河流也有各氏族所屬的漁撈區，亦須徵得漁權所有者同意，才能捕魚。假若某條小河為某人自大河中捉得小魚後放入其中飼養者，則該條小河之漁權為某人所有，其他人想要在此捕魚的時候，必須先徵詢，得到他的允諾之後，才能夠在此捕魚，並且要送所得漁獲的一半，給漁權所有人做為酬禮。

八、漁撈之水族

（一）「台灣鏟頜」（苦花）：和生薑一起煮湯。

（二）「石賓光唇魚」（台灣石賓）：和生薑一起煮湯。

（三）「螃蟹」（Kalang）：和生薑一起煮湯，味道稍苦。

也可用火烤法和混煮法（魚、蝦、蟹、生薑）。

（四）「蝦子」（Kusun）：可以炒吃。

（五）「台灣馬口魚」（一枝花）：烘烤或煮湯。

【註釋】

註1　丘其謙《布農族卡社群的社會組織》。

第
八
章

布農族山林傳統
飼養經濟

　　飼養是台灣原住民各族主要的家庭副業。古代傳統布農族以狩獵、漁撈和採集經濟為主要生活方式，並兼飼養經濟為基本方式的半農耕社會。從事飼養的經濟活動，傳統管理方式是「野放法」（Havazun，放牧法）和「舍飼法」（Lumun）飼養。

一、飼養家畜

「家畜」就是被人類馴養，而且具有經濟價值的哺乳動物，例如豬（Babu）、犬（A-su）、牛（Han-vang）、羊（Si-di）、兔（Usangi）等。除了犬禁忌食用外，其他的家畜都是用以繁殖以為食用，牛隻還用以耕田。

族人會採取「血桐」（Tabuan）、「葛藤」（Valu）、「地瓜葉」（Hutan）、「構樹葉」（Quna）、「萬年瓜」（Qalput）之莖葉及瓜果餵食家畜。「象草」則是引進的牧草，讓它在空地裡繁殖，以餵家畜。

（一）飼養豬

布農族傳統飼養的是「土豬」（Babu-bunun，意即山地豬），以舍飼法或放牧法飼養，此種豬體型較小，已經絕跡，但是很好吃。目前原住民族飼養的家豬是漢族人輸入的。

養豬是古代原住民族重要的事情，因為有許多祭祀需要使用豬隻，如播種祭、收穫祭、射耳祭、收穫祭、嬰兒祭、小孩成長禮等都需要用到豬隻來祭祀。構樹葉（Quna）、地瓜、地瓜葉（Hutan）、樹薯（Hutan-lukis）、萬年瓜（Kalput）、芋頭（Tai）等是布農族人餵食豬隻的豬食。剩飯剩菜也是豬食。

（二）飼養犬

台灣的原住民族群飼養犬（台灣土狗）是用來狩獵，利用其特別靈敏的嗅覺，一起帶去打獵，牠們可以循著空氣中的氣味，

找到獵物的蹤跡。根據考古學家的證實，今天我們家庭中所豢養的犬，大多數是從古代歐、亞之間狼的後裔演變而來的。由此可知，犬被人類飼養而變成為家畜，也有相當長的歷史。

人類雖為萬物之靈，但在聽覺與嗅覺的能力上卻遠不及犬，犬在這兩方面的靈敏度比人高出許多。犬能聽到人所不易聽到的微弱聲音，並且能夠準確地測出聲音發出的方向，在嗅覺上也能嗅出遠距離的氣味，而辨別出這種氣味的來源。

犬是人類的朋友，是人類最早飼養的家畜之一，之所以能獲得人類的寵愛，並非毫無原因，牠們不但能為主人看門，善體人意，忠心耿耿，並且服從。犬因具有看家護院的本能，智商也高，所以可用於防禦敵侵。犬和人們關係之密切，確實為其他動物所不及。

犬，在古代布農族狩獵的時代，扮演著非常重要的角色，因此，布農族人異常愛護牠，甚至把犬當人看待，視為一家人。布農族人禁忌殺犬也禁忌吃犬肉，殺犬之人，必須賠償豬隻一隻，且殺犬之人必須行禳祓儀式，否則妻子會夜不歸宿。

根據日本學者研究，真正特有品種的台灣土狗，有下列特徵：

1、頭部呈三角形，由兩頰向口部下收，原住民稱為百步蛇頭，也有人稱為狐狸頭。

2、毛色以黃、黑、虎斑為主要色彩，白色則較少見。

3、腹部上提，腰瘦小，為俚俗所說的狗公腰。

4、腿細長如羌，便於高山間彈跳奔馳，有人稱為羌仔腳。

5、尾部呈半捲上揚如鐮刀，細長而毛量適中，是為番刀尾。

史宗源（Li-tu）報導：家犬的飼養歷史已經非常久遠了，起初祖先從深山把野狗捉回家，慢慢調教，逐漸聽懂了人的意思，古人每一家都會養犬，因為牠會看家，而且很聰明，能夠認識人，看到鄰居，牠不會吠叫，不認識的人才會吠叫，主人叫牠不要吠叫，牠就不叫了。古人訓練犬狩獵真有一套，犬捉到了獵物，會把獵物交給主人，絕對不會自己吃了，而主人對犬也很貼心，也一定會分一份獵物給狗兒吃。傳說古人把小米飯嚼碎後，加入「Qa-si-pus」（大型的黑螞蟻，人被咬到會非常疼痛），讓幼犬吃，以後就會很兇猛，狩獵技巧精湛。

（三）飼養牛

傳統布農族並沒有飼養牛隻，日治時代才自漢人處輸入。日治末期，布農族開始從事水田稻作，自漢人處購進了牛隻用以耕作。布農族人飼養的牛有水牛（Hanvang-pusqev）和黃牛（Hanvang-danghas）。

目前實施稻田轉作，許多地區已經不再種植稻米，而在山林野外、青青河畔上放牧的牧童亦不復見。筆者小時候也是牧童，騎在牛背上的歡樂情景，如今還令人回味無窮。據說，牛吃草誤食竹節蟲，會死亡。

（四）飼養羊與兔

布農族人飼養羊，也是自漢人處輸入。飼養的兔子也是自漢人處引進。飼羊採放飼法，有些白天外放，晚上牽回家，有些整日外放，晚上亦不收回。

（五）養蠶

從日治末期至台灣光復初期，南投縣信義鄉布農族人曾經養蠶賣出蠶繭，對於改善當時貧窮的生活亦一大助益，筆者母親亦曾經養過蠶。「小葉桑」（Pakaun）是主要飼養食料。

二、飼養家禽

動物中凡是已經被人類馴化、飼養，拿來食用或當做其他經濟價值的鳥類，我們就稱為「家禽」。布農族人從事飼養的經濟活動，在家禽方面飼有「雞」（Tul-kuq），後來從漢人處輸入「鴨」（Vivi）、「鵝」（Hua-hua）、「火雞」（Qu-lu Qu-lu）、「鴿子」（Babalu）等。飼養家禽常要去山上割葛藤的葉子來餵食。

傳統原住民族以前飼養的土雞，雖然體型不大，但是很結實，非常好吃，不過這種土雞已經絕跡了。

布農人養雞，以小米、玉米、稗等餵養，鴨則餵以米飯、小米、玉米糠及甘薯等。鵝的飼料與鴨同，雞、鴨、鵝均用舍飼法或放牧法飼養。

筆者小時候，家裡飼養雞是用放牧法，家裡有來客，要殺雞吃，母親先指定了要殺哪隻雞，就叫我抓雞，便開始與雞追逐戰，弄得雞飛狗跳，三、四十隻雞滿園子繞場跑跳。有時候追累了，氣喘吁吁，暫停，休息一下，雞兒看我休息，也跟著休息。

等我休息夠了，再繼續追逐，雞兒也又開始逃跑飛跳，我累了，雞也很累了，趁一個不注意，才終於被我抓到。想起孩提時的光景，實在是很有趣。

三、飼養野獸

布農族飼養的野獸，都是到山上狩獵的時候活抓來養的。飼養的野獸有水鹿、野豬、長鬃山羊、台灣獼猴，甚至野兔、松鼠、果子狸等。

（一）水鹿

古代人狩獵活捉到水鹿（Qanvang或Ngabul），會把牠飼養起來，讓公母水鹿繼續繁殖。抓回來飼養的山鹿，餵食的植物是Nal-ung葉、Quna葉、桑葉（Pakaun）、葛藤葉（Valu）等。古人養鹿主要是自己吃，後來才成為經濟目的的飼養。據報導郡社群人王平和（Ling-kav，南投縣信義鄉羅娜部落）曾經飼養過水鹿，割鹿茸去賣，1兩1,300元，把鹿茸流出的血用乾淨的棉花沾，再把棉花上的鹿茸血擰出來放在酒裡，一瓶可以賣1,000元。賣一隻公鹿是27萬元，母鹿則是20萬元。

（二）野豬

「野豬」（Vanis）也是古代布農族人古老的飼養野獸，多

是以舍飼法飼養，飼養數代後也有放牧法。

（三）長鬃山羊

「長鬃山羊」（Sidih）在布農族的飼養史上亦很古老，剛從山上抓回來的山羊飼養採舍飼法，放牧法則會跑回原野森林。飼養經過數代馴化後，即採放牧法。

（四）台灣獼猴

捕獲「台灣獼猴」（Hutung）後，會把牠綁起來鎖住脖子，養肥後殺來吃。有的獵人是不吃猴肉的，所以不會捕獵獼猴。

（五）山羌

「山羌」（Sakut）也是傳統布農人飼養的野獸。

（六）野兔

「野兔」（Qamutis-daing）：亦為古來已有的家獸，用舍飼養，以Valu（葛藤）葉、地瓜葉、萬年瓜等餵養。

傳統布農族飼養的動物中，以雞、犬、豬三者最為重要，而飼養的歷史亦最悠久。犬在布農人狩獵生活中是不可或缺的助手，雞和豬在原住民族的祭祀生活中是不可或缺的犧牲。

（七）野鳩

卡社群人會找「野鳩」（Babalu）之巢，拾其鶵鳩，歸而養之，然須剪去羽毛，否則羽毛豐滿時會飛去。（註1）

四、飼養之飼料

「地瓜葉」（Hutan）、「葛藤」（Valu）、「構樹葉」
（Quna）、「昭和草」（Pupunu）等，可以飼養豬、羊、兔等。
「茅草」、「五節芒」、「兩耳草」是牛的飼料。「山苧麻」是
牛喜歡吃的食物。「銀合歡」枝葉、「蝸牛」，牛愛吃。「牛筋
草」餵養豬、牛。「台灣蘆竹」，牛喜食其葉。

昭和草之葉莖切碎，可餵雞、鴨。構樹果子紅時，猴子會
吃，人也可以吃。「桑樹葉」（Pa-kaun）可餵牛、羊、養蠶。
「鐵莧」用來飼養家豬。「山蒿苣」（Samaq）是鴨、鵝的最佳
飼料。以前用地瓜葉餵豬，現在人可做菜。

【註釋】
註1　丘其謙《布農族卡社群的社會組織》，臺北：中央研究院民族研究所，
　　　1966年。

第九章 布農族歲時祭儀動植物的利用與運用

　　布農族有許多祭典儀式必須「殺豬」祭祀天神，希望天神能夠俯聽族人的祈求，為對天神

　　　　以實質之祭饗，表達族人誠摯的祈禱。

一、祭儀動物的利用與運用

（一）殺豬祭饗天神

布農族有許多祭典儀式必須「殺豬」祭祀天神。殺豬饗神，其實是一種賄賂儀式，希望天神能夠俯聽族人的祈求，為對天神以實質之祭饗，表達族人誠摯的祈禱。布農族人大部分的宗教祭典多以「殺豬祭饗天神」為最崇高的祭祀儀式。

（二）冷卻禮送豬給娘家

小孩成長禮（Pis-kaz-hav）是布農族的「驅熱」禮儀，要送豬給娘家父系氏族分享。古代布農人認為，熱病（發燒）是小孩子的致命病，許多小孩子夭折就是因為熱病，所以要送豬給娘家氏族分肉。因為族人認為，母舅的氏族成員，具有保護小孩子的靈力，所以送豬給母舅氏族成員分享，以保護孩子健康成長。「驅熱」禮儀也可稱之為「冷卻」禮儀。

（三）收割小米豬骨獻祭

「小米收穫祭」約於七月份舉行，要行夢占，獲吉夢則至小米田作祭，以家庭為單位，作祭的家人要選擇食量較少者擔任，據說這樣食物才不會流失；或者是請常常做吉夢者任之。使用的祭器是豬骨胛骨、下顎骨、右蹄趾（表示祭之以豬），並撒酒以祭。

（四）小米入倉殺祭豬祭血

　　布農人約在七月份採收小米，約於八月份把小米收入倉庫中，所以這個月份稱為「小米進倉月」，布農語稱為「Buan-an-daza」。小米進倉的祭祀儀式稱為「Lus-an an-daza」或「Lus-an malading tilas」或「Andaza-an」。「小米進倉祭」在文獻中出現有以下數種稱呼：「小米入倉祭」、「小米收倉祭」或「小米儲藏祭」。

　　「小米進倉祭」大約在八月時舉行，是一種儲藏小米的祭儀。七月份收穫的小米，經過陽光曝曬已經乾燥，就可以儲藏在倉庫裡，舉行過進倉儀式後，方可正式把小米搬進倉庫內。暫存在田中小農屋裡的粟穗，也要全部搬回家裡。

　　「小米進倉祭」也是很盛大的祭典，卡社群人尤其重視這個祭典。舉行進倉祭典要殺一頭豬。數人壓制豬，一人用竹刀（一頭削尖的長竹）刺殺，不可以用佩刀，這是傳統習俗。

　　「小米進倉祭」是以「家」為主舉行的祭儀，司祭者（通常是家長或長輩）用祭器「豬骨串」（Sumsum）在新粟上揮動作祭（Masum-sum），向天神祈禱說：「讓我們的農作物長得青翠綠油油，常有雨露適時降臨滋潤。讓我們的身體健康長壽，不要受到病魔的侵害。祢看，我們用豬來祭祀祢，祈天神讓我們的倉庫年年滿盈，讓小米滿溢到室外，因為我們用肥豬虔誠的祭祀祢。」

　　殺這隻祭祀肥豬，與一般宴客或分肉共享者不同。刺殺祭祀豬者，故意避開要害徐徐刺之（在豬的心臟稍微偏斜處），豬叫得越大聲越好，粟神聽到了才會高興。

　　待家長作祭禱告畢，才急刺祭祀豬的要害而殺死之，並且接

引豬血至木桶中或大碗中。儀式畢，家人協力從室外傳遞小米搬入倉庫中堆放，不是同一家人不可以參加傳遞的工作，否則小米魂會被外人帶走，種植的小米就不豐盛了，所以絕對禁忌外人參加。

小米進倉完畢，眾男子把豬血塗於粟倉四柱，及圍板上和門上，表示已經把豬祭獻給小米魂了，讓小米魂高興歡喜。接著是熊熊大火燒豬毛，清洗完畢，大鍋烹煮豬肉，隨後全家人便開始飲宴（古代布農人的一個家庭，平均二、三十至四十人）。全家人歡宴吃肉、喝酒。

（五）新年祭吃豬肉

小米收穫後，八至九月間舉行新年祭，舉行日期各地不盡相同，有些地方舉行五天。主要行事是酒宴，喝酒吃豬肉，有些地方也會集體鳴槍以驅鬼。

（六）播種小米殺雞祀神

小米播種祭：十二月至一月，試播「無患子」，祭撒小鋤頭，唱「巴西布布的」（Pasibut-but，祈禱小米豐收歌）。實際播種日則殺一隻「大公雞」，以「雞血」滴撒種粟祀神，雞趾綁在祭祀背籃（專門綁雞腳的背籃）上。南投縣信義鄉羅羅谷部落（人和村）的田嘉豐（Paki）耆老，一直到他離世，綁雞腳的祭祀背籃都一直保存著。

（七）灑酒祭敵首與獸骨

「射耳祭」約於四月至五月間舉行，射鹿耳以示英雄，並且

灑酒祭「敵首」與「獸骨」。酒祭「敵首」是安慰敵首的「靈」，也祈望敵靈把他的族人都帶來；酒祭「獸骨」是祈望獸靈把牠的同伴也一起帶來。

（八）豬肉誘引鬼魂

當部落瘟疫發生或諸多災事，全部落的族人於清晨一起驅逐鬼魂，從自己的家裡放槍，一直放槍到村社口，部落族人在社口全部集結了，就表示已經驅逐鬼魂了。驅逐的過程中要攜帶豬肉，以引誘鬼魂走出社口，離開部落。

（九）老鼠肉

南投縣信義鄉羅娜部落，舉行射耳祭時，除了要準備山鹿、野豬、長鬃山羊等獸肉，也要準備烤老鼠肉，烤老鼠肉儀式在其他部落則未曾見過。

二、祭儀植物的利用與運用

（一）Lanlisum樹

布農族人每年四月份會舉行「驅疫祭」，又稱為「洗眼禳祓祭」，也是固定的儀式。「驅疫祭」，最主要的儀式是驅除眼翳病（Un-paq-langan，即砂眼），古代「眼疾」，族人沒有醫藥可以治癒，而且流行蔓延迅速，造成族人的生活非常痛苦，因此乃

藉舉行儀式,希望以巫術的力量驅除惱人的砂眼病,讓族人健康。

「Lan-lisum」樹是驅疫祭儀式中最重要的法器,清晨一大早到山上摘取Lan-lisum樹枝,又到水源取清水。家長用Lan-lisum枝葉沾清水,在每一個家人的眼睛及全身上下,象徵性點拍,口中並誦:「砂眼離開,病魔離開。」除了用Lan-lisum樹枝沾清水點沾人體外,全屋家中的畜獸(雞、鴨、豬、羊)、器物、槍枝等,也都要一一點沾輕拍,以祓除惡魔。

(二)薏苡

七、八月月圓的時候,為去年七、八月至今年七、八月生下的嬰兒舉行嬰兒節,在嬰兒的脖子掛上美麗項鍊,象徵嬰兒成長如項鍊般美好。項鍊是以「薏苡」(Qaihas)的種子製作,這是布農族最美觀的項鍊。

漢民族端午日佩掛香囊是端午節的民俗之一,閨中兒女於此日都要佩帶香囊(香包)。香囊是一種吉祥的避邪物,內裝艾草、雄黃和檀香粉末的小布袋,小孩掛著以防毒蟲侵擾,並且成為一種保命吉祥的象徵。掛在身上,可使穢氣遠離,香氣襲人。香囊亦為一種飾物,藉以飾其形容也。

布農族人也有為嬰兒佩帶頂鍊以驅除邪魔的祭儀,其意義類似漢民族端午節佩掛香囊。「嬰兒祭」是布農族的嬰兒節,又稱之為「嬰兒慶典」,大約在七、八月份月圓的時候舉行,月盈之時,也象徵小孩能越長越好。

這天全家人都盛裝,首先家長向天祭禱,期望小兒快快長大成人,像樹一樣繁榮茁壯,像山頂一樣高聳。接著父母給嬰兒掛

上項練，這是期望小孩以後能長得像項練一樣耀眼、可愛、溫柔、美麗與美好。然後葫蘆盛酒，父親用手指沾酒，先給小孩子沾嘴，並口誦希望嬰兒長大，不要生病的祈福語。母親則咀嚼Ngan的根，塗抹於小孩子頭上，意味著驅除邪魔。如果沒有嚼Ngan的根塗抹於嬰兒額頭，小孩子會被鬼打。如果小孩沒有掛項練儀式，則會死亡，所以古代布農族人非常重視嬰兒祭典。

漢族於端午日，據《閩越搜奇談》云：「閩地在五日，以雄黃浸水，一蘸書『王』字於兒童童額上。」這種風俗稱作「畫額」，據說是對兒童的保健避邪作用。此與布農族人嬰兒祭時，嚼Ngan的根塗抹於嬰兒額頭意同。

嬰兒祭這項儀式除了父母的祝福，主要是感謝祖宗對於初生嬰兒給予的關懷。當聚落的人到達時，父母會告訴每一個人這小孩的名字，而到來的賓客也各自向這小孩祝福。然後便開始飲宴，酒宴時間的長短，往往視孩子父母的經濟狀況而定，富裕之家連續四、五天。無論如何，透過這個儀式過程，小孩被介紹給聚落成員，而正式成為聚落的一分子。

（三）Ngan

「嬰兒節」要在嬰兒的嘴裡沾些甜祭酒，表示甜蜜快樂。又嚼一種叫做Ngan的根，塗抹在嬰兒的額部，象徵驅邪，並邀請聚落的族人餐宴，喝酒吃肉。

（四）茅草

茅草對布農人來說，用途很廣泛，例如祭槍要用茅草祈福，希望獵獲多；巫師治病要用茅草驅邪，把病痛趕走；發生偷盜，

巫師從茅草葉裡看見偷盜者，施法懲罰之；飢荒時，茅草的嫩莖可以做為救命食品；茅草葉也可以做為築屋建材，用途實在很多。（報導人：巒社群金清財Sau-li）

在村社口打結茅草，據說可以防止鬼魂進入部落，也可以不讓部落外的瘟疫疾病傳染到本部落。「打結茅草」是給鬼靈看的，並警告鬼靈：「如果進入部落將會被吊死」。

（五）Taq-nas茅草

台灣的茅草有很多種類，卡社群人傳統使用的祭祀茅草，是叫做「Taq-nas」茅草。這種茅草也是巫師施法使用的主要法器，尤其是找人、找病魔、找竊盜者等，這些人的形影，顯現在茅草葉裡，非常清晰，有利於巫師施行法術。（報導人：卡社群谷明順Ti-iang）

（六）五節芒

「五節芒」（Padan）也是巫師施法的主要法器之一。用整株五節芒驅除惡靈、除祟、治病、祈福。

（七）菸葉

古代布農族人自己種植菸草，除了抽食之外，菸葉也是某些巫師所使用的法器之一，其用法與使用茅草相同，效果也相同。古代布農

布農人自製捲菸葉

族人種植菸草於田間很普遍，成年男女抽菸草也是很普遍。（報導人：巒社群金清財Sau-li）

（八）無患子

在宗教祭儀上，當「Min-pi-ngan ma-duq」（小米播種祭）的時候，會在茅草桿上端插一粒Da-qu（無患子），稱為「Mapu-da-qu」（意即象徵小米生長如無患子之大粒），然後插在小米田中。此種祭儀具有促使小米成長肥壯豐實如無患子，是一種巫術行為。（報導人：郡社群史宗源Li-tu）

（九）Qai-nu-nan樹

約九至十月間，布農族人要舉行「開墾祭」（Ma-bi-zau）祭儀，同一祭祀團體的壯丁，到山田裡伐取「Qai-nu-nan」樹（赤楊樹），然後砍成一段一段排列整齊，曬乾做過祭後，就把這些木頭放在祭司（Tang-qapu-lus-an）家的屋頂上（Tavi）。做過此祭後，Qai-nu-nan樹就具有保護農田農作物的巫術能力了。

有些地方在舉行射耳祭的時候，會將赤楊樹枝放置在敵首架或獸骨架下，然後燃燒之，以增強敵首招來同伴的靈力，也增強獸骨招來更多的獵物。赤楊樹也是製作布農族的傳統樂器木杵和敲擊棒等的材料。

古代農耕沒有肥料，都是天然的有機肥，族人在山田裡種植Qai-nu-nan樹，等到要種植小米的時候，把山田裡的草樹全部砍除（當然包括Qai-nu-nan樹），這些都成了天然的有機肥。布農族人的農田在休耕期間，會在休耕的田上種植「Qai-nu-nan」樹（赤楊樹），赤楊樹生長繁盛，則表示下回再回到此地從事農

耕，農作物會繁榮興盛。（報導人：巒社群田慶華Saidu）

（十）芋頭

　　從前卡社群人有一個關於芋頭的祭儀，叫做「Tuk-tuk tai」，「Tuk-tuk」是「切」，「Tai」是「芋頭」，「Tuk-tuk tai」意即「切芋頭」。此祭儀是把整株（包括根莖葉）芋頭切成細片，再從屋頂上把切成細片的芋頭根莖葉，全部推到屋頂下的庭院，此祭儀意寓祝禱芋頭豐收。（報導人：卡社群谷明順Ti-iang）

（十一）構樹、藤

　　除草畢，休閒期間，男人的遊戲是「鞭陀螺」，其玩法是用麻繩（傳統是用構樹皮）抽打使轉，打時要打得快，使其聲隆隆，陀螺轉得越久，即象徵小米成長美好。此舉實有巫術之意，其義在希望粟的成長如陀螺旋轉之速。打完陀螺，把它收起來放在穀倉裡，並以酒撒祭。

　　女子則盪鞦韆與拋球、接球（球是構樹皮或藤皮製成），球拋得越高，象徵作物成長迅速、高大、碩壯。還要將爐灰擲出窗外或屋外，象徵驅除農害。

　　「Kanahiz」其藤可做為盪鞦韆及牛背兩側犁田之繩索。果實乾了，可以製作成小陀螺玩。

（十二）颱風草

　　不約而同地，布農族與漢族都是以「颱風草」（Salav-salav）葉片上的摺痕數預測該區今年的颱風次數。遇到颱風的時

候，則改期舉行宗教祭典儀式。

（十三）裡白楤木

　　布農族人在尋找新開墾地的時候，首先找到欲開墾的地方，然後劃定界線，立下占有標誌，用一根竹竿或較直的小樹幹插在地上，頂端開叉，橫插入約4、50公分的樹枝或竹片，就是占有標記了，其他家族看到了這個標記，就不會在這裡舉行開墾祭了。有些地方則是用一種叫做Saluk-sukaz（裡白楤木）的樹做為標記，此樹幹剝皮後，內部非常潔白，在萬綠叢中非常醒目。先取一支較直的樹幹（枝）插在地上（約一個人的高度），頂端開叉，再取寬約3-5公分，長4、50公分的裡白楤木剝皮橫木片，橫插在樹幹上即成。整個白色的標記非常醒目。「鹽膚木」（Qalus）的木肉也是白色的，也可以作為占地標記。

（十四）食茱萸

　　「食茱萸」（Saluksukal）樹與布農族人的繁衍存續有關。據〈人蛇大戰〉傳說故事云：當年人蛇大戰的時候，布農族人幾乎全數被蛇咬死了，只有爬上有刺的食茱萸樹上躲起來的一個人存活下來，布農族的後代就是由他繼續繁衍下來的。

（十五）葫蘆祭皿

　　南投縣仁愛鄉中正村布農族卓社祭司後代洪清江（Balan balinsinan）有葫蘆祭皿（Is-lusan taqul）。傳說布農族賴以維生的粟，是從葫蘆裡長出來的，起初只長了一粒粟，就把這一粒粟碎分成五小粒，分發給五個兄弟，即今卡社群、卓社群、郡社

群、巒社群、丹社群的祖先，因此布農族人才有粟種，從此布農族人就以粟為主要農耕作物。葫蘆祭皿裡供祭一大把粟束，以祭葫蘆滋養人類，使布農族人得以生生不息。供祭尚有豬獠（十年以上的大山豬獠牙）、飛鼠及Sumai項練和Qaihas項練。此外，葫蘆常被用為盛酒器，小的可用為酒杯，而酒是小米釀造的，粟種乃葫蘆所培育，所以布農族人視小米與葫蘆為一體。布農族人的歲時祭儀，即是以小米為中心而舉行的祭典，因此他們對滋養粟種的葫蘆，也同樣投以尊敬的心。

第十章 布農族傳統服飾 動植物的利用與運用

　　男女傳統服飾分為常服與盛裝兩種。「常服」為平日居家，耕作、打獵時所穿著，「盛裝服」則為出外訪客，參加祭典時所穿戴。

　　男子最具代表性的服飾是無袖長上衣，以兩塊長方形的織布，於長邊對摺縫合而成。另男子會於上身穿著胸袋（Kulin），腹袋（Kulin-haul），下身僅圍一條遮陰布（Tapis）。

　　以前布農族女子的衣服以麻布為主，以苧麻為原料織布，由婦女自己種苧麻或採野生麻，曬乾作為麻線，以織布機織成服裝，織具為水平背帶機。

一、台灣原住民的服飾概說

　　過去一般人總認為原住民只是「許多族」，而不知道台灣原住民族非常多元，各自有獨立的語言、歌謠、舞蹈、神話起源和服飾文化。

　　原住民的服飾發展中，充滿各族族群發源傳奇和大自然主義精神，強烈和濃郁的殊異風華，讓一般人認為只能欣賞收藏，而不能運用在生活當中，尤其還不能坦然走上流行的風尚舞台，但是最近十年來，我們逐漸感到原住民服飾已然成為未來風尚，吸引一般人的注意。如果留心世界的服飾舞台，少數民族的服飾美學，早已成為服飾設計師們走出個人獨特色彩的創意來源。台灣待開發的服飾活力與動力，其光芒預料是具有世界性潛力的。

　　台灣原住民族不論哪一族，老人都有傳述關於最早服飾的說法：只是幾塊方形手織布拼掛在身上，在百年前的照片紀錄上，我們也看到各族服飾的最早形式，後來因為受清朝和日本人的影響，才有了斜襟、對襟、盤扣、馬蹄袖、滾邊等變化。一百年來，前五十年日本人不許原住民講族語，後五十年的「山地生活改進運動」也不准原住民說族語，語言的壓抑雖然讓各族族語至今幾近消失而產生斷層。但在服飾上，因以物易物而讓清服、日服、漢服進入原住民部落之後，反而讓各族發展出異常綺麗的加料改裝創意設計，這是因為各族的女人將其對丈夫的愛、對子女的期許、對祖先的記憶、對大地（天）神等的敬拜，一針一線織入服飾當中。

　　台灣原住民講究男女分工，男人狩獵、女人織布，因此在織

繡上有著輝煌的成績。台灣原住民的服飾雖各有不同，但同樣分為常服和盛裝兩種。常服平常穿著，盛裝在喜慶節儀才穿，並佩帶各種飾物。原住民的傳統服裝，以精巧豐美的織繡手工，配合色彩鮮亮的圖案或裝飾，綻放出純樸的美感，頗具民族特有的風格。

傳統服飾的族群風味和綺麗多姿固然需要傳遞，但若要固守古風，在現代講求實用與效率的條件下，要面對許多限制。走出時代的情感和生活風貌，必然要與時代潮流的脈動結合，因此，新時代的原住民也試著在各族的服飾文化中跨出現代的面貌。創意的、生活的原味服飾逐漸出籠，官方或民間的活動也愈來愈多關於原住民服飾的推廣和表演，雖然都還在研究發展中，結構化的精品設計還少見，但期待不久的未來，這些具殊麗風華的台灣族群服飾會正式登上流行的風尚舞台。

台灣大社會的流行風尚是被引導的，而這種導引趨勢過去較少眷顧原住民，因為導引的視野就如同麥當勞文化一般，是非常西洋化的，當瑪丹娜將內衣外穿，顯示他們衣飾風尚花樣玩盡，台灣的流行也急忙跟進，而不屑或不懂得眷顧原住民服飾的生命力，這部分也是待開發的。

原味十足的原住民服飾，要走上概念化的流行風尚舞台，還有待溝通與教育。族群的歷史意涵，如何融入現代剪裁的設計當中，各界的設計師，都要有大膽的意圖，與突破窠臼的胸懷，在各族的衣飾當中，找尋各該族新的整體美十分重要，並非合成各族的美就會美。也就是說，原住民的設計師，要學習評估衣飾設計的市場性、實用性、美觀性和機能性，才能真正蔚為生活風尚，而又不失原味與識別表徵。原住民服飾文化要在時代脈動中

走出新路，挾其豐厚的文化智慧，是可以期待的。

二、布農族服飾之功能

布農族傳統衣服的功能，可以從三方面來看：

（一）衣著在結構上不分季節，冬天和夏天，衣服的厚薄一樣，只不過天冷時多穿幾件衣服，如加件披風。

（二）從衣服的種類上看，有很多形式上不分性別，屬男女共用的情形，如胸袋（胸兜）、裙子，都不是一般觀念中，只屬於女性專用的衣服。

（三）衣服的穿著具有場合性，種田、打獵及平時家居，有不同的區別，如打獵時，加穿皮套袖及皮套褲等，舉行祭儀時，又有常服與盛裝之別，然而這些主要功能在保暖與護身。

三、布農族服裝

織布是原住民婦女的日常工作，憑著她們的巧思，便可以織出各種花式布匹，裁製成美麗的衣服。織布的工具，十分簡單，主要是由一只像圓弧形木箱的「經卷」和若干細木棒組成。有時

候在家屋旁的樹蔭下，席地而坐，便開始織起布來。

布農族是標準的山林子民，是中央山脈的守護者，不僅精於狩獵，也最了解叢林生活，早期山難營救專家，多數屬布農族

布農人織布情形

人。至今女人的衣飾，也風行加上許多銀飾墜物和珠飾，族群之間的互動，向華麗看齊成為不可避免的現象。

對傳統布農族人而言，男女的工作有別，例如男人負責出草、狩獵、伐木、編籃、製作工具等工作。女人則從事紡織、農耕等工作。

男女傳統服飾分為常服與盛裝兩種。「常服」為平日居家，耕作、打獵時所穿著，「盛裝服」則為出外訪客，參加祭典時所穿戴。男子最具代表性的服飾是無袖長上衣，以兩塊長方形的織布，於長邊對摺縫合而成。另男子會於上身穿著胸袋（Kulin），腹袋（Kulin-haul），下身僅圍一條遮陰布（Tapis）。

布農族男子也穿著短裙，這樣的設計，是為了行廁方便和易於山路行走而想出來的，使身體輕盈而無負擔。身上的胸袋還可放置香煙、煙斗或子彈等小東西，隨手取用很方便。布農族女子的衣服顏色是以深黑為主，耐髒也很耐看，傳統女子的衣飾沒有

男子的多樣性，但是男女衣服都會區分為工作服、平日穿著，或是宴會時的穿著，相當有規範、原則。而宴會時的穿著，都是從頭至腳的裝扮，把自己最美的一面展現出來。

布農族是沒有階級制度的民族，服裝的穿著也沒有階級之分。但在宴會上，擅長打獵的獵人通常會穿著盛裝背心，並在背心織上打獵豐收的戰績，這是光榮的象徵。這些織紋也代表著女子的巧思，把自己最好的一面表現在圖案的設計上，在聚會時便可以互相稱讚一番。

除了服飾之外，女子也會製作各種生活用品，如袋子、被單等，可以過著自給自足，保護家人不受凍的生活。

傳統上，代表布農族的布料顏色是黑、紅、黃、綠，再加上纖維原來的顏色來變化。用大量的黑、白來突顯小面積的紅、黃、綠，使布料變得活潑而不單調，加上植物染的顏色有天生耐看的韻味，沉穩而不突兀，令人覺得舒服。也彰顯了布農族人重視與別人和諧，但又擁有自己風格的特性，並能具體感受自然界美的一面。

布農族是高山民族，服裝也因應環境而發展。男子擅長打獵，利用野獸的皮製成衣服、皮帽、皮鞋、背心、袖套、護腿褲，使男人們在打獵時可以保護頭部（身體），走路也如山羌一般靈巧快速，不僅保暖，也可防止被樹叢割傷。

布農族的皮衣，例如：山羌皮衣、山羌背心、山羌皮帽、山羌皮鞋、山羌袖套、山羌護腿褲、雨衣等。

四、布農族服飾動植物的利用

（一）苧麻

傳統布農族是用「苧麻」（Liv或Div）纖維績線、織布，這是女子的專業；苧麻紡織技術可能發生得很早，布農族有高品質的苧麻布，一直延續到近時。

傳統上，布農族女人從事採麻、紡織、縫紉、農耕等工作。女人採下苧麻後，將苧麻一根根剝下，然後去皮，刮除雜質，煮麻、曬麻、染色、捻麻，再搓捲成線圈等，經過一道道手續，最後紡織成布，並為家人們縫製避寒保暖的衣物。

（二）青苧麻

「青苧麻」為「苧麻」的變種，與「苧麻」極為相似，僅葉背之顏色與被毛有所差別，為苧麻的野生種，可用為苧麻之替代品及其品種改良之原始材料。

（三）水麻

「水麻」（Bul-bulaz）葉莖的外皮，纖維具韌性和彈性，可做為衣服布料的纖維。

（四）植物染

布農族婦女喜歡用藍與黑（都是植物染）的暗沉底布，只用少許的邊緣紋飾，讓布農女性服飾活化他們的角色——任勞任怨和不求突顯，將摯愛的人的情思，細細地織在胸兜及手織長衣衣

襟和腰背上，讓狩獵的男人們可以互相誇示妻子的手織巧藝。

　　「植物染」是一種傳統染布方式，也是原住民文化中重要的技術之一，植物染布，是人類古老的智慧，是利用植物的根、莖、葉等部位做為染材。植物能做為染料，是因為植物體本身就存在色素，但是大部分的植物色素容易被分解及消失，只有能耐久而不易被氧化的植物色素，才能做為染料。染布的過程，就是要讓染料色素經由化學作用，滲入布料並附著在纖維上，耐洗不褪色。將染過的布清洗過後晾乾，就完成了染色過程。

　　傳統染色方式，是以搗碎植物的塊莖或枝葉的汁液做為染料，有「生染」和「煮染」。常用的染料植物以迪巴恩部落（雙龍村）已逝的織布高手谷月女使用之染料植物，有薯榔、薑黃、Suma、Sulu-ngul、九芎、馬藍等。

　　「白色」：將紗線和木炭灰（Qabu）或鍋灰一起在水中煮（煮染）一小時，即可「漂白」。

　　「褐色」、「黑色」：「薯榔」（Tapu-tapu）的塊根削皮切成小塊搗碎，把紗線浸入（生染）染液中，可以染成褐色；再加入木炭、鍋垢水煮（煮染），即成黑色。

　　「黃色」：用一種像薑之「Sani-nang」（薑黃）的地下莖搗碎，紗線浸入染液中（生染），即可染成黃色。

　　「紅色」：將紗線和一種叫「Suma」的木材碎屑混合浸染（生染），即可染成紅色。

　　「綠色」：用一種叫「Sulu-ngul」的植物來染。

　　「黑色」：將「九芎」葉搗爛，和取自黑谷山的特有泥土浸泡一天（生染）。

　　「藍色」：把「馬藍」的莖、葉搗碎，紗線浸入染液中（生

染），即可染成藍色。

　　據松碧常（Sazu）長老說，在「達爾布奴灣」地方，有一處叫做「Tai-ngul」（小水池會冒水），只有一尺見方，織布的婦女把紗線在「Tai-ngul」浸泡，紗線就變成黑色了，是天然染布的地方。這可能是地層的化學作用。

（五）戴花草

　　布農族、邵族、魯凱族、排灣族、阿美族、卑南族等都有戴花草的習俗。其中尤以卑南族、魯凱族、排灣族、邵族戴花草的習俗最為特出。

（六）動物紋

　　布農族有百步蛇信仰，並以百步蛇為圖騰，且用象徵手法表現其對百步蛇的信仰與依賴。由於族人畏懼百步蛇而產生崇拜心理，想加以利用，希望自己也有那樣的威力，甚至把牠擬人化。百步蛇也有驅邪、招福的祈望，正因為蛇的身上斑紋是三角形，所以就採用這種原始的花紋施於織布上。

　　布農族織紋偏重鮮麗的各式菱形紋──創意來自於紀念布農族的朋友「百步蛇」（布農人稱百步蛇為Kaviaz，即朋友之意）的身紋，還有一條條的「羊蹄腳紋」，是妻子對丈夫的祝福，希望丈夫在山林狩獵跑的比山羊還快。精於射藝是布農人最自豪的，他們常自諭：猴子見了布農人上山，就趕忙自動從樹上掉下來裝死，以免被射下。胸兜外加手織長衣，下身則是短裙勁裝，讓布農男人在中央山脈成為神龍見首不見尾的神祕獵人。

　　傳說古代布農族有一位婦女，丈夫要參加盛典，必須穿著盛

裝參加，她苦思著如何編織一件漂亮的盛服。她在郊外適巧看見一條百步蛇，覺得牠背部的圖案甚是美麗，便與百步蛇商量，借牠的小百步蛇，並參考背面的圖紋編織。其他婦女看見了也爭相模仿。自此，百步蛇的背紋成了布農族男子上衣背紋的主要基本形式。

（七）野獸皮衣

布農族男人非常擅長製作皮衣和皮帽。布農族人與鄒族一樣，擅長揉皮技術（台灣原住民族揉皮技術最精湛的兩個族是布農族和鄒族），揉皮製衣是男子的工作。

布農族是典型的狩獵民族，狩獵是營養的主要來源，食其肉、衣其皮、飾其牙、綴其角。布農族男性與遠古時代人類一樣，將鹿皮、山羊皮、山羌皮等用來製作成需要的衣飾，例如「鹿皮」製成嬰兒背巾（Tavuk）及禦寒被子（Qabang），「山羊皮」用來製作服飾和防雨的雨具（Sapa），「山羌皮」則用來做綁腿、護膝（也稱護腿褲或半褲）或帽子（Tamuhung-suzuk）。皮衣皮飾是布農男性天寒狩獵時的穿著。

其他還有熊皮、雲豹的皮。但是自古以來，熊被布農族人列為禁忌性的野獸，意即平常時日不可以殺熊獵熊，只有在特定的時節才能夠獵熊，其熊皮亦可製作服飾。可是平常無意獵熊，但是被捕獵野獸的陷阱抓住了，只好食其肉，取其皮，唯不可明目張膽的把熊帶回家，必須在山裡吃掉牠。因為熊是布農人的禁忌性動物，因此相對於其他野獸，捕獲量就顯得甚少，所以熊皮衣的數量不多，而且也不是布農人用以製作服裝最主要的材料。雲豹皮也不是製作服裝的主要材料。

五、布農族男子服裝

（一）無袖鹿皮背心

古代布農男子衣服以皮製為主，其次為麻布。布農族男子在狩獵期間，上衣服裝多穿著以鹿皮為主要材料的「鹿皮背心」（Ubus）。

「鹿皮背心」有帶毛與不帶毛兩種，帶毛無袖鹿皮背心較硬，不帶毛無袖鹿皮背心則因經過揉皮使軟的技術，因此穿起來比較柔軟。「無袖鹿皮背心」之縫成，背部為一整塊，前襟兩塊，胸部敞開。無袖皮衣實際上是微微蓋住肩袖，無毛質軟，袖口邊與前襟緣邊縫以皮線。

（二）長袖皮衣

「長袖皮衣」式樣、質感與無袖皮衣一樣，寒冬上山狩獵，經常著此裝，有帶毛與不帶毛兩種。

（三）鹿皮披肩

布農族男子上衣「無袖鹿皮背心」（Ubus），外披「鹿皮披肩」（Size，即披風），披肩是一種禦寒擋風的裝備，男女都可佩用，有帶毛與不帶毛兩種。

「鹿皮披肩」由二幅至三幅的鹿皮布縫在一起，成一塊長方形約80-100公分長，70-130公分寬，長及膝，通常固定在左肩，除了禦寒的功能，同時也做為盛裝儀式時的穿著。

（四）無袖山羊皮衣

「無袖山羊皮衣」以長鬃山羊皮製作，有帶毛與不帶毛兩種。

（五）山羊皮雨衣

長鬃「山羊皮雨衣」為有毛皮衣，冬季穿著，下雨反穿防溼，獵人上山狩獵可以當作蓋被。

（六）毛雨衣

「毛雨衣」僅一塊皮件自後身披掛在肩膀上，其領子服貼於後頸圍，領口左右以細皮繩打一環扣繫住，皮件四周以縫邊，其質硬切肉時也可當砧板用，不穿時捲收即可。

（七）胸袋

「胸袋」（Kulin）：自頸間掛一方形斜折之，正胸處挑織幾何花紋成斜方胸衣。胸袋亦稱「胸兜」，為男女都可穿用的衣物，其作用是放置小物品，如煙袋、煙葉、煙管等，分豬肉時也把豬肉放置在胸袋裡。

（八）腹袋

「腹袋」（Kulin-haul）：亦稱「長胸袋」，作用與胸袋同。只有巒社群人才有「腹袋」。

（九）遮陰布

布農人男子於腰部披「遮陰布」（Pankapan或稱Tapis）遮其

陰部，為垂於腰部的一塊四方形黑布前裙，只有單片，後無遮，布農族的男子麻布無袖長衣長及膝部，即用此遮後。

「遮陰布」大約長90公分的正方形布，自右向左圍繞腰部，在腰部這邊的兩角各有細帶，用以固定。

古昔天氣熱時，男子裸著上身，僅著遮陰布工作，後面無遮，當時尚無內褲，因此臀部外露，族人也不以為怪。筆者小時候，見到祖母正在織布，因為天氣熱，祖母上半身裸體工作，古昔這是很正常的習俗，不會有人認為不妥。布農人亦有用獸皮製作遮陰布者，將獸皮去毛經處理揉軟後製作而成。

（十）男裙

布農族的男子，經常上山狩獵，穿著短裙較穿著遮陰布方便，利於獵場上奔馳追逐獵物。

台灣南部高雄縣布農男子的裙子為黑、藍色裙，而在布農族的發源地南投縣，已經很少見到男子穿著裙子。

「男裙」應該脫胎於遮陰布，遮陰布為一片布繫於腰際，以擋住陰部，男裙則是從一片布發展成圍裙。男裙與遮陰布目的同為遮陰，遮陰布遮前不遮後（用無袖麻布長衣遮後），男裙則是遮前遮後，無後顧之憂。唯當時尚未發展內褲以遮陰，男女皆同。

（十一）鹿皮套袖與套褲

布農族男子出獵時或盛服時加著「鹿皮套袖」（Pakatalun）及「鹿皮套褲」（Sisuahun），布農人在與漢人未接觸前，並沒有褲的觀念，因此這裡褲的定義，以做為遮蔽與保護下身為功

能。布農族人出獵時穿著鹿皮套袖（套於手臂）與套褲（套於前腿）主要的目的，是當追逐野獸的時候，避免被茅草樹刺等割傷手臂及腿部。鹿皮套褲為無背褲，即只有前遮腿部，後腿無遮，因此有些人稱之為「半褲」或「後敞褲」，亦很貼切。

有袖子的工作手套，特別在冬季砍伐時，戴袖套可避免被枝椏紮傷，且有保護、禦寒雙重功用。穿袖套過後肩繫綁住，以羊皮製成，質軟，通常與護腿褲並用。護腿褲以山羌皮製作，要兩件才夠，若山羊皮一件即可。

（十二）皮鞋與皮帽

布農族男子也製作「皮鞋」（Sapel tsitsal）和「皮帽」（Tamun），亦為出獵及祭典盛裝時之主要穿著。布農族男子的皮帽是尖形的，所以布農人稱之為Tamun-suzuk，意為「尖形帽」，Tamun是帽子，Suzuk是尖。

「山羌皮帽」和「山羌皮鞋」是以山羌皮製作，布農族人製作皮鞋和皮帽，多以山羌皮製作之。皮鞋式樣似包鞋，以皮線或麻繩繫住。

皮帽種類：僅有帽冠（成形的頭部覆蓋物），而無帽簷的帽子，限於男人戴獵裝重要配件之一，依其外觀型有以下四種：

1、Tamugsih：故名思義，狀似水瓢（Sih），硬殼，帽緣向內摺，用麻線或皮線以輪廓縫針目縫密。戴用時，帽冠整個套住頭部，在後腦杓處髻髮。

2、Aipututhun：塞進似水瓢手把叫做Tuhng的帽尾內。這種頭部打扮俐落無礙，適合追捕獵物，有防水處理，可當水瓢杓使用，亦可當器皿放肉類，具保護、保暖、道具多種用途，對一去

數日馳聘山中的狩獵人，不失為一實惠之物。

　　3、Tamughabdal：式樣類似防火帽，後頸多一塊皮遮蓋後腦杓，打獵、酒宴場合都可戴。

　　4、Tamugsinavahvahun：質軟，帽冠緊緊貼住頭部，帽緣似Tamugsih做法，延兩鬢邊有皮線往下巴繫住，使帽子固定，追趕獵物才不致掉落，不綁時，繫線往前面帽緣綁起來即可。

（十三）無袖麻布長衣（長背心）

　　「無袖麻布長衣」為一般布農族男子服裝，稱為「Pat-va-uan」，是一種以麻布白色為底的無袖對襟長衣，長及膝部以遮臀部。其樣式有的是全件不施以花紋的白麻布織衣，這是平時休閒時或耕作時之穿著。

　　盛裝服則是在前襟、後襟、兩腋下部分，施以縱向式的穿織或挑織花紋，在背後的腰際上方夾織一橫排交疊四、五層的菱形紋（百步蛇背脊紋）為主，及其變化紋為輔的幾何圖案，使原本單純的白色長衣顯得美麗而醒目。

　　布農族男子上衣在襟沿和肩部的袖口處，夾織以羊蹄形或菱形花紋，據說是婦女暗示丈夫在山上狩獵要比山羊跑得快；菱形紋則是提醒族人記得，曾經和百步蛇是好朋友。布農族稱百步蛇為「朋友」（Kaviaz），有百步蛇曾經是布農族的孩子之傳說：有一位婦女生下一男嬰，母親餵乳時，孩子把乳頭咬斷了，母親死了；他沒有了母親餵乳，非常可憐，其他有嬰兒的母親相繼前來幫忙餵食，接連二、三個被他咬死了，於是族人覺得此子不得留，便把他送至山上的岩洞裡，家人按時上山送一些食物去，有一天突然不見小孩，只見岩洞裡纏繞著一隻小百步蛇，據說就是

那位孩子變成的。後來布農人把百步蛇圖紋夾織於男子的服裝上，以示不忘懷之情。

　　布農族白色麻布長衣背面的棋盤式菱形紋是代表性花紋。菱形紋代表百步蛇，是朋友和勇猛的象徵。

　　布農族男子的服飾以長背心最具代表性，其挑織花紋僅強調在背面，多以百步蛇背脊紋，即菱形紋為主，稱之為棋盤式花紋。推測係與慶典祭儀中，男子均須站著唱歌或蹲著圍聚一堂，大多數的挑織花紋在衣服背面才能將美麗織紋展現出來有關。其中，尤其當酒宴熱烈進行至稱頌戰績和唱酒歌時，站在男子身後助興的妻子，多會為身著美麗出色長上衣的丈夫感到驕傲。

（十四）麻布背心、麻布胴衣

　　男子的衣服尚有「麻布背心」（Pinainuk）和「麻布胴衣」（Habang）。

（十五）長袖短上衣

　　「長袖短上衣」是高雄縣和台東縣布農人男子的穿著，以黑色及藍色為主。現代布農族男子祭典時的穿著常見者有兩種：

　　一是無袖麻布長衣，內穿胸袋，腰繫遮陰布及配刀和戴裝飾物，這種穿法以南投縣和花蓮縣的布農族人為主。另南投縣信義鄉郡社群羅娜部落之服裝，若為馘首有功之人，則在無袖麻布長衣加紅色袖子表示英勇，以表彰其功績與貢獻。

　　另一種是以黑、藍色為底的長袖短上衣，搭配黑色短裙及配刀和戴裝飾物，這種穿法以高雄縣和台東縣的布農族人為主。

（十六）圍巾

布農族人利用捕獲飛鼠的長尾巴製作成「圍巾」，飛鼠毛柔軟，圍於脖子，感覺很舒服又保暖，為男女通用。

（十七）佩刀

「佩刀」（Via或haili）：刀為佩於腰間之刀，俗多稱為「腰刀」。「佩刀」也是布農族男子服飾之一，無論是上山工作、狩獵、遠訪等，都是隨身佩帶於腰間。現在則很少看到隨身配帶腰刀的族人。佩刀有兩種：一種是作戰、馘首的佩刀，另一種是狩獵、工作時的佩刀，兩者不可以混用。平常配戴的則是狩獵、工作用的佩刀。

六、布農族女子服裝

以前布農族女子的衣服以麻布為主，以苧麻為原料織布，由婦女自己種苧麻或採野生麻，曬乾作為麻線，以織布機織成服裝，織具為水平背帶機。原住民利用苧麻剝取表皮曬乾、挑紗、紡線，再經過清水洗滌等繁複手續，使麻纖維組織更堅韌，便開始定線、整經、織布等。婦女們無不極盡巧思，把最好的圖案設計在服裝上，當聚會時便可以互相稱讚一番。

布農族為大家庭制度的社會，家庭成員眾多，而全家大小的穿著，都是靠女性的巧手織成，女人辛勤持家，把溫暖帶給家

人。

除了服裝之外，婦女也會製作各種生活用品，如袋子、被單等，可以自給自足、保護家人。

（一）長衣窄袖長裙

布農族女子「長衣窄袖長裙」為斜襟，肩部繡有滾邊刺繡，顏色以藍、黑為主。在長衣的裡層，加一條同樣是藍色或黑色的裙，裙邊織上與斜襟對應的菱形紋滾邊。

（二）纏頭黑巾

「纏頭黑巾」又稱「纏頭皂巾」，布農族女子的纏頭黑巾稱為「Dukin」，以黑布纏頭。古代布農人有纏頭的習俗，台灣戰後，這個習俗已經消失。

（三）長袖短上衣

布農族女子的「長袖短上衣」稱為「Ulus」，以黑色和藍色為主。平常服未施以圖紋，盛服則施以幾何圖案。清代以來，布農族女子的服裝即已斜襟，為漢服的形式。

布農族女子的長袖短上衣以藍、黑色為主色，斜襟織顏色鮮豔的菱形或幾何織紋，現代則多被坊間的滾邊材料所取代。

（四）腰裙

布農族女子下著「腰裙」（Tulilan），形式為圍裙。裙子亦以藍、黑色為主。

（五）內裙

布農族女子的「內裙」稱為「Sis-uahun」。

（六）綁腿

布農族女子的「綁腿」（Bulalai）又稱為「膝褲」，是女子用以護腿的一塊小方布，顏色以藍、黑為主。穿戴於小腿部，綁結於小腿後。

（七）腰帶

布農族女子的「腰帶」稱為「Tsishut」，有以麻布與獸皮製作者。「白匏仔」（Tabuan）的樹皮可以製作女人的腰帶。

（八）胸衣、短上衣

布農族女子衣服還有「胸衣」（kuhis）和「短上衣」（Ulus）。

七、布農族特殊服飾馘首英雄裝

卡社群人在獵頭凱旋歸來所舉行的慶祝會裡，凡是獵過頭的人都得盛裝起來參加。殺過人的人，他們稱他為「Minanaq」；砍過人頭但沒殺過人的人，他們名之「Makitun」。前者的帽子邊緣有二道紅布圈，上衣前襟二側及左右二袖均綴有紅布

Cinpatkal，並佩紅、黑二色的項鍊；後者除袖飾、項鍊一如前者外，前襟不綴紅布，而帽子的邊緣只有一道紅布圈。

八、布農族飾物

　　台灣的原住民諸族一如其他的海洋民族，重裝飾而輕衣服，其飾物種類常多於衣服為通性。

　　早年庫克（Cook）形容翡尼安人曾經說：「他們情願裸體，卻渴望美觀。」的確，對一切狩獵民族而言，他們的裝飾總比穿著更加考究，也更為豐富些。

　　據說當達爾文把一段紅布送給一個「可憐」的翡尼安人時，他發現那個土著竟然不用那塊布料做成衣服，反而和他們的同伴把布撕成細條當作裝飾品。

　　從這些事實，多少可以看出反應了人類在早期發展階段中，對於裝飾品欲求的態度。

　　一般來說，台灣原住民重裝飾，服飾有常服與盛裝之別。成年人盛裝尤其崇尚華美艷麗，羽冠卉服交映，繡飾珠貝點綵，「鑐具雕螺各盡功，陸離斑駁碧兼紅。」令人眼花繚亂。

（一）布農族男子飾物

　　布農族男子的飾物有：「頭飾」（Takilas），「頭箍」（Ukuvat，額飾），以石片、木片、獸骨和貝珠等穿綴而成，束

於額際。「頸飾」（Haulus），有二種，一為頸帶，以方貝連穿，或方貝、貝珠與燒珠等穿綴而成，從頸前緊繫至額後；一為頸鍊，以貝珠、琉璃珠、豬牙等穿綴而成。「耳墜」（Kamau），以貝片、貓牙、燒珠等穿綴而成。「腕環」（Pistunan，手鐲、腕鐲），有銅條鐲及珠鐲。

「山羌角頭飾」，將山羌角固定於一條長條布上，綁在額頭的頭飾。「山豬牙胸飾」，將山豬的獠牙製作成胸飾。

至於布農族男人的髮飾，在此也順便提及，古代布農族男人，他們要蓄養頭髮，不能隨便剪頭髮，鬍鬚也一樣不能隨便刮掉，布農男子的頭髮就像女子一樣長，他們把頭髮編織起來，結成辮子放在腦後，有時候把辮子圍繞在頭上，這就是布農男子的標幟。在出草時代，原住民各族相互獵首，布農族人為易於辨識敵我，以免在路上或山上相遇而錯殺或誤殺，因此就以長髮的打扮做為布農族男子的標誌，否則就會被視為外族而錯殺。所以布農人蓄髮是為了易於辨識，自從日本人來了以後，嚴禁出草報復行為，布農男子才開始剪頭髮及修鬍子。（筆者於1992年10月25日於南投信義人和村田野調查，口述者：田有朝Suni，56歲，巒社群人。）

（二）布農族女子飾物

女子飾物（Isinghahala）有「額帶」（Ukuvad），以絹或棉質布帶為地，以玻璃珠、通心軸、貝珠、銀飾等穿綴其上為幾何形花紋之鑲邊，下緣通常綴以珠琉或銀片。「耳墜」（Tatangiun），常用漢式環形帶珠旒耳墜。「頸飾」（Haulus），與男子頸飾同分頸帶與頸珠。「腕環」

（Pistunan），有珠圈式與銅線式兩類，大體與男子腕鐲同。「腰帶」（Tishut），以彩線織成的彩帶，或以彩色綢為地，兩端刺繡或結穗，繫於腰際，兩端垂於股際或臀後。「綁腿」（Bulalai）穿戴於小腿部。

古代布農族只有男子才會戴耳環，女子是不戴耳環的，與漢族接觸後，才逐漸戴起耳環。古代男子都有穿耳洞，女子是沒有穿耳洞的。

中國自古以來，講究服飾，特別是對小孩設計了有宗教巫術行為用以驅邪、除瘟、避蟲的服飾。如男兒多以虎形編錢繫於胸前，或以虎頭繡紅兜，因為虎代表雄壯，象徵男兒英雄氣慨，同時有驅邪的作用；女孩則配精緻香袋與香包，內裝雄黃樟腦，繫於襟帶，玲瓏可愛，有除瘟、避蟲的作用，凡此，皆為祈福的象徵。

古代布農族婦女（做母親者）頸飾，也隨身配掛叫「Ngan」之頸鍊，Ngan的根略有香味，把根剪成一段一段，約1.5公分，用麻繩穿綴即成項鍊，這是一種避邪物，當孩子哭鬧不停，以為邪魔作祟，小孩子被鬼打，就取一段將之嚼一嚼，再塗抹於孩子額頭，意謂驅除邪魔，並口誦：「惡魔離去」。當在田園工作，太陽下山要回家時，或去某地而要離開時，也要「叫魂」（Malah-lah uvaz isang），叫小孩的魂靈（Isang或Hanitu）一起回家，母親也要嚼一段樹根塗抹於孩子的額上說：「Namudanin kaimin，na adasun zami uvaz kulumah，katu masukdu isaitantu hanitu mas isang。」其意是「我們要回家了，我們也一起把孩子帶回家，請不要把他的魂靈留在這裡。」可見布農族婦女服飾的飾物，不僅重視美觀，而且還具有巫術宗教行為。

【註釋】

註1　劉炯錫主持台東縣永續發展學會、中華建築文化協會《台東縣海端鄉布農族霧鹿部落社區再造工程規劃案》。

註2　同註1。

註3　同註1。

註4　吳玲玲〈載織載繡：台灣原住民織繡文化〉，台灣原住民織繡文化特展專題報導，2005年，順益台灣原住民博物館，頁38-43。

註5　李莎莉〈台灣原住民服飾的特色〉。

註6　丘其謙《布農族卡社群的社會組織》。

註7　郁永河著、方豪校，《裨海紀遊》（下卷），臺灣銀行經濟研究室，1959年。

第十一章　布農族傳統住屋植物的利用與運用

　　布農族的住居從巢居穴處發展為地上住宅。部落分布於險峻之倚山臨河、山腹山腰或山啞小台地上。住宅的形狀大多呈長方形和四方形，屋頂多為二傾斜，窗戶不多，無排煙設施，室內一般比較昏暗。一般就地取材，砍木伐竹，採集石片，利用山腹曠地掘穴立柱，架木累石。

一、台灣原住民的住屋

　　由於台灣原住民散居在高山、縱谷及海島各地，為適應自然及文化傳承需要，因此在建築上展現了不同的風格與造型。在屋形上，布農族大都為長方形；在建材上，是用石板來蓋房屋；築牆的材料則為疊石。家屋大體上是「地上式」，另外「豎穴式」（住屋的平面比地面低）也有。其他則建有望樓（敵樓）、集會所（也可能是領袖家）、涼台（居屋附屬小屋）等。台灣原住民族大多有公廨（集會所）與望樓等。

　　台灣原住民的傳統建築，已在現代文明衝擊下逐漸式微沒落，對於日漸稀少的原住民建築，應該珍視和保護，不能任其消失在歷史洪流中。

二、布農族居住環境與聚落之因素與條件

（一）布農族的傳統居住環境

　　布農族以山地中央山脈為居地，皆屬於五百米以上的高山地帶。布農族的原始聚落，則分布於各社群占據之地域內。

　　布農族聚落分布情形，大多屬集居型，亦多散居者，但少數有幾戶（二、三家）聚在一起，而較少純單居者（單居者如信義鄉豐丘村沙里凍部落的Kang-ich家）。布農族人在各社群領域

內，可自由選定居住地。其原始聚落，各社群所占據的地域，多具有歷史沿革。

日治時期，統治者以不方便統治為由，強制命令布農族人從深山遷到山谷，乃至現今較平坦地區，使之成為村落化、密集化的居住方式。

此時，亦有遷移至同族其他社群聚落地域內併居者，如南投縣信義鄉羅娜村巒、郡混居；明德村巒、郡混居；地利村巒、卡、丹混居；久美巒、卓及鄒族混居；雙龍村巒、卡、丹混居等。

（二）布農族原始聚落之因素與條件

原始布農族聚落，無論散居或聚集，居住地的位置，乃根據下列諸條件而定：

1、必須適合農耕之地

布農族的農耕方式是游耕旱田農業，耕作數年後，耕地不敷養活聚落內族眾時，即休耕他遷，另覓他地耕作。布農族人他遷，有聚落整體者，亦有個人單戶者。

2、必須適於防禦之處

其地雖屬肥沃，且可耕地面頗廣闊，但若處於不利防禦外敵的位置，仍不能成為聚落地點。原住民不願擇山間平地為聚落所在之原因在此。若原聚落位置已失去防禦條件，則不惜他遷。

宮本延人調查布農族人的部落情形：並不像泰雅族人是採聚村的形式，而多採兩、三戶合聚的散村式樣。由於房子多建在山崖上面的小平地上，訪問時往往得爬上陡坡，非常累人。有時一

個只有兩戶人家的小部落，裡頭卻住有五十個壯丁。昔日日警在討伐行動時，很難攻下這些據點。布農人之所以要住在懸崖上面，便是因為那裡是易守難攻的地點。（註1）

3、必須是有飲水條件且向陽山坡地

根據自然經驗，聚落所在，選擇能取得飲用水及日照較佳之向陽山坡地，以避免陰溼或有強風的開闊地。

4、必須避開不吉祥之地

傳統布農族欲擇居一地時，必須先行夢占，以卜吉凶，對有暴死者、惡死者、遭敵襲殺者、疫癘之地，或其他不祥事件發生之地，均避而不居。

三、布農族住屋建築材料

布農族的住居也從巢穴居處，後來發展為地上住宅。部落分布於險峻之倚山臨河、山腹山腰或山啞小台地上。住宅的形狀大多呈長方形和四方形，屋頂多為二傾斜，窗戶不多，無排煙設施，室內一般比較昏暗。一般就地取材，砍木伐竹，採集石片，利用山腹曠地掘穴立柱，架木累石。

（一）石料

「頁岩」（Pistav）是布農族的上好建築材料，屋頂舖石板，住屋地上也用石板鋪地，現代人住屋都已經鋪設磁磚地板，殊不知布農族的傳統住屋，早就已經鋪設石板了。目前石板建築的房屋已不多見。

石板屋（板岩石屋）是台灣原住民族最具特色的住屋，泰雅族、布農族、魯凱族、排灣族等都有石板屋。主要利用當地的石材，由灰黑色的板岩打製而成，以石頭堆砌牆壁、以石片蓋頂做瓦及鋪地，室內則以木頭為樑柱。

一般來說，布農族是大家族社會，所以石板屋建築非常大，泰雅、魯凱、排灣族的石板屋規模則較小。泰雅、布農族的裝飾較少，魯凱、排灣族則裝飾非常華麗。由於排灣、魯凱族有社會

布農族人取石材準備建築石板屋

階級分別，各階級的身分和具有的權利和特色不同，他們在家名、族名、家屋的建築裝置上，有一定的形制和規矩，平民不可隨便逾越。

（二）竹料

布農族部落居住環境附近如果盛產竹子（Batakan），刺竹或麻竹也常是蓋房屋的材料。竹竿可以當建材、圍牆、柱子、床鋪、籬笆、橫樑等。麻竹剖片，可以做屋頂。

（三）木料

樑柱的材料，主要是櫸木、楠木、杉木、檜木、樟木、茄冬、桑木等。杉木是古代布農族人建築房屋的主要建材，尤其布農族人要上主樑時，必須以祭酒向杉木祭祀一番，否則房子會建造不好，會歪歪斜斜的，不會穩固，可能會造成意外與家庭不幸。因此布農族人非常重視樑柱，上主樑時一定會對杉木舉行祭祀。

族人砍伐建屋的木材，不會全部都在同一個地方，亦即在此地砍伐一顆樹，就不會在附近再砍一棵樹。也就是會分散好幾處砍伐需要的築屋材料，深具環保意識與概念。

此外，布農族對「木」的利用與運用也非常廣泛，可以用來建築房屋，製作武器、刀鞘等。日常器物更是少不了它，例如水桶、米桶、置物桶、蒸桶、木碗、木匙、木杯等。古代原住民族不會濫伐樹木，取之夠用即可。原住民時代的台灣，自然森林沒有濫伐的現象，在運用島上的自然資源時，維持著高度智慧的和諧關係。

1、樟木

布農族人視「樟木」（Dakus）為好樹，耐腐防蟲，細緻且有香氣，其木材可做為房屋的柱子。

「牛樟木」則可做為家具，板材、屋柱、橫梁等材料。

2、檜木

布農族人會剝取檜木皮，用來建造屋頂，據說非常耐用，這種檜木皮屋頂是台灣原住民非常有特色的建築。台灣原住民只有布農族與泰雅族有「檜木皮屋」。屏東縣佳平部落也會以「檜木皮」為獵寮覆頂。

3、台灣櫸

「台灣櫸」（Tulbus），材質堅硬細緻，可做房屋橫樑或支柱，適於製作各項生活家具。

4、烏心石

「烏心石」（I-nus），材質細密緊緻，可以做為建屋柱材。

5、台灣栲

「台灣栲」（Kantuszah），木材黃褐色，強韌堅重，可為結構建材，如柱子、橫桿。

6、香杉

「香杉」（Sugi），為台灣最珍貴針葉樹之一，新材香氣濃郁，故稱香杉。耐磨力強，是貴重建材，木材可為房屋的柱子、

檪木，或切片成牆壁。

7、台灣杉

「台灣杉」樹幹直立，耐用不易腐朽，可為棟樑或橫樑。切片則為牆壁用材。

8、相思樹

「相思樹」（Susuziu）的木材有人拿來做工寮的柱子。也是布農族烤肉的好木料。

9、茄冬樹

「茄冬樹」（Lukis-qanitu），木材耐水性強，可供家具用材。

10、桑樹

「桑樹」（Pakaun）根亦可用做工寮的樑、柱。

11、杜英

「杜英」（Duhlasaz或Tanumaz）樹幹可以做建材用，亦可利用做段木栽培香菇。

12、山胡椒

「山胡椒」（Qaimus）樹幹可以做屋子的柱子。

13、光蠟樹

「光蠟樹」（Tulbus）樹幹可以做家屋的樑，亦能製作樂器。

（四）草料

1、茅草

山田裡簡易的小屋或狩獵小屋，及臨時性的住屋或休息室、畜房、薪柴房等，則會用「茅草」（Padan）搭蓋，比搭建石板屋還要簡單容易。

2、五節芒

「五節芒」和「茅草」一樣，都稱呼為Padan。五節芒曬乾後，即可搭蓋屋頂；五節芒的莖，曬乾後亦可做為圍牆。

3、山棕

「山棕」（Asik）之葉可以用來覆蓋簡易草屋，涼爽透風。採集山棕葉曬乾，以竹子夾住山棕頭部莖幹，再依屋頂的形式加以裁切。由最下沿依序擺放上去即成。有山棕生長的地方，表示這裡的土地含水量很足。

（五）藤皮（黃藤）

「藤皮」（Quaz）是用來綁結建築物。藤心還可以食用。

四、布農族住屋空間的設置與意義

　　一個與男女區辨相關的文化範疇，就是家屋空間中的左右差異。許多南島語族的家屋空間取向中，以人站在家屋內，面向家屋外部做為區分方位的基準。家屋中的左方與右方，通常分別與女性和男性的日常生活之文化實踐相連結。女性與家屋左方所進行的活動，並不必然是一種文化上的劣勢（*Inferiority*），而男性與右方所進行的活動，並不必然意味著文化上的優勢（*Superiority*）。例如布農族的家屋內有兩個爐灶，右邊的灶煮豬食，左邊烹煮家人吃的食物，且其灶火不可熄；當家屋因為人口增加而必須擴建時，左邊的爐灶是必須保持不動的。（註2）

　　布農族人的傳統住屋內部是以小米倉為中心，屋子的各角落是臥室，小米倉入口之前的臥室是屬於家長所有，象徵小米倉之進出，完全由家長來管制。而屋內，除了小米倉及臥床，以外的空間稱為內庭，是生活飲食及家人去世後埋葬的空間。內庭的設備包括有二個爐灶，一是煮人食，一是煮豬食，還有各種家庭用品、器具。

　　布農族的「小米倉」是神聖的地方，不可以隨意進出，因為裡面放置著祭祀用的祭器等，而且裡面儲藏的穀物，不可以隨便攜出，尤其是防範媳婦偷盜給其娘家。所以米糧是管制的，由家長從米倉攜出家人一天份食量的小米，交給媳婦舂米，天天如此，日日不變。

　　過去布農族人有「室內葬」的習俗，家人死了，就地在起居室內挖穴埋葬，與親人陪伴在一起。在屋子土地使用過後，下一

代不敷利用，則另行再找地建屋，成立一個新家園，如此繁衍下去，布農族人生生不息。（註3）

五、布農族築屋步驟與程序

築屋是布農族人一件大事，同村社的族人都會同力構築，築屋是在農閒空暇時進行。築屋是一件神聖的工作，有一定的程序步驟，絲毫馬虎不得。興建過程從選地到完工，有一套繁複的宗教儀式。

（一）夢占卜地

「夢占卜地」（Mat-bahi kaluma-han）：先擬定築屋地點，選定一地基後，砍除雜草，清出一小方形範圍，以為標記或占有標誌，然後作夢卜，夢吉認為是塊吉地，才開始整地，決定築屋，否則易地再卜。

（二）尋找建材

尋找建材（Kilim iska-lumah）：布農族建材為木頭、石頭、板岩和藤皮等。所需材料繁多，布農族人會糾合族眾，伐木割藤採石以備足建築材料，並搬運至建築預定地。

（三）整地

「整地」（Makazkaz kalumahan）：布農族人在整平建地之日，宰豬備酒祭告上天築屋之事，並且也酬勞族眾。布農族傳統住屋，皆於山坡地傾斜地帶建築，故須將較高部分的土石整平，整地多餘的土則填於較低的坡地，形成一塊人工的小台地，面向填平方向建築，後方及側面則依靠人工所挖開的垂直土壁，因此，布農族傳統住屋大多居高臨下，且後方無法進入的態勢，其主要功能是掌控敵人攻擊的資訊，其次亦可防止毒蛇、猛獸的侵襲。房屋地基比前庭地面低下30公分，也有低下近1米的，類似豎穴房屋。

（四）立柱

「立柱」（Pin-dangkaz hau）：布農族人掘穴立柱，挖洞約一尺深以立柱，屋內任何一根樑柱，沒有經過切割，都是一株完整圓形筆直的原生木木柱。立柱上端較粗，則削掉半邊以便結合棟木。

（五）架樑

「架樑」（Mapun-daza kubu）：布農族的架樑材料是一株完整且大而長的紅櫸木。布農人認為，架橫樑是築屋過程中最神聖重要的事，因為橫樑是全屋內最大的木頭，因此會隆重的舉行祭祀，慶祝橫樑上架。屋樑為圓木，由中央的柱子向前端及後端伸展。

（六）蓋頂

「蓋頂」（Masutavi）：傳統的蓋頂材料是板岩石片。亦有樹皮屋頂，以檜木皮或其他樹皮為屋頂。田園小屋則以茅草為屋頂。

布農族屋頂（Tavi）的型式為二平面傾斜式，其表面為直線，由側面觀之，兩面摺合稜角作銳角之三角形。

（七）天窗

「天窗」（Tungkul）：一間住屋約有一至三個天窗設置於屋頂上，用以採光，早上即用長枝條上推，傍晚的時候，才又把天窗放平，陰雨天則不推開天窗。石板屋的屋頂留有天窗，以日光做為照明。

（八）築壁

「築壁」（Mahatul-batu）：布農族人以板岩石片，疊積而成壁牆。有用原木板橫排成牆、也有豎起圓木將竹子或木片貫穿其間，再鋪以泥土、茅草桿攪拌的混合土。

（九）窗戶

「窗戶」（Sehul）：窗口為正方或是長方形，均屬小型，窗戶的設置有二或三、四個，大多在房屋側面，其位置通常在睡床的上方或兩睡床之間，可流通空氣。早期布農族傳統住屋大都採封閉式的建築，少有窗戶的設置。石板屋窗的設置，最初是防護用的火槍射擊口。

（十）建粟倉

「建粟倉」（Ka-u ni pati-lasan）：粟倉是儲藏小米、玉米等穀物的地方，農具也儲放在粟倉裡。布農族的粟倉，大多是在屋內，但也有在屋外者，粟倉離地板約1米，鋪設木板或石板；布農族的傳統家屋有些會設置天花板，做為穀倉或倉庫空間。

布農族將住屋分為前後兩部，室內中柱在室內中央區位靠後，中柱以後，即住屋的後半部就是粟倉，為室內最神聖的處所。在粟倉內，粟米均以連穗莖而儲藏，非先打穀後儲存。

布農族的家屋（Lumah）以小米倉做為最重要的象徵，位於家屋內部較後方的中柱是全屋中最重要的柱子，同時，嫁入該家屋的女性必須住進小米倉，並且吃上一個月的家中小米，才算是家中的正式成員；此外，非該家屋的成員不准任意進出該家的小米倉拿米。（註4）

布農族人有蓋穀倉的習慣，主要是防潮及防鼠偷吃，小米收成曬乾後，就可以把小米儲存於穀倉裡，把小米藏入穀倉時，各家會舉行隆重的小米進倉祭禮。穀倉有許多禁忌，例如小孩子不能隨意碰觸，否則將來無法豐收；媳婦搗米煮飯，不可自行從穀倉中取米，必須由家長自穀倉中取出交給媳婦搗米煮飯。

（十一）建灶

「建灶」（Ka-baning）：爐灶是布農族人室內必備物品，普遍有二處，多者有三處，為日常煮炊、冬日取暖之用。設置於門內中央支柱右側牆角或左右兩側。

爐灶（Baning）於寒冬時燃起日夜不熄的灶火，讓室內溫暖，是全家人最溫馨的安樂窩。爐灶上有火棚（Tap-han），爐

邊牆壁上有食器架，下邊放置酒甕、水甕、炊具、雜器等。布農族爐灶頗為簡單，以石塊橢圓長方形三塊鼎足而成，為三石灶。

古代布農族的住屋，灶也占了很重要的地位，家中的小孩兒，最喜歡幫忙添薪，因為在隆冬季節裡，那兒算是最溫暖的地方。

中國民間，在多神的時代裡，門有門神，灶有灶神。灶神的欽賜封號為司命灶君。一般均供奉在灶台上，大多黏著一張由紅紙印成的畫像。畫中灶公美髯垂胸，慈祥滿臉，灶婆顯得格外賢慧而端莊，龕前並置香爐燭台，以便於月之朔望，焚香致敬，並祈求福祉，保佑平安。

布農人雖沒有祭拜灶神，但很尊重灶。平時，灶前灶後，以及灶上各種用具，總是洗滌的乾乾淨淨，《論語》中記載：「與其媚於奧，寧媚於灶」。蓋灶乃家庭財丁旺盛也。不管家境多貧苦，都不能沒有灶。

傳統布農族人是典型的大家庭制，大都三、四代同堂，甚至五代同堂，一家四、五十人是平常之事，甚至記載有高達九十多人的紀錄。因此，家中有了灶，好像有了心靈上的主宰。所以，造灶（Kabaning），也是一件極其慎重的工作，還要向上天祈禱：「Abuhan katu minsuhzang」（天啊！你使家人吃飽吧！不要讓我們飢餓）！

布農族人在一年中舉行最大的祭典射耳祭的時候，屋中的爐火，一天都不能熄滅，這象徵薪火相傳綿延，子孫繁衍之意，在布農族人眼裡，灶是綿延民族的命脈，而灶又有防禁惡神、惡疫之功能。

（十二）建床

「建床」（Ka-sapalan）：布農族住屋四牆角落皆為家人床屋（Sa-palan），粟倉旁邊為家長床屋。床屋以木板或茅管築壁互相隔開。睡床以茅莖、竹、藤編成，長約1.8米，寬約1.2米，無邊框，垂載於二竹馬之上，構造簡單，可隨時移動。

布農族傳統住屋多以長方形建築，最長的一邊做為正面，前端中央為入口處，入口兩側設置床鋪，由長子夫婦或成年夫婦居住，具有警衛的意義。老年人或家長的床鋪則是最靠近米倉的地方。

（十三）安門

「安門」（Kahilav）：布農家屋正門，橫開於前壁中央部位，大致僅設一門。門戶高約1.5-1.8米，寬約1-1.3米，沒有兩面合開之門。布農人選擇險峻山岳中的腹地建蓋住房，門向低地方向。

（十四）鋪室內地板

布農族的屋內大多為長方形空間，泥土地板或鋪石板。「鋪地板」（Ka-daiseq）：屋內以板岩石片鋪地。布農族的住屋，由單室而成，室內前後二分，住屋四牆角為家人床屋，後半部就是粟倉，中央有空地一塊，平常放置雜物等，遇有酒宴時即為客室，是聚飲會宴之場所。

（十五）鋪室外曬穀場

「鋪曬穀場」（Ka-daisek pava-lian）：布農族住屋為內外掘

下式，即將屋內外一律挖下，從屋外依梯而下至庭院，其屋簷幾乎與地表同高。布農族住屋多低於地面30公分至1.2米，前面有鋪石院落，供勞作或曬穀所用。

（十六）築圍牆

「築圍牆」（Malum）：布農族住屋，其低地基上築有數家，各家以石牆間隔。圍牆的構造多為石板疊成的石牆。

（十七）落成酒宴

「落成酒宴」（Lusan tungan kalumah）：房屋落成時，主人以酒肉饗諸協勞者。布農族人建築房屋是一件神聖的事，從夢占卜地而整地，要宰豬備酒祭告上天築屋之事，祈禱合家平安，子孫繁衍；從整地而架樑，也要隆重舉行祭祀，慶祝橫樑上架；從架樑而完工，也酬神饗宴，告知上天建築落成。

這一套築屋的祭儀，依次進行，是馬虎不得的。在建築工事進行中，則禁忌一切不祥的、污穢的言行，及放屁、噴嚏、男女情話等。

（十八）屋內擺置

布農族的住屋多為單室，堆物處於屋內中央棚下或後部粟穀存放處兩側，放置農具及臼、杵等。在爐灶上的樑下，懸掛竹製或木製吊棚，分為一段或二段，主要做為乾燥穀類用，或用以燻肉，但亦於此放置食器。在有樑柱的地方架以木釣或分叉樹枝，用來掛一根根黃橙橙的玉米。牆上掛有男人獵具，及架竿或繫繩以懸掛獸骨，為布農族神聖的場所，不許婦女碰觸。布農族人有

將山豬、山鹿、野猴、山羌等頭骨保存儲藏的習慣。

六、布農族的住屋及附屬建築

（一）布農族的住屋

1、板岩石屋

「板岩石屋」（Lumah-bistav或Lumah-daingaz）：以板石砌牆、蓋頂、鋪地，僅樑柱採用木材。以石塊砌起的屋子，上用石板覆蓋，這是布農族人傳統的住屋。

蓋板岩石屋要先找石頭，大塊者壘牆，一片片的頁岩做屋瓦，除了窗戶和一些支樑是用木頭做的外，其餘皆用大大小小的石塊一塊塊疊成。

石頭和石頭間接縫沒有糊什麼，就這樣疊上去。住屋是依著山勢，高高低低來建築，頁岩一片接一片蓋在細細的木架上，不用任何鐵釘與鐵絲等。

布農族的屋內掛著一層層的玉米，一根根黃橙橙的玉米，粒粒皆飽滿，顆顆鮮亮，牆上掛著男人的獵具：槍、矢、弓、刀、箭、狩獵網袋等及獸骨架，是拙樸布農族人住屋的亮眼置物。

目前，象徵著原住民文化的傳統石板屋，已經面臨絕跡了，有很多原住民部落的住宅，都已經修改過，摻入了現代文化要素，如鋼筋水泥、馬賽克、磁磚等。結構也改變許多，原本低矮須僂背而入的屋架，現在都已墊高，可以挺胸入室，喪失了它的

原始意義。

　　更遺憾的是，傳統石板屋對布農族來說，還具有倫理觀念、文化延續及宗教崇敬的意義。例如屋架之低，須僂背而入，即象徵著對祖先建屋的辛勞，以示尊敬，也對家中長輩表示恭敬的意思。如今，原住民的現代住屋，都不具此項傳統意義。

　　布農族的板岩石屋，房屋之平面圖形，大體為長方或四方形，就開門及出入的經路，房門的建造方式，可分為橫長與縱深兩類，正門置於橫寬部分的正面。

　　屋頂型式為二傾斜面頂，即雙坡屋頂平地家屋，屋基為方形，前半部留為庭院，後半部用以蓋屋，前後繞以低牆，兩側砌牆成五角形。穀倉置於室內，也有建於室外，成房屋建築之一部分。

　　布農族為大家庭制度（布農族的石板屋是台灣原住民族中建造最大者），故每家石板屋內設置有若干床屋，每床屋住一對夫婦及其子女。

2、茅屋

　　「茅屋」（Langha），以圓木架為樑柱，以茅管拼豎為牆，蓋以茅草屋頂。有的以板岩鋪地，以木板為牆，茅草蓋頂。

3、竹屋

　　「竹屋」是以粗竹或圓木為柱，劈竹為半，正反相攏豎列為壁，覆以平舖式屋頂。或以茅草為屋頂。

4、木屋

木屋這種住屋是布農族人較晚近的建築，日治時期，集團移住遷徙現址，才開始建造木屋。木屋為長方木屋，以圓木為柱，木板橫牆為壁。

（二）布農族的附屬建築

1、雞舍

「雞舍」（Pat-tul-kukan）：以茅或竹等四面圍起，覆以兩面傾斜的屋頂，此等雞舍概屬矮陋屋。亦有不築雞舍，僅以石製或板，木製飼槽懸掛於簷下者。更有在外庭石牆梯階處挖洞以代雞舍者。

2、豬舍

「豬舍」（Patluman）：通常構築木柵，以板岩或木板為壁，上覆單傾斜屋頂、板岩或茅草蓋頂，於其內飼養豬隻。飼養豬隻亦有野放者。

3、牛舍

「牛舍」（Pat-hanvangan）：有用石牆或木柵圍成牛舍，有的設置屋頂，也有露天的。更有飼放於溪底，日間由牧童放飼於野外，夜間繫於樹幹。布農族牛舍的出現是在日治末期。

4、柴薪房

「柴薪房」（Pat-lukisan）：在室外側牆下，常搭蓋披椽，好堆置柴薪。

5、米倉

「米倉」（Pat-tilasan）：布農族的米倉有時建築在住屋旁邊。米倉是用來存放稻穀、小米、地瓜、玉米等糧食，以竹造或木造成高架建築，底部是以竹子或木板鋪建而成，四個木柱連接頂端成為牢固的構造。木柱的底部，置有下凹的圓形「防鼠板」，以阻礙老鼠順柱爬上。防鼠板的製作亦可看出原住民的生活智慧。

6、田間小舍

「田間小舍」（Langha）：布農族的耕作方式為游耕，耕地如遠離部落時，會築起耕作小屋（田間小舍）或涼棚建築，以便儲藏與休息。播種、收穫或平日除草耕作時的臨時起居或休息處所，其構造非常簡單，大多以茅草或竹築成，但也有板岩石屋者。

7、狩獵小屋與石室

行獵於遠隔之地，須費時數日者，有築臨時小屋的習慣。在狩獵團體所屬獵場中，每築有狩獵小屋（Taluhan）或石室，此等小屋或石室多築於山中溪澗之間，覆以草木、茅草等，且亦屬半永久性共同建築物，每於獵期加以修護。

布農族人傳統狩獵生活方式，在深山猛獸出入的夜晚，如何度過「平安夜」，也是一門求生的學問。布農族人狩獵，通常五至十數天，而狩獵小屋或石室，即是他們棲息的地方。糧食、乾糧均存藏在這裡面，獵獲物也在這裡燻烤儲藏。

「狩獵石室」布農語亦稱為「Taluhan」。天然巨石，在河

水搬動下自然推砌成的「石室」，是布農族人進入深山的最愛。這種石室，防水、防火、防獸且冬暖夏涼。

　　布農人上山狩獵，他們首要的工作之一，就是找尋天然的洞穴；其次，是找個天然崩坍或被河水遷移，由巨石自然架構而成的石室。為了避免蛇獸的侵襲，和毒蛇、毒蚊與蜘蛛等的毒害，族人會在避風處就地取材，以枝椏、葉筴等搭成避風雨、蟲獸的棲身處，既可取暖又可嚇阻野獸或蟲害。

　　這種石室，在大小河流及支流，多處臨溪的高亢地點，就有布農族人利用岩石自然架構而成的狩獵小屋。布農族是原始共產共享主義，狩獵小屋或石室，任何其他氏族的獵者，都可以借宿或使用，唯不可盜食原所有者儲藏的糧食（小米、稻米或乾糧等），或偷取屋內匿藏的槍枝、弓、矢、刀、陷機器等捕獸獵器，這是布農族人狩獵者的禁忌，否則會引起械鬥。

　　石室由每塊重數十噸，甚至上千噸的巨岩，因自高處崩坍落澗，再經河水流動的搬移而自然架成ㄇ字形或ㄷ字形。只要在缺口處，以就地取得的木頭、枝椏、茅草、竹子，紮成大門，用來分隔內外，就是一座堅固且能自然調整溫度的住處了。

　　要住入石室，必須先做燻室的工作，即紮個火把，將室內上下及隙縫燻一燻，將伏在角落處的蚊、蛾、蜘蛛或蛇、鼠、蜥蜴等燻出來。這些石室不慮風雨、地震、火災或猛獸的攻擊，且因靠水邊，所以取水和捕魚方便，不虞斷糧缺水。

　　布農族卡社群人通常狩獵七、八天，但也有多至十五天者，少至五天者。所以他們前去時，必須帶上小米、炊器。他們亦須在山上搭蓋狩獵小屋，這種小屋為單披式、樹皮頂、茅草壁、四根立柱的長方形房屋。晚上睡時，衣不解帶，刀槍隨身，並有人

在外面輪流戍守，如三十人出獵時，每三小時輪值四人。古時無鐘錶，乃觀察天上的星宿以定時辰，此等星座有二，一為Bunuk，一為Tanpipitu。（註5）

8、會所

會所組織是與年齡組織平行的制度。會所就是部落組織、防衛組織及青年訓練的中心。布農族會所（Tsivablang）為單會所制，即一部落一會所制。青年期之男性住在會所裡，守衛部落以免敵襲。長老常在此商議部落事務，或傳授青年狩獵及馘首技巧，講述歷史故事與部落傳統習俗。女性則禁止走入會所，非本部落之外人非經許可禁止進入。

東埔社集會所的形制，為欄干式建築，地板離地面約八尺，圓頂方屋，三面以茅管築半壁，一方敞開。中央部有火爐，以板岩自地面築起，上達地板之高度。沿牆壁以木板為敵首棚，稱「Patpaisan」，用來陳列敵首與敵髮。

卡社群的社會是相當尊敬老人的，因此其政治事務亦多由老人掌管。平常他們年開三次部落會議，這三次的會期是六月、九月、十二月，由大頭目、頭目、副頭目、司祭、各氏族族長（Liskataan）及各家族的家長參加。這些人多是老年人。他們在會中討論作戰、獵頭、狩獵以及射耳祭典等祭儀的準備事項，有時亦會討論部落內人民犯罪與刑罰的問題。部落會議都在部落會所內舉行。卡社群人雖有三個政治中心，然而卻只有二個部落會所，一在阿魯散社，一在尬尼多安社。部落會所，他們稱為「Ozinunan」，在阿魯散社的會所，長約12米，寬約15米。牆壁及屋頂皆用石板疊起來，牆上多口，開會時可自內部注視外面的

動靜。屋內左壁及後壁各有三架放頭骨的人頭架；人頭架的上面及旁邊，有插入牆內的木棍，上面置放獸骨。他們出去作戰或獵得人頭時，都將頭骨放在部落會所裡，而部落中人狩獵得到山豬時，每人每年都要送一個豬下顎骨到會所中。據云，部落會所裡有人頭二百六十個，獸骨三千八百個。頭骨架的下層空著不放人頭，而放一木匣，匣內盛發火器的袋子。頭骨架前設爐火，出外作戰、獵頭、狩獵前，在會所中過夜做夢占時，以此爐火燒飯。屋內靠後壁處設大床二張，用石板做成，約1尺高，上鋪月桃編成的蓆子。人字屋頂的二側，各開天窗三個，可讓光線照入；天黑後，則用石板放在插入地內的木頭上，上燒松枝以照明。平常沒有人在會所裡，除祭祀、夢占、開會外，會所不做其他用途。（註6）

　　戰爭，是抵禦外面侵略，確保內部安寧的手段，亦是維持社會秩序的力量之一。在獵頭的習俗尚未革除時，隨時隨地都有發生戰爭的可能，因此需要嚴密的軍事組織與訓練來配合。這些嚴格的軍事組織與訓練，也善盡維持社會秩序的功能。卡社群卡社、阿魯散社及尬利莫安社，在戰爭時是三位一體的。主帥由三社的大頭目兼任，率領三社的隊伍出去作戰或獵頭。出征前夕，三社的戰士還得在會所裡睡一晚以作夢占。在戰時不但這三社聯在一起，必要時且與卓社群、丹社群或巒社群人聯盟，然而卻不與郡社群人結盟。（註7）

9、頭顱架

　　「頭顱架」（敵首架或敵首棚）：台灣原住民馘首的習俗（只有蘭嶼島上的達悟族沒有馘首習俗），為南島語族之共同象

徵。頭顱架（Padangian-sinkavas bungu）型式有二種：一是「首架式」：如泰雅族及阿美族。一是「首棚式」：如布農族、排灣族、魯凱族等。日治時為消除布農族的馘首出草習俗，嚴禁設置頭顱架，並且破壞之，以消除出草習俗繼續存在。

布農族部落不設公共首棚者，在各家藏之。丹社群架於與一般房屋相似的小屋中，利用其後壁，載以半削的圓木，設置五、六段棚架，以陳列頭顱。

巒社群則於同姓宗家的屋外，設置首棚，也常常另外築小屋，以收藏獵獲的頭顱。郡社東埔一帶的布農族，首棚設於族長家的側面，築高約1.5米左右，寬約4米之方形棚台（無屋頂），以陳列頭顱。

未設頭顱架者如卓社群、卡社群，他們將頭顱高懸放置於馘獲者門前柱上棚。

無烹煮頭顱習俗的干卓萬群、卓社群，於其上覆以屋頂，經五年後，懸掛於屋內放粟場內壁；卡社群或等落肉後，或三年後，於舉行「尚武祭」（馘首祭或出草祭）時，取下懸掛於屋簷下；卓社群亦在放粟場內壁設棚安放。

10、製油茅屋

台灣戰後之初，南投潭南部落各家均種有香茅草，1955年日月潭人曾至本村築灶，並向社人購買香茅草以蒸油，其灶被1959年的八七水災沖去。嗣後社人自己出資建灶，例如幸金成、谷燈坤各建有一灶，建一灶須2,700元，覆灶之屋則為自己建蓋。此等蒸油之灶每天可燒四次，每次得油8斤。若借與他人使用時，每天抽油半斤做為租金。（註8）

11、瞭望台

「瞭望台」（Vanas）：台灣原住民各族多在部落設置瞭望台，常在部落入口的高處建築高聳的「望樓」（或稱敵樓），用來監視敵族侵襲，對族人的安全十分重要。

【註釋】
註1　宮本延人著、魏桂邦譯《台灣的原住民》。
註2　鄭瑋寧、王嵩山〈台灣民族誌：台灣南島語族的家屋〉。
註3　林建成《後山原住民之歌》。
註4　同註2。
註5　丘其謙《布農族卡社群的社會組織》。
註6　同註5。
註7　同註5。
註8　同註5。

第十二章 布農族命名法 動植物的 利用與運用

布農族傳統命名法包括：氏族命名法、地名命名法、居地命名法、農耕地命名法、人名命名法、器物命名法等。

布農族現存的六大社群，眾多的氏族中，其實每個氏族或地區的「命名法」，背後都有其歷史背景與命名意義，只是年代久遠，逐漸為族人所淡忘。但是，我們從長輩的口述報導中，仍然可以知道許多布農族祖先「命名法」的歷史背景。

布農人對於氏族名、人名、地名、器物等，「命名法」的形式多種多樣，歸納之，大概可以歸納為：「植物名型」、「食物名型」、「動物名型」、「器物名型」、「變形名型」、「其他名型」等，不但趣味橫生，也可從這裡看出布農族歷史與文化的源流。

一、植物名型

「植物名型」即以植物命名，例如卓社群「Tas-va-luan」（達斯發路灣）氏族，是取「葛藤」（va-lu，發路）為氏族名；郡社群「Is-li-tu-an」（依斯理端）氏族，是以「li-tu」（枇杷）為氏族名；「Isbabanal」（伊斯巴巴納爾）氏族即是以「Babanal」（台灣懸鉤子）植物命名，信義鄉漢姓「石」，高雄市桃源區漢姓「石」、「杜」、「溫」、「劉」。布農族「Tamulan」（達木蘭）氏族，即是以農作物「Tamul」（酒麴）做為氏族名；酒麴亦為植物，故為「植物名型」，因其可食，故亦為「食物名型」。

南投縣信義鄉馬拉飛部落（潭南村），早期以「Lilih」（利利）命地名，Lilih是蕨類植物的意思，其命名法屬於「植物名型」。Lilih可食，所以亦是「食物名型」。

南投縣信義鄉蘭論部落（人和村），早年集團移住的時候，此地很多「山豬肉」樹（Lanlun），所以稱此地為「Lanlun」（漢譯人倫）。則本部落地名命名法屬於「植物名型」，又「山豬肉」樹果可食，故亦為「食物名型」。

高雄市桃源區梅山里，稱為「Masu-huaz」（馬斯花日），「Huaz」是「藤」之意，傳說住在這裡的布農人，遷徙此地之初，因野生藤甚多，故以「藤」命名，則本部落地名命名法屬於「植物名型」。

二、食物名型

　　「食物名型」：即以食物來命名。布農族「Ma-tu-la-ian」
（馬督拉雅安）氏族是以「laian」（綠豆）為氏族名，其傳說如
下：從前有兄名「Vakual」（瓦各阿爾）和弟弟「Tsukan」（卓
幹）及侄兒迪安「Tiang」三人，到他們的漢人朋友家作客，漢
人請他們吃綠豆（laian），三人覺得風味甚佳，心裡非常羨慕，
於是向漢人討綠豆種子，以便帶回部落播種，可是漢人不允許。
當他們要回部落，經過漢人的「綠豆園」時，剛好主人不在田園
裡，他們見四下無人，便偷盜拿了綠豆種子。回到部落後，將綠
豆種植於山坡地，結實後分給族人種植，所以現在，布農族有了
綠豆。「Vakual」（瓦各阿爾）的後嗣，遂以「laian」（綠豆）
為氏族名。

　　這是布農族卡社群「Mtu-laian」（馬督拉雅安）氏族的傳
說，也是布農族人有關食物種植的故事。傳說古代布農族人是沒
有綠豆的，本氏族的人盜竊漢人的綠豆後，布農族人才開始種植
綠豆。「laian」（拉雅安）是「綠豆」，則本氏族命名法為「食
物名型」，又綠豆是植物，亦可謂「植物名型」。

　　南投縣信義鄉羅羅谷部落（人和村），「Luluqu」（羅羅
谷）意為「豆豉」，則本部落命名法屬於「食物名型」，亦屬於
「植物名型」。

　　南投縣信義鄉沙里凍部落（豐丘村），「Salitung」意為
「木瓜」，則本部落命名法屬於「食物名型」，亦屬於「植物名
型」。

∿∿∿∿∿∿∿ 三、動物名型 ∿∿∿∿∿∿∿

「動物名型」：即以動物命氏族名。「Kusi-navan」（姑西拿彎）祖先狩獵的時候，獵獲了一隻山熊「kuknav」，本氏族就稱「Kusi-navan」（姑西拿彎）氏族。「Kusi-navan」（姑西拿彎）氏族屬於布農族丹社群。這種以動物取氏族名的方法，稱為「動物名型」。

郡社群「Takis-kakalang」（達給斯卡卡浪岸）氏族，「kakalang」（卡卡浪）中的「kalang」是「螃蟹」之意，則本氏族以動物名氏族名。本氏族以「螃蟹」名氏族名，不知是否因為「螃蟹」在布農族的「洪水神話」故事，曾經幫助布農族人解困有關。

南投縣信義鄉達瑪巒部落（地利村）也稱為「Tama-lung」（達瑪龍）。「Tama-lung」布農語意為「公雞」，則本部落命名法屬於「動物名型」。

∿∿∿∿∿∿∿ 四、器物名型 ∿∿∿∿∿∿∿

「器物名型」：即是以器物命名。「Taina-butsl」（待納布楚爾）氏族是卡社群始祖巴卡哈的後裔。「butsl」（布楚爾）為「弓」；「taina」（待納）為「持有者、擁有者」，「待納布楚

爾」合起來是「持弓者」或「製弓鼻祖」的意思,蓋卡社群自巒
社群分出來時,唯此族持有弓箭,故名。「待納布楚爾」氏族,
因其祖「製弓」,遂稱其後代為「製弓者的後代」。這種氏族取
名法,稱為「器物名型」。「待納布楚爾」氏族的祖先曾於
「kadan」製造弓箭。本氏族已蛻變,無從稽查。

五、變形名型

「變形名型」:如布農族有「糞變人」、「蜘蛛變人」、
「狗變人」、「鼠變人」、「蟲變人」、「蛇變人」、「葫蘆生
人」等,這類可稱為「變形名型」。

傳說有一座山,有一堆狗糞,變成了小孩,被「Tas-
ulavan」(達西烏拉彎)氏族人帶回家收養,這堆狗糞就是
「Tansi-ki-an」(丹西給安)氏族的祖先。這則故事是「狗糞」
變成人,並且後來變成一個氏族的創生傳說,則本氏族命名法屬
於「變形名型」。

六、其他名型

布農族有些命名不明或無法得知其典故,待考者,則列為
「其他名型」。

第十三章 布農族交通運輸植物的利用與運用

　　原住民的古道，最早是為狩獵、遷徙所走出的山徑，隨後滿清政府為撫蕃開山，也曾開闢多條古道，到了日治時期，日人為進行文化與經濟上的統合，也開闢多條古道，日治時期以來，伐草修路也成為山地主要行政工作之一。隨著時代進步，古道大部分已被現代文化與交通所取代，只遺留些許珍貴的遺跡，而這些遺跡，讓我們認識了極具價值的台灣歷史。

一、古代布農族的陸上交通

　　古代原住民交通十分閉塞，大部分山路開鑿於山腹斜壁，或懸崖旁，或穿叢林，坡峻谷險，行路之難遠超過往時蜀道之上。

　　原住民的古道，最早是為狩獵、遷徙所走出的山徑，隨後滿清政府為撫蕃開山，也曾開闢多條古道，到了日治時期，日人為進行文化與經濟上的統合，也開闢多條古道，日治時期以來，伐草修路也成為山地主要行政工作之一。隨著時代進步，古道大部分已被現代文化與交通所取代，只遺留些許珍貴的遺跡，而這些遺跡，讓我們認識了極具價值的台灣歷史。

　　傳統布農族陸上道路可以分為「社路」（Dan-daingaz）、「獵路」（Isia hanup tu dan）、「田路」（Is-munhuma tu dan）與「呼水路」（Munsulan tu dan）。「社路」為部落與部落間之路，窄者僅通一人，峻坡懸崖，隨處可見，道路旁茅草雜木，草深沒徑。「獵路」乃因狩獵足跡踐踏而成，僅容一人通行，甚至僅可單足通行，攀崖涉水，悉依自然，時須跳岩越木，斬草移石。「田路」即田間小路，是到田園耕作的小路。「呼水路」是通往水源地之路，坎坷崎嶇。

　　日治時修築社路，勞役有二種，一為採薪，另一為修路，是日治後才有的管理制度，普通多由派出所的警察來執行，期間為一週或一月。所採的薪柴，交給警察作燃料用；所修的道路，則為社路。（註1）

二、古代布農族的橋樑與材料

社際間的交通，常因貿易而頻繁起來。然而，昔日社際間的道路不似今日易走，尤其路遇高山深谷或湍急溪流時，其他的方法不易渡過，建造橋樑就是他們通常採取的方法之一。（註2）

（一）木橋

為適應山嶺重疊的環境，布農人於深谷危崖，或溪流過處，架設橋樑。其橋多為獨木橋（Hatal），以刀砍削大樹為方木，橫架溪流兩岸而成，或以兩木交叉，下端插入溪澗，上端靠於岩壁上，即可攀登而過。

造木橋在二岸，各以四木用藤編成排，插入土中，用石壓其根，使倒向河中，交叉成弓形，復以藤縛其交叉處，然後再於其上橫架短棍，橋面遂成；再做橋二邊扶手，方法為埋木於橋的二端，彎成弓狀，使相接於橋面上，然後於其上縛藤，藤下垂結繫於橋面橫棍上。橫獨木於河上即成獨木橋。（註3）

（二）竹橋

以竹子架設而成者。溪谷間有低澗處則架竹橋。竹橋（Batakan hatal）有長短兩類，短橋者，以三、四根粗竹，並搭於岩石上；長橋者，則以粗竹並立，插入溪流做中間橋架，再以排竹四、五根搭於竹架與岩石上，或竹架與竹架之間而成。竹橋成弓形，另在橋兩側搭架竹欄，以便行人扶持。

（三）溜索橋

渡河設備叫架索，架置於不易架橋的激流處。其法以兩條藤索，上下平行懸掛置於水上，上索掛藤環一隻，繫以繩索，行者於渡水前，先將行李掛在環上，以便渡水時牽繩運送行李，人則兩肘掛在下方之藤索，以手攀索，身懸水中，游泳而渡。

（四）藤吊橋

架吊橋，取粗如兩手合圍大的木柱各二根，分別插於岸的二旁，以粗如拇指大的藤條十根，通過其頂，拴緊，二端分別縛以巨石，埋入土中；此繩索分別吊掛若干繩索，各組垂下的繩端橫縛木棍，棍上再置若干木棍，使交叉成方格，各用藤條縛好；然後再於橋的二邊，各用一粗藤縛於垂繩上，使成一扶手。（註4）

深谷之間則用藤索架吊橋（Hundul），先以藤皮做成粗藤索，左右兩條並行懸於兩岸間，兩端固結於岸上山岩，再於其下約五、六尺處，以同法平行懸藤索兩條。在下方平行的藤索間，以藤蔓交穿成密網，再以同法將兩邊上下兩巨索結織為欄，以策安全。這種原始的交通工具，架設在溪流兩岸的危崖峭壁，行則搖曳如欲墜，過則股慄目眩，其險峻難渡由此可見，但布農族卻以頭頂物，往來如飛，勝似閑庭信步，藤渡技巧的嫻熟，令人嘆為觀止。

（五）鋼索吊橋

日治後，日人把藤吊橋加以改良，以鋼索為架，橋面鋪置木板，以水泥做成兩端橋樁。

（六）緣繩

有時外出路遇洪水，先由一人用長藤之一端縛短杉木於胸前，游泳過河，將繩纏於對岸的樹幹上，此岸之人亦將繩縛於樹上。其餘之人即可緣繩過河，不為洪流沖去。（註5）

（七）獨木舟

一種水上交通工具，據說，丹社群在合流坪地方（丹大溪與濁水溪合流處）有簡易的獨木舟可渡涉兩岸。另有傳說，丹社群用獨木舟載運陶器至對岸的卡社群交易。

（七）葫蘆涉渡

據說，布農族人涉水，還有將葫蘆串連，綁縛在身上，做為涉渡山澗溪流的工具。尤其是丹社群人與卡社群人在合流坪（濁水溪與丹大溪）渡溪時使用。

三、布農族的運輸工具

布農族的陸上與河溪運輸工具：布農族人到社外去從事貿易，必須有運輸工具用來運輸貨物。其運輸工具較為簡單與原始。

（一）背簍

布農族的搬運方法，普通運搬使用「背簍」（Palangan），以頭頂或肩挑貨物。

背簍以藤為骨架，用藤皮編織成六角紋，以藤（Huaz）為背帶（Tinaqes或Tsisbunguan），背負時用背帶頂於前額，用來搬運收穫物。為男女通用。

女人運輸貨物則用背簍，背簍用藤製皮，簍身以六角形編法（Latticed or openhexagonal）編成，其底以方格編法（Check）編成；有藤帶一根，以方格編法編成。背時以帶置額上，頂之而行。（註6）

（二）背網

「背網」（Davaz）亦稱「網袋」，以麻繩編織為網，上緣四角，繫以肩背帶（Vakil），背負時掛於左右肩，網帶負於背上，為狩獵用來背負野獸。

背網上大下小，網口前後左右各結一藤圈，左右各按一藤編之帶。網以麻繩結成，網眼甚大，可通一指。帶以斜紋編法（Twilled）編之。藤帶下端用麻繩與網身聯在一起，再用一麻繩穿過藤帶上端之口，經網邊的藤圈口，穿經中間的藤圈口。背時可收緊網口，以免所背東西逸出。（註7）

（三）背架

穀草及柴薪則使用「背架」（Taqan）背負。背架用有曲枝的木材豎置為柱，以橫木連絡上下，兩柱上端繫以肩背帶，其背負法與背簍同。

　　較笨重的東西，則用背架背之，背架亦為男用的運輸工具，以三板釘於二根鈎形的木棍上而成，有三根用藤以斜紋編法編成的背帶，各用麻繩與背架聯在一起，背時分別置於二肩及前額。

（註8）

（四）肩扛

　　木材、石塊的運搬，則以肩背直接負之，巨大者，兩人用木棒抬。布農族運輸最依賴人力肩挑，或頭頂背負。

（五）背匣

　　「背匣」是男人用來運輸較為輕便貨物的工具。背匣底、壁均以柳條編法編成，有背帶二條，以麻編成，或以藤用斜紋編法編成，上下二端，均以麻繩與背匣結在一起。（註9）

背送小米的布農族父子

（六）拖板

　　最笨重之物則用「拖板」運輸，拖板亦屬男用運輸工具，用一槽形樟樹（Dakus）板做成，前面左右二角挖二洞用Kapu穿過，Kapu與帶相聯。當拖板裝載重物時，前面二人用額頂帶，後

面二人則用力推板而行。(註10)

（七）木筏

卡社群人運貨物到丹社群人居住的地方，交換陶壺時，還得利用丹社群人的「木筏」渡河。木筏有二人用與四人用二種，用長八尺如桶粗之木，於頭尾用Kapu各束一道編成。四人用者，以六木排成；二人用者，以四木合成。木筏中間插立四木叉，於叉上橫置二槓，以為放物之架。用槳划，若坐四人時，則有二人划，一人在前面划，一人在後面划。(註11)

（八）竹筒

竹筒有水筒、穀筒與漁筒。「竹水筒」是布農族人的汲水工具，是用麻竹數節鑿空，底部留節，即可做為汲水工具。汲水工作也是布農族人一天的重要行事，大部分由女人來做，布農族人也會製作較小的竹水筒給小孩子幫忙汲水用。汲水的工作大致在太陽下山從山田耕作回來時，汲水的量只需足夠家人一天食用即可，也有於天亮一大早，家人一起去汲水的。汲水的布農語叫「Munsulan」。

汲水竹筒多選用直徑在十公分左右的粗麻竹製作，長短不同，竹筒之竹節除底部者外，均予打通，以便盛水。竹筒短者可用於盛置飲料，做為竹杯。竹水筒在台灣原住民各族皆用作汲水用。

（九）牛車

日治時期時才有「牛車」做為運輸工具，直至民國五十幾

年，南投縣信義鄉羅娜部落還看到牛車。

（十）現代運輸工具
現代則有運貨車、搬運機、機車等運輸工具。

四、指示標記

　　「茅草」（Padan）葉可以做為「指向」的材料，尤其是獵人前進方向的指引，將葉部前端打結，葉尖朝向前進的方向，獵人就可以依循指示繼續前進。

　　「石頭」（Batu）也是「指向」的標記，先放一個大石頭，其後連續放五、六個小的石頭，成一直線，小石頭所指的方向就是「指向」。

【註釋】
註1　丘其謙《布農族卡社群的社會組織》。
註2　同註1。
註3　同註1。
註4　同註1。
註5　同註1。
註6　同註1。
註7　同註1。
註8　同註1。
註9　同註1。
註10 同註1。
註11 同註1。

第十四章　布農人與漢族傳統的經濟貿易

　　布農族的傳統經濟生活是採行部落單位或氏族單位，每一個氏族家庭，其食糧、衣著、器用原皆能自給，並自築房屋。但也會產生「有餘」與「不足」的現象。

　　在收穫季節，收穫豐碩或有餘的人家，見到收穫不足的家庭，大家即會援助救濟，紛紛餽贈米糧，讓受救援之家能夠度過一年。在獵獲或漁獲歸來後，亦會餽贈給親戚朋友一起分享，此種習俗，除休戚與共的精神意義外，實含有經濟上互助作用。

∿∿∿∿∿　一、布農族經濟貿易發展　∿∿∿∿∿

　　一個地方所有的資源，往往會有所偏缺，有了交易就可以彌補這個缺陷。交易不但可以貿遷有無，各得其所，而且還可以使生產量增加，使生產的貨物精益求精。從古到今，都得講求貿遷有無，以得到他們所需要的物資。貿遷有無的方式有物物交易、貨物與勞役交易及貨物與貨幣交易等項。布農族不但在社內貿遷有無，而且還將貨物運輸到社外去。 (註1)

∿∿∿∿∿　二、布農族同族間的貿易　∿∿∿∿∿

　　布農族的傳統經濟生活是採行部落單位或氏族單位，每一個氏族家庭，其食糧、衣著、器用原皆能自給，並自築房屋。但也會產生「有餘」與「不足」的現象。布農族與同族間的貿易，習以饋贈與交換方式交易，以解除一時匱乏。

　　在收穫季節，收穫豐碩或有餘的人家，見到收穫不足的家庭，即會援助救濟，紛紛饋贈米糧，讓受救援之家能夠度過一年。在獵獲或漁獲歸來後，亦會饋贈給親戚朋友一起分享，此種習俗，除休戚與共的精神意義外，實含有經濟上互助作用。

　　同族間以實物交換以互濟匱缺，是布農族內部交易的重要方式，某一家族如缺乏某種生產必需品而知某家族有多餘者，則先

與之商詢交換，獲同意後即持己物送至其家，受者即時以其所需者交換。

　　卡社群人的貨物與勞役交易比較簡單，幫人工作一天，換衣服一件，或小米五大把，或擲槍一枝。工作四天可得五斤重小豬一隻。家無耕牛，亦可幫人工作一天，以借用他人耕牛一天為酬。此等工作為拔草、收割、搬運等。（註2）

三、布農族與他族間以物易物的貿易

　　布農族與異族的貿易與交際行為，大約始自荷西、明鄭時期，以後自清代王朝與漢人的接觸逐漸頻繁，「以物易物」的經濟貿易才活絡了起來。

　　自從有人類以來，人類即已經開始從事經濟與貿易活動至今。數百年來，布農人與漢族人從事交際貿易，從傳說故事中也可以知道當時兩族交際的情況。不過因為價值觀的不同，常常引起許多誤會而有出草馘首事件，當然也有一些布農族人被欺詐的事實。

四、社商、贌社、通事

　　布農族與外族的交易，是假手於「社商」進行的，《諸羅縣志·雜識》曰：「台灣南北番社，以捕鹿為業，贌社之商以貨物與族民交易，肉則為脯發賣，皮則交官折餉」。《彰化縣志·風俗篇》云：「贌社，亦起自荷蘭，就官承餉曰社商，亦曰頭家」。

　　此「贌社」即「交易所」，布農語稱為「Paq-sia」（巴克西阿），是指向官包稅的官商，為原住民族稱「社商」之專稱。社商源自荷蘭時代，負責雙方的交易。清朝也襲荷人之制，設「通事」，由通原住民語的漢人出入山地，掌握控制漢原間的貿易。交易的方法，仍是以實物的交易為主。漢商運入鹽、布、鐵器、飾物之類，交換鹿皮、野獸、獸角、藥材等物。

　　到了日治時期，在布農族的大社，多設置有「交易所」（Paq-sia），並設有「通事」，交易所的日常生活物品亦甚多樣。漢族人雇用原住民，從平地背負物資運到交易所，再將與原住民交易的物品，雇用原住民背負運載下山。受雇者下山後，又背負平地的物品運往山地，與原住民以物易物交易。

　　日治時期，於原鄉舊社比較大的部落，例如「卡荳諾蘭」（Qa-tu-ngu-lan）社、「皮西提婆安」（Pis-ti-buan）社，都有漢族人開設的Pak-sia（巴克西阿，即交易所）。

　　漢族人雇用布農族人步行背負物資運到昔日舊社的Pak-sia（巴克西阿，即交易所），而與布農族人交易之物品則亦雇請布農族人徒步背負下山至集集鎮（當時集集鎮是很熱鬧的地方），

一趟腳程是三天二夜（路途上族人有簡易住宿的宿地），一天的工資是10塊錢日幣。

受雇的布農族人把山上的物品送達集集鎮後，又背負平地漢族人的物品運往山地的交易所，與布農族人以物易物交易。

五、布農族與漢族、平埔族貿易實境

原始時代，布農族與周遭的民族，為了生存搶奪或侵占土地，而造成相互敵對，彼此互為出草馘首，後來亦與漢族從事經濟貿易活動，也因此，戰爭與出草的傳說故事亦甚多。自古以來不管是原住民不同族群之間，或後來與荷蘭、明鄭、清代，閩南、客家、日本人之間的經濟與貿易活動，都有驚心動魄的特殊交際與貿易經濟。

南投縣布農族日治時期的三條集團移住路線，其時亦即清代的布農族人與漢族人的貿易路線，也大致是布農族人自平地遷徙轉入深山叢林生活的路線。當時的貿易中心是現在的集集鎮（Chi-chi）及埔里鎮（Qabizan），集集鎮與埔里鎮都曾經是布農族人在平原的傳統居住地，後來平埔族與漢族侵入，遂退居到中央山脈深處。

布農族與漢族、平埔族（噶哈巫族）之間的交際與貿易，時而征戰時而友好，因此兩族相互交易往往動用大批的人員，兩族都攜帶武器火槍等，隨時準備作戰。交易的時間與地點是最高祕

密，消息走漏則停止交易，且會彼此互相指責，引起糾紛。

兩族都有代表人，互相約定交易的時間與地點，到了交易日，兩族運載貨物的人都先在森林中躲藏起來，代表人先出面交涉，彼此互相觀察四面的環境，認為沒有安全顧慮，代表人向所屬的族人示意可以進行交易，躲藏在森林中的兩族交易人，才開始把貨物搬運至交易地點，開始進行交易，交易進行中是很緊張的，兩族的代表人（事實上就是領袖），都要克制自己所屬的族人，以免擦槍走火，造成互相殘殺。

古代布農族與漢族的貿易是「武裝交易」，連交易的地點和時間都列為最高機密，互相約定的兩族代表人一定要絕對保守。否則消息走漏出去，對兩族都有很大的危險性，貿易行為也被迫取消，對兩族都是得不償失。

過去漢族的「土匪集團」，擁有強大的火槍、刀劍等武器，他們以「搶掠」為事。布農族與漢族的貿易為什麼要武裝交易和絕對保守祕密，因為這些土匪集團得知兩族貿易的消息，會在路途中搶劫殺害兩族的貿易集團，這就是古代布農族人與漢族人交際貿易的大致情形。

貿易是亙古以來，自有人類即已經開始的行為，即使是敵對的雙方，他們的貿易交際還是繼續存在。即使互為征戰與馘首，他們的貿易行為不會因此而停止。

到了日治時期，布農族與漢族的貿易交易，逐漸出現了「交易所」，布農人稱為「巴克西阿」（Pak-sia），在貿易史上又邁進了新的里程碑。不過，因為價值觀的不同，還是會常常引起許多誤會，而引起出草馘首互殺情形，當然也有一些布農族人被欺詐。

　　當時還有賒欠辦法，後來，由於拖欠以及對交換物品價值觀的認定有很大的不同與歧見，加上有欺矇、原住民被欺詐等情事，常常引起許多誤會而導致原住民出草馘首，以致引發許多衝突，流血事件層出不窮。

斗六管內東埔社番產物交易所

六、原漢交際貿易內容

　　當時布農族人在Pak-sia（交易所）主要交易的山產品，據望鄉部落已逝的全春榮（Ba-li）報導：

　　（一）野獸骨頭（Ta-ki-is-mut tu tuq-naz，達給伊斯木的多克納日）。

（二）猴子的頭（Hu-tun tu bung-ngu，胡洞的卜怒）。

（三）猴子的骨頭（Hu-tun tu tuh-naz，胡洞的多克納日）。

（四）猴子的腦（Hu-tun tu bu-nuh，胡洞的卜怒喝）。

（五）鹿肉（Ti-ti mi-han-vang，滴地米含放）。

（六）鹿茸（Han-vang tu va-qa，含放的發喀）。

（七）鹿鞭（Ta-ki-sa-va，搭給沙琺）。

（八）鹿的角筋（Han-vang tu u-lat ban-tas，含放的巫拉的班大斯）。

（九）鹿的心臟（Han-vang tu qu-mun，含放的可悶）。

（十）山羊皮（Sa-pa，沙霸）。

（十一）山羊角（Si-di tu va-qa，西地的發喀）。

（十二）各類獸皮。

（十三）各類獸肉（Ta-ki-is-mut，達給伊斯木的）。

（十四）黑熊（Tumaz）。

（十五）草藥材：各類中藥藥材等。植物中藥材是漢族人指定採集的，由此布農人也認識了漢族的中藥材。

布農族人於Pak-sia（交易所）所換取的物資大致是：

（一）鹽巴（Qa-si-la，卡西辣）。按布農人的鹽巴有（岩鹽）做為替代品，只是取得不容易，所以鹽巴是最大宗的換取物資。

（二）鹹魚（Is-kan qas-bit，伊斯幹卡斯必的）。

（三）大米（Ti-las，滴辣斯）。

（四）食用油（A-vu-la，阿福辣）。

（五）糖（Sa-tu，撒度）。

（六）罐頭（Kan-zumi，乾入密）。

（七）其他食物。

（八）火柴（Pa-tus，巴杜斯），傳統燧石取火比較不方便。

（九）槍枝（Bu-sul tinpatus，卜蘇爾天巴杜斯）。布農族人會自己製造火槍（土槍），唯漢人的槍支火力比較強大。

（十）火藥（Qabu），槍枝用。布農族人也會自製火藥。

（十一）炮（Tim-pau-a，迪姆包阿）：狩獵火槍用。

（十二）硫磺：狩獵火槍用。布農族人會到溫泉處取硫磺，或以雞糞、豬糞等自製硫磺。

（十三）布匹（Hu-lus，呼路斯）。

（十四）飾品（Pin-qala）。

（十五）鋤頭（Tanga，打哪）

（十六）鍬（Tanga-tikis，打哪滴給斯）。

（十七）鐵鍋（Kama，嘎罵）

（十八）佩刀（Vi-ia，飛亞）

（十九）砍草刀（Kaul或Navu，高爾或拿富）

由此可知，布農族與漢族的貿易，自古以來即以山產野獸為大宗，多為藥材用。當時沒有「野生動物保育法」，所以一直持續到近代。因為有人需要，就有人狩獵野獸做為貿易，違反布農族傳統的狩獵倫理。要禁止這種野生動物的貿易交易，只有從嚴禁漢族人的需要，才能完全杜絕山產野獸的貿易交易。

〜〜〜〜　七、體力勞動獲取工資報酬　〜〜〜〜

　　以體力勞動為他人工作，亦可得到若干工資以為報酬。日治時期，日人常令原住民為他們工作，日人令他們伐木、運材、鋸木、修路、建屋、割草、挑土等，由日人給與工資。戰後，布農人的勞力全部解放開來，不再為官方所拘束。現在他們全力從事自己的工作，例如造林、割草、建屋、種植經濟作物等。戰後初期，工資雖不如昔日之高，然而主客之位今非昔比，他們已由雇傭的地位，變成自主的地位。

〜〜〜〜　八、貨幣貿易與消費　〜〜〜〜

　　日治時期以來，貨幣開始流通山地，於是貨物與貨幣交易代替了物物交易。各種農產物及家禽、家畜都可以用貨幣來買賣。

　　原住民族原無貨幣，自從與外族接觸後，貨幣貿易也傳入了原住民社會，間接也促進了原住民物質文化的變化。

　　古代原住民族多營農耕狩獵生活，即過著半農耕半狩獵的生活。農耕技術，以山田焚墾輪耕為基本形式。生產工具頗為簡單，全憑勞力，很少有使用金屬者。生產的目的，自給自足的方式為其典型的謀生型態，而全部所生產的工作物亦即全部的消費。原始布農族社會在經濟上是未曾出現問題。

現代貨幣制度衝擊下，傳統以物易物或物質共享制度完全崩潰瓦解，在快速發展的現代文明中，是利多於弊或弊多於利？值得深省。

從「利」方面而言，無疑的，現代的科技生活帶給了族人許多的進步與提升，這是值得肯定的，也是族人應該繼續追求的方針。

而從反面「弊」的方面而言，為了尋求最基本的經濟來源，有生產能力的少壯階層，絕大部分都遠走都市謀發展，只留下老人與小孩守著空蕩蕩的家。

文化的形成孕育，自日常生活的累積，然而，由家庭成員分居兩地的情形看來，原住民舊有文化的傳承，必將面臨巨大的阻力與考驗。

當然「向錢看起」，是原住民逐漸開化進步的一個步驟，也是最實在的作為，如果連「向錢看起」的衝動與理想都沒有，就不必談論經濟發展了。

從原住民有了「向錢看起」的意識，證明了原住民已經逐漸建設好了「錢幣貿易」的準備與認識，是從傳統「以物易物」及「物質共享」制度裡追求更進步的一種推進器。因此從正面的意義與價值來說，是可以值得肯定與嘉許的。

或許「向錢看起」是不好的字眼，但是這四個字卻是最能看出其表現強烈追求錢幣經濟，以解決其經濟生活的問題與困窘的面向與意圖。

也許「向錢看起」，我們可以用比較文雅的說法，即：「以工作勞力換取所需交易用途之錢幣，以換取生活物資所需的一切」。這樣子說就顯得合理、合法和具正當性了，故「向錢看

起」這句話只是比較俗氣一些的講法，事實上是最直通易懂的直接語言。

不過有時候，世界上的一切不是用金錢所能換來的，例如傳統經濟生活中的友誼與友善，或開朗、豁達、樂天知命等人格特質等，這些都是現代文明國家的人，一輩子汲汲營營也求取不到的優點。

因此，在原住民追求現代文明生活的同時，也應繼續保存原有的文化優點，這樣原住民的文化才會繼續在世界洪流中，繼續脈動與流竄，而不是泡沫化。

九、傳統經濟衰微與現代貿易崛起對傳統文化的影響

布農族的主要傳統祭儀習俗，與狩獵有著密不可分的關係，充分反映了布農族文化的本質。農事祭儀的時間和內容，主要依據粟（小米）的生長週期安排。從山田的燒墾、整地、播種、除草、收穫、入倉到嚐新，都有一套完整的禮儀，農閒時期的狩獵活動也是如此。

不過由於時代變遷，現代布農族的社會結構、經濟產業等都產生了極大的變化，部落裡的主要作物已經不再是粟，反倒是高冷地蔬果、竹木、香菇等為生產大宗，狩獵文化所依存的森林，也因砍伐闢墾而大量萎縮，生活環境和經濟內涵的改變，使得布

農族的傳統文化產生了根本的動搖與變化，原本和農事及狩獵有關的祭儀習俗，因此而漸漸淡化流失了。

布農族在現代化的衝擊下，逐漸遺落了傳統的建築、音樂、舞蹈、文化、禮俗、宗教，甚至是母語（族語）。

我們冀望在現代文明的激流中，布農族人要堅持不能忘記傳統，積極汲取智慧和文明，要把布農族過去的文化內涵活化出來，唯有自助才能獲得天助人助。也唯有族群自覺，才能夠真切地克服原住民的窘境。

十、經濟與貿易的困境

自從布農族人自中央山脈深山舊社被迫從高海拔遷徙至低海拔地區後，對於生活環境也衍生了競爭力的問題，生活不再是可以日出而作，日入而息，快樂而單純的生活，生活的步調驟然改變，也隨著大社會環境而緊繃了起來，生活的步伐也加快了。

由於傳統觀念有非常濃厚的集體共享分享的思想，例如沒有明確的私有資產，資產為部落所有或社群所有，狩獵分享共食，亦相互支援資助農作收穫不佳者等，是一個理想的分享主義社會。

分享是布農族人的傳統美德，映現在布農族人生活中有物共用，以及獵物和族人共享的群性中。因此古代布農族社會的貧富差距，不會很大，所以生活上與現代相比較，是較沒有什麼問題

的。

　　不過，在現今的貨幣制度影響下，布農族的共享與分享的原始社會制度，不得不瓦解。而貨幣制度交易貿易是現今世界經濟貿易的主流，但是對於不善於追求私產的布農族人，競爭力愈顯得薄弱，謀生愈覺苦悶，致使不少人懷念起無憂無慮的山林生活。

　　布農族人從原始社會直接躍入現代文明科技社會，難免面臨社會心理適應的問題，這種不適應性至今並未獲得改善。而原住民的社區、教育、農業、交通、就業、文化和土地等諸多問題，大多與傳統文化相背離，亦即未能以原住民文化為考量或基準，如此只有更加速了原住民滅族、滅種一途。

　　對於不能夠尊重原住民文化，或不能以原住民的傳統生活邏輯概念，落實部落整體建設與經營，令人感到非常的憂心，或許不必五十年，原住民將泡沫化成為歷史名詞。

　　由於不良的原住民農業政策，造成山中經濟體系的崩潰，而被迫離鄉背景討生活的族人，淪為都市邊緣人，被父母托養在家鄉的兒童，也得不到適當的關注和教育。

　　近年來外籍勞工氾濫，企業雇主大量聘用移工，致使經濟處於弱勢的原住民有著被排擠的不愉快感，謀生無門，雪上加霜。原本是台灣土地的主人，變成了到處乞食的吉普賽人，身心飽受煎熬，真是情何以堪。

　　政府應正視原住民高失業率的問題，傾聽原住民的想法，協助原住民自主性的研發經營與發展山林智慧，因應原住民永續發展的需求，讓原住民自己開墾希望的土地，這樣才能夠讓原住民有一線生機與希望，也從而能夠重建及整治過去原住民美麗的文

化結構，並使其復甦，讓原住民的社會遠離貧窮與飢餓。

原住民的人格沒有受到憲法與法律的保護與尊重，這是最直接造成其經濟生活困窘的主因。由於受到長期的漠視與歧視，隱然成形的自卑情結揮之不去，加上低成就的陰影更形自我貶抑，長期自我壓抑的結果，絕大多數的人都具有憂鬱的分裂精神症狀。原住民的生活並不快樂，因為他們的心靈不斷受到創傷，已經達到了心靈的底層，連自主的文化生活都被剝奪而蕩然無存，失根的蘭花不可能再開出燦爛撲鼻香的花朵。心靈失根的土地，只有落實族群平等，憲法保障原住民人格免於被污辱，原住民的生活才有重新拾回快樂的一天。

原住民的傳統生活與現代主流社會有著諸多的差異性，由於過去政府推行錯誤的「山地平地化」（漢化政策）政策，以沙文主義要求原住民符合其思想邏輯、生活模式和知識觀念，原住民在這樣的社會結構的影響裡，原有的自信與尊嚴都消失了。以致產生了許多的悲情與不能適應的問題。

而原住民地區諸如交通、土地、銀行借貸、教育、醫療、電信、自來水等並不受到積極的重視，急待解決的問題實在繁多，如果政府再沒有人溺己溺、人飢己飢，正視原住民的生活的配套措施，用憲法、立法或政策來實質保障弱勢的原住民，原住民的問題是永無休止的。

看來，政府相關部會已經到了應該由上而下，積極通盤檢視並革新原住民政策的時刻了。

台灣這樣一座小島，卻生活著十分多樣化的族群，族群間胸懷民胞物與的氣度，互相了解、接納、扶持，則台灣才堪稱名副其實的美麗寶島。

　　藉由本書的研究，說出我們的困境及需要，希望能夠獲得迴響支持，進而轉消極為積極、轉散慢為勤快及轉漠視為重視的態度，協助並幫助原住民，這才是我們最重要的目的。

【註釋】
註1　丘其謙《布農族卡社群的社會組織》。
註2　同註1。

布農族傳統樂器
動植物的
利用與運用

　　台灣原住民族所用的樂器並不多，而同樣是屬於南島語系的民族，如南洋印度尼西亞民族主要的音樂文化，樂器演奏，在台灣原住民的音樂現象中，卻相對的保存不多。如果與原住民優美的歌唱相比較，則極為貧乏。

一、布農族民族樂器的分類

　　布農族的傳統樂器，在構造及形式上，簡單樸實，質材大都就地取材，且沒有像排灣、魯凱或達悟族繁複的器物雕飾及點綴。

　　在日治時期或戰後初期，依日籍學者與台灣本土學者的論著，布農族使用的樂器有二十幾種之多，如：弓琴、口簧琴、木杵、木臼、五弦琴、竹琴、鼻笛、長笛等。

　　到目前為止，布農族所使用的樂器尚有弓琴、口簧琴、五弦琴、木杵、搖搖器等。

　　如果依目前民族音樂學上普遍使用的Hornostel-Sachs四分類法（體鳴樂器、弦鳴樂器、膜鳴樂器、氣鳴樂器）來劃分，布農族目前的樂器只有「體鳴樂器」及「弦鳴樂器」，並沒有以皮鼓為主的膜鳴樂器，也失去了以吹管為主的氣鳴樂器。

二、布農族弦鳴樂器

　　弦鳴樂器（Chordophone），以弦的振動而發聲的樂器，都屬於此範疇。布農族的弦鳴樂器有兩種：

　　（一）靠一弦的彈撥而發聲的「弓琴」（Latuk）。

　　（二）固定在平板上的五條弦，憑著竹片撥動而發聲的「五

弦琴」（Bulinkav）。

〰〰〰〰〰 **三、布農族體鳴樂器** 〰〰〰〰〰

靠樂器本身的振動而發聲即屬體鳴樂器（*Idiohpone*）。而布農的體鳴樂器有：

（一）靠拉動樂器本身而發聲的「竹簧琴」（Qong-qongo）。

（二）藉著撞擊石板而使樂器本身發聲的「木杵」（Dul-du1）。

（三）由於數片物體互相的碰擊而發聲的「搖搖器」（lah-lah）。

（四）「敲擊棒」：是傳遞信息的工具。

（五）「紅楠鼓」：布農族以前沒有敲擊樂，現在有表演團體以「紅楠」樹幹當作鼓，拿杵或木棒來敲，打出節奏。

〰〰〰〰〰〰〰 **四、弓琴** 〰〰〰〰〰〰

台灣原住民屬南島語系，即印度尼西亞民族。布農族人最具

特徵的樂器之一是弓琴。弓琴的分布遍及亞洲、非洲及大洋洲各地。

　　一般人一定沒想到，弓除了用來打獵之外，還可以拿來當樂器（此弓非彼弓）。雖然世界上有許多民族都有拿弓來當樂器的紀錄（弓琴是世界上許多民族普遍的樂器），但是布農族的弓琴則非常不同（有特色）。

（一）弓琴的製作與材料

　　「弓琴」是利用一條「長竹片」彎曲成弓，再以一條「鐵弦」（鐵線或鋼線）分別繫於竹弓兩端而形成的樂器，往昔布農人以「月桃」、「麻」、「藤」、「野薑花」（Sidu）為弓琴弦。

　　將竹子削成長約45公分，寬約1公分的薄片後，彎成弓形，再用細鋼絲（古代用月挑桿之

弓琴演奏

纖維或麻線）為弦，在弦兩端與竹片之間黏有一粒玉米，它的作用是讓振動的弦不再接觸到竹片，而產生悠揚的琴聲。綁弦的方法是在較平直的，把弓端削尖，再把鐵弦繫緊，或是在弓端穿孔把弦穿入，頂端再加裝玉米粒（今有用小鐵塊）固定琴弦，另一

端則在弓端弄一凹槽，弓端內側塗上膠（松樹的汁液），再將弓弦沿凹槽繫緊。膠的作用是頂住琴弦，使其拉直。細微的琴音自成旋律，為之悠揚。

布農族弓弦的長度並沒有定制，有長59公分者，弦離弓最寬處是17公分。據說，以前在瀑布旁邊的觀音竹製成的弓琴，音色較美，共鳴效果較好。

（二）弓琴演奏

演奏弓琴，是將有弓柱的地方向上，而將琴身的上方銜之於口固定，左手執琴身下端（弓置於大姆指與食指之間），以姆指調解弦的振動，同時壓弦或離開以改變音高。右手是以姆指和食指同時抓弦、放弦（空弦，食指放開）的交替動作來彈弦。壓弦位置的不同形成Do、Re、Mi、So、La的五聲音階，配合著節奏組合成簡單的旋律。

在演奏中間用舌頭及呼氣、吸氣來調整氣流。進行泛音奏法時，可從第四泛音奏起，包括五聲音階的所有音程。竹弓琴是屬於擦弦樂器。

台灣原住民的弓琴都是口弓琴。布農族的弓琴屬於弧形的，鄒族的弓琴則近乎

演奏中的布農族樂手

圓形。竹弓琴的演奏可有下列的形式：

1、使用兩支以上的弓琴合奏。

2、竹口琴（口簧琴）與弓琴合奏。

3、使用弓琴做為歌謠的伴奏。

以上雖說是合奏，卻是各自演奏喜愛的旋律，又因為各個音律不同，故成為異音性（heterophong）鳴響。至於做為歌謠伴奏的弓琴，其形狀比普通弓琴大，且由數支弓琴一起合奏，實際上這也不是歌謠的伴奏，而是與歌謠同樣演奏旋律。

（三）弓琴演奏的時機

平日獨居時，用弓琴彈奏舒解心中苦悶。弓琴音量小，是彈給自己聽的樂器，亦可與口簧琴或五弦琴合奏。

五、竹簧琴

竹簧琴，大多用竹片和鐵片合製而成。竹簧琴是單片金屬的拉繩口簧琴，用於獨奏或合奏，吹奏出來的音色幽遠細緻，會產生特有的泛音現象。是族人在獨處或休閒時，用來自娛的樂器。竹簧琴靠著扯動琴台的繫繩引起簧片振動，藉口腔共鳴並隨著頰、唇、齒、舌的位置變化，以及控制輕、重、緩、急的氣息，便可以隨演奏者心緒發出不同的音響。吹奏的時候，右手要輕輕拉動琴線，才會發出「剖剖」、「咻咻」、「喔喔」的聲音。

竹簧琴在世界各地都有，但不外繩口簧和彈口簧二種。台灣原住民所使用的竹簧琴是繩口簧琴。過去對這種樂器的名稱有嘴琴、口琴、口簧琴、竹琴、竹簧琴、竹口琴等。

德國民族音樂學者C.SACHS曾在他的論著*The history of musical instruments*（樂器的歷史）中提出，繩口琴是最古老的型式，彈口琴是後來才衍生的。他也指出這種繩口琴發源於東南亞，而指出台灣留下的是過渡型口琴，假如其言正確的話，似乎可證明台灣南島語群的原住民，移住台灣的時間已相當久遠了。

布農族的繩口琴材料僅由三部分組成，即：

（一）台（琴身）：琴身是用長條形約15公分的竹片做成。

（二）舌（簧）：琴簧為金屬片或竹片製，若為竹片製成，則琴簧即為琴身質料的一部分，台灣原住民的竹簧琴，使用的材料頗為複雜，有竹台竹簧、竹台金屬簧、竹台骨簧、金屬台金屬簧、骨台金屬簧等，但布農族是以竹台金屬簧的單簧口琴為典型。過去的文獻中，也曾記載有用過竹台骨簧的口簧琴。

目前台灣原住民的口簧琴分類，依琴簧的質料，可分銅簧、鐵簧、竹簧三類；如以琴簧數目做為分類標準，亦可分單簧、雙簧、多簧（三個琴簧以上）三類；如以琴身橫截面所呈的形狀做為分類標準，亦可分平片狀、弧形狀、半管狀三類。

（三）繩子。

台灣原住民的簧樂器只有竹簧琴一種，這種樂器十分普遍地存在於原住民各族的傳統生活中，是屬於一種構造簡單的小型震盪共鳴樂器，具有一個或多個直舌狀的簧，在竹片的中央，開一個長孔，裡邊再裝上有彈性的簧，簧的一端固定於琴身上，另一端可自由振動。

固定簧的方法有：

（一）使用膠或松脂接著劑來固定簧片的黏著法。

（二）在竹片中間挖小洞，再用藤皮、竹皮、麻繩、鐵絲、尼龍繩等的縛著法。

（三）黏著法和縛著法一起使用。

（四）以釘子固定簧片於琴台上。布農族琴簧的固定法是以竹片中控二個洞，再以藤皮繫好琴身的黏著法為主，但也有使用黏著法再強固的方式。除此之外，釘著法亦曾使用過。布農族也有以Qangit（松脂）黏著法固定的方式。

布農族的繩口琴，琴身兩端各鑽一小孔，繫細麻繩，左邊之繩較短，用來控制琴身，右邊之繩較長，用來拉奏。

更有的在左方的線尾加上裝飾用的流蘇，一般而言，布農族口簧琴的繩子大約比泰雅族的要短。在台灣的原住民當中，就屬泰雅族的口簧繩最長了。

竹簧琴為原住民各族普遍使用的樂器，且口琴的構造及吹奏方法，亦因種族不同而略有差異。吹奏的時候，右手要輕輕拉動琴線，才會發出「剖剖」、「咻咻」、「喔喔」的聲音。若拉得不好，聲音就不清楚，甚至會把線拉斷。

竹簧琴屬於震盪共鳴樂器，布農族的吹奏法是左手用姆指和食指繫住口琴簧的接頭相反的一端（也有人將繩子捲在左手指），將嘴靠近口琴內表面，接近簧的一端，用右手拉拉相反一方的繩子，簧即振動，同時讓口腔內輕輕而有規律地呼氣和吸氣，並將口腔當成共鳴箱，使其產生共鳴。

牽拉細繩可使琴簧振動而發出嚶嗡之聲。音的強弱可以由右手拉動的繩子來控制。

布農族在演奏竹簧琴時，通常都比較緩慢，因此吹奏出來的音也較長，泰雅族則相反。也因此我們能很清楚的聽到布農族的泛音現象。

竹簧琴在泰雅、阿美、布農、魯凱、排灣等族的傳統生活中，都扮演著一種非實用性卻不可缺少的調和性角色，各族因本身社會性質不同，使得這項傳統樂器的使用與發展，便有了不同的面貌。

竹簧琴演奏時，用舌頭抵住金屬片，再以手拉線，吹吸之間，有不同音調產生。泰雅族人稱口簧琴為「蘆布」，傳統上泰雅人喜歡吹奏蘆布，配合族人的歌謠音階舞蹈，藉以傳達對異性的愛慕之意或宣洩情感。在往昔沒有其他樂器伴奏時，蘆布的「嗡嗡」調子確實是原始而動人的，並且也十分悅耳、特殊。

布農族的竹簧琴，基本上不是屬於宗教或儀典時的樂器，而是當布農族人在快樂或悲傷，獨處或悠閒時，不是以竹口簧自娛，便是兩個人合奏而共娛，但卻絕少會用口簧的吹奏，來達到眉目傳情的效果。

這點布農族人是相當內斂的，正如同歌謠一般，我們也找不到一首關於男女互訴情衷的愛情歌曲。

這可能由於布農族的很多活動，必須靠集體行動有很大的關係，個人能力的認可，必須透過團體的運作予以承認。

布農族每遇喪事時，所有的樂器都禁止被吹奏。平常時日吹奏口琴的性別，布農族並沒有限定。

竹口琴為台灣原住民各族普遍使用的樂器，而口琴的構造及鳴奏方法，亦因種族不同而略有差異。

布農族的竹口琴琴身是用長條形竹片做成，竹片內側加以削

布農族少女演奏口琴

　　磨，將竹肉磨至相當薄度後停止，唯需注意保留竹皮部不可削磨。在竹片中央，開一個寬約0.2公分，長6公分左右的琴簧孔，裡邊再裝上有彈性的銅簧，琴簧為金屬片或竹片製，若為竹片製成，則琴簧即為琴身質料的一部分。簧的一端固定於琴身上，另端可自由振動，琴身的兩端各鑽一個小孔，繫細繩。吹奏的時候，左手攝竹口琴橫銜於齒間，右手要輕輕拉動琴線頻作張弛，牽扯細繩可使琴簧振動，並以口對琴片加以吹氣，由口腔來調解發出柔弱嚶嗡的樂音。竹口琴屬簧樂器或震盪共鳴樂器。

　　布農族的器樂以即興演奏為主，也以獨奏器樂為主，但有時

候也常見合奏，如弓琴與口簧琴、弓琴與五弦琴二重奏等。

六、五弦琴

在南投縣信義鄉的地利、潭南的卡社群及明德、望鄉的巒社群有五弦琴這種樂器。

最早在文獻上記載五弦琴的是日本學者黑澤隆朝（1943年）於南投Tamarowan社（今地利村）所發現的，1973年在其出版的〈台灣高砂族之音樂〉中有圖文一併刊載。這也是台灣原住民中，除了弓琴之外，唯一的弦鳴樂器。

五弦琴在卡社群是五條弦，而在巒社群卻只有四條弦。卡社群的五弦琴構造非常簡單，而在巒社群則有一些裝飾的花紋嵌在琴面及琴邊。

五弦琴的構造是在一塊平面的木板上，一端釘上五支成排的鐵釘，相對的另一端則安置五個弦，五條弦即在這兩端上繫緊。

定弦的設定，完全符合巒社群人的音階概念，Sol Mi Re Do。五條弦音高的排列順序是由右至左，由高而低排列。

卡社群五弦琴的五條弦，是在四條弦之下再設定一個低音弦La，是用來合音的弦。至於演奏時，卡社群是用兩支削尖的竹枝挑起琴弦，而第五弦通常只在第一拍時跟Sol一起挑彈。挑彈其他三弦時，只單手挑彈，此時第五弦則不彈。而在巒社群卻只用（右手）單手持竹枝挑撥琴弦。

　　五弦琴演奏時，通常都會在琴的下方放置一個中空的鐵箱或容器，做為簡單的共鳴箱。五弦琴的演奏不分男女性別，是一種自我娛樂的樂器。

七、木杵合奏

　　布農族用木杵合奏「杵音」（Tultul），不似日月潭邵族的「杵樂」，一面歌唱，一面擊杵。「杵音」為布農族人較特別的樂器，杵音是來自農耕生活，從敲擊小米脫殼的過程中衍生出來。

　　布農族木杵的演奏，通常四至六或到十枝至十二枝木杵（保持偶數合奏），會依高、中、低音來製作長短、粗細、大小不一的木杵，舂擊地面上的石板而發出不同頻率的聲音，只樂而不歌。隨著部落的不同而呈現出不一樣的音樂。在石板或是石塊上，交替敲擊所發出的不同音階和節奏，時而沉穩，時而高亢。在從前，布農族人也用來傳達訊息。

　　演奏時圍成圓圈，男女不拘，開始時先由一位演奏者（往昔為祭司或領袖人物）敲擊石板四次之後，大家再依一定的模式，此起彼落的在時間差內交替敲打，產生複音及複節奏的現象，而發出各種不同的清亮的聲音。

　　過去布農族曾經用於實用上，亦即把粟米置於石板上，藉著木杵的敲擊使之脫殼，如今已完全當純粹的樂器演奏。

通常木杵的長度平均在2.5米，前後兩端都留下圓柱型的長度約35公分，在中間的部分則削成較兩端細的圓柱型，以利握住木杵。

木杵音高的不同，取決於杵端削成平滑弧度形狀及材質的不同。通常布農族選擇木材，以硬材質的細長木為主。

布農族木杵演奏時，節奏的複音模式，各個社群都有各自一定的結構原則。

布農族的杵音是用來合奏的樂器。古代布農族人，每當部落有重大公共祭典，或有喜慶結婚，族人會集中在部落的小米搗米場（公共搗米場）搗米，以準備釀小米酒，族人發現杵音有其一定的結構與秩序，因此發展出了「杵音」。

演奏時，用十二根長短不同的杵，交替在石盤上敲打，而發出各種不同的清亮的聲音。（人少時八至十根杵亦可，最多則十六根）

布農族人到部落的公共搗米場搗米，目的是先將小米顆粒搗散，再將小米粒集中起來，放入椿臼內，合力（兩人）以杵搗打，將外殼除去，即可食用或釀酒。

除此之外，「杵音」也有通訊傳達的功能，族人聽到杵音，便知道近日將舉行祭典，也紛紛到搗米場搗米，以備釀酒。其作用與放烽火做為聯絡記號相同。

杵音的用杵，大小不同，因此才會產生各種不同的聲響，但是杵的大小，並不是隨意製作。表演用杵的大小，是經過布農族杵樂調音師調製而成的，如此才會發出美妙調和的音響。

∿∿∿∿∿∿∿∿∿　八、搖搖器　∿∿∿∿∿∿∿∿∿

　　布農族人或許不把「搖搖器」（Lah-lah）當作是一項樂器，但是這種以豬肩狎骨十片串成的豬骨串，作法是在骨的末端穿孔，再以藤串起而成，它是利用搖動骨片產生互相碰擊的Lah-lah聲來命名。

　　「搖搖器」豬骨串也稱為Sum-sum，意即「祈禱法器」。當小米收成時，家長會在田中收成的粟米堆上搖動，並口誦咒語，祈求天神（Dihanin），明年能像今年一樣賜予族人有個豐收年。

　　在小米進倉祭的時候，家長也會在成堆的粟米上，手持「搖搖器」搖動著，祈禱粟米魂或神，賜予年年豐收。

　　布農族的「搖搖器」，與非洲（尤其是中非）一種用於男子割禮（Circoncision）儀式之後使用的搖搖器（Sister），具有同樣的功能與發聲原理。

∿∿∿∿∿∿∿∿∿　九、敲木棒　∿∿∿∿∿∿∿∿∿

　　「敲木棒」是傳遞訊息的工具之一，短木棒及長大棒相互翻轉敲擊，敲出不同的音色及固定節奏。

十、縱笛與鼻笛

　　日治時期，布農族尚有縱笛、鼻笛（筆者小時候在豐丘部落還看過老人家演奏鼻笛）等，均具質樸的民族特色，但現在已經沒有發現縱笛與鼻笛了。

第十六章　布農族歌舞的功能與演唱

　　布農族居住在中央山脈的深山裡，在單純樸實的生活中，靠著狩獵、採集、耕作維生，工作之餘則以歌唱作為休閒娛樂，在這樣特殊的環境中，產生了豐富的民間歌謠。歌唱題材與其民族生活息息相關，大致和勞動、生活、祭典與傳說內容有關，他們雖然沒有文字，但是卻能以歌謠記錄生活內涵。

　　布農族的樂器，大多利用天然的材料製作，音樂與歌謠則有特別的旋律與唱法。優美的自然環境，孕育了豐富的歌謠文化。演唱方式，從單旋律至多重旋律都有，涵蓋人類歌唱的所有技巧。在一般音樂學者的認知中，人類音樂的歷史演進是由單純的旋律線條，再進化到多重的旋律線條，才開始有對位與和聲的理論產生。然而，布農族卻出現了複雜的和聲形式唱腔，這是讓音樂學者百思不解的現象，也是布農族歌謠珍貴之處。

　　近期以來，年輕的族人不再上山狩獵、種粟，歌謠也失去了原來的功能性。而大量的傳播媒體（如電影、電視等）普及，從此，族人娛樂的方式更多樣化，歌唱再也不是原住民唯一的娛樂，傳統歌謠只能存在於老一輩人的回憶裡，將逐漸隨老年人凋零而失傳了。

一、布農族歌舞的功能

（一）它是宗教祭祀不可缺少的項目

歌謠首先是娛神，然後才是娛人，它具有宗教的功能。布農族人的歌舞與古代原始宗教互有關連，用於宗教儀式或對神的感謝。

（二）它具有教育的力量

布農族有很多勸世、勸善的歌謠，有維繫族人和睦相處的力量。

（三）它具有娛樂的功能

歌舞是布農族人娛樂的唯一方式，歌謠更是撒播歡樂解除愁苦的泉源。

（四）它是村社全民的參與

過去布農族社會，村社的和諧、人與人之間的感情交流、思想溝通，都是由祭舞的活動達到，它具有安定社會的功能。

二、布農族歌謠的特色

　　布農族是天生的和聲民族，無論是單音唱法的旋律，還是複音唱法與和聲唱法，都能找到自然泛音的三和絃，形成自然的和聲效果。

　　布農族人日常生活與「山」發生極密切的關係，其歌謠反映著布農族人質樸真摯的感情，表達追求現實生活的語情，卻是相當直接。

　　布農族的歌唱與生活是分不開的，當你在高山上聽到那發自大地的吟哦呼嘯，在山谷中此起彼落，都會使你感到他們內在強烈而淳厚的生命力。

　　布農族以樂舞來展現高山與雲海的生命律動，其中包括口琴、弓琴、杵音、出獵歌、喝酒歌、出草歌、收穫歌、播種歌、勸世歌、咒語祈歌、兒歌、宣報戰功（誇功宴）、祈禱小米豐收歌、思念歌、收工返家歌等。

　　布農族歌謠的演唱方式，除了幾首兒歌是以獨唱的單旋律唱法演唱之外，絕大多數都是以不同音高而同節奏的合唱為主。

　　布農族也有一些特殊唱法的歌謠，例如祈禱小米豐收歌（pasi-but-but）、誇功宴（malas-ta-pang）、背負重物歌（masi-lumah）及敘述寂寞之歌（pisda-dai-daz）等，是其中較特殊的唱法。

　　布農族每首歌謠幾乎都有一位領唱者，其他族人也習慣，Do、Mi、Sol、Do形成的大三和弦，分成二部、三部甚至於四部來合唱。但布農族的所有歌謠中，缺乏有關愛情的歌曲。

三、布農族祭儀性歌謠

　　祭儀類歌謠特定運用在農事祭儀、狩獵祭儀、特殊祭儀（出草、馘首）及生命禮俗當中。在過去，這些歌謠具有特定的宗教功能及演唱時的繁雜禁忌，因此顯得莊嚴肅穆，布農族人在演唱這一類歌曲時，莫不戰戰兢兢，不得談笑風生。

　　布農族的祭儀歌謠如：狩獵歌、獵獲凱旋歌、射耳祭、小米祭歌、祭獵槍之歌、慰敵靈歌、獵首歌、巫術詛咒、成巫歌、誇功宴歌（報戰功歌）等。

　　〈祈禱小米豐收歌〉為一首影響學界甚巨的世界名曲，有布農族人獨特的演唱方法與理論，和音結構奇異而複雜，歌唱的好壞與否，布農族人認為與來年小米收成的豐收與否，有必然關係，最特殊的是，這首歌沒有歌詞。

　　〈成巫式之歌〉：每年的四至五月，射耳祭次日及收穫祭次日，要舉行準巫師晉級為正式巫師的成巫式，社中的族人也藉此得到祝福，此時巫師唱一句，眾人複頌一句，稱為「成巫式」。

　　〈獵歌〉或〈獵獲凱旋歌〉：這是一首在平常聚會時會唱的歌，由獵人們跟族人訴說在獵場上的所見所聞。〈獵獲凱旋歌〉後來被沿用在每年射耳祭慶典時，打完了鹿耳即演唱此曲，以示年年獵獲豐富。

　　〈誇功宴〉或稱〈報戰功歌〉，用於兩種情況，一是狩獵，一是出草。這是一種獵人們報告戰功的宴會。歌詞的內容因人而異，大多是以頗為誇張的口氣道出狩獵的英勇、捕獲的獵物。用於出草者，如報告出草的地點、出草的原因、出草的過程及戰利

品、勇武殺敵等。

布農族的土地由於長期受到外族吞噬侵墾，因此常思報復，獵得敵人首級後即舉行誇功會（誇功宴），誇功會其實是提供了族人一個合理的宣洩空間與舞台，對於族人的心理平衡，具有一定的意義。

〈祭獵槍之歌〉：農閒時，布農族男子就會以氏族為單位組成獵隊，到自己氏族所屬的獵場狩獵，此時要唱祭槍歌，歌詞的內容是召集所有動物的靈魂。

歌詞的內容（全正文校長翻譯整理）：

我們來做獵槍祭啊！	我們來做獵槍祭啊！
背起獵槍啊！	背起獵槍啊！
昨夜夢兆是獵物啊！	昨夜夢兆是獵物啊！
非常的特別啊！	非常的特別啊！
所有的水鹿啊！	所有的水鹿啊！
所有的山豬啊！	所有的山豬啊！
所有的山羊啊！	所有的山羊啊！
所有的黑熊啊！	所有的黑熊啊！
所有的山貓啊！	所有的山貓啊！
所有的山羌啊！	所有的山羌啊！
所有的動物啊！	所有的動物啊！
所有的小動物啊！	所有的小動物啊！
全部都要啊！	全部都要啊！

全部進到獵槍裡來啊！　　全部進到獵槍裡來啊！

昨夜夢兆是獵物啊！　　昨夜夢兆是獵物啊！

非常的特別啊！　　非常的特別啊！

四、布農族生活性歌謠

　　台灣原住民的舞蹈，主要以歌唱配合，一般多以載歌載舞形式，很少使用樂器；而歌唱方法以齊唱及領唱與和腔最普遍。

　　生活類歌謠將日常生活的點滴，凡是工作、婚嫁、喜慶及族人們喜怒哀樂的點滴，皆可藉歌聲來表現，而且男女均可歌唱，沒有特殊禁忌。

　　生活類歌謠沒有限制使用場合及演唱條件，通常是使用在歡聚宴飲、勞動行進中。由於布農族人含蓄，比較重於集體活動中表現自我的人生觀，因此在應屬自我解放的此類歌謠，就顯得數量較少。

　　演唱生活性此類歌謠時，已完全沒有禁忌，時而趣味橫生，時而破涕為笑，尤其在酒酣耳熱之後，生活類歌謠常是布農族人佐以小米酒的最佳美食良伴。

　　〈背負重物之歌〉（Masi-lumah）：布農人認為唱歌可以忘記負重的感覺，所以不管男女，在身上背負農作物或打獵凱旋回社時，即以這種傳訊歌來傳給山下的族人，希望他的家人前去迎接他們，幫忙他們分擔背負重物。是一首背負重物時，利用高亢

的呼喊聲來告訴家人的歌。此類的訊音是人與人之間傳遞訊息的一種方式。

〈誰在山上放槍〉（Sima tisbun baav）：家人聽到山上傳來表示打獵豐收的槍聲時所唱。

〈背獵物回家之歌〉（Manvaichichi）：打獵回家時，下山所唱的歌。

〈飲酒歌〉（Misav）：除了是慶祝獵人凱旋歸來，有時候也用於告慰敵人首級。另外在歡聚、喜宴、小酌之後，飲酒歌就成了族人間最好的溝通媒介。飲酒歌亦為祭典時飲酒助興的歌，歌詞內容則在訓戒勸勉。

〈歡樂歌〉：藉歌舞調劑樸實的生活，並表露其對勇武情戀，收穫的喜悅心情，興之所至，手舞足蹈，是內心愉悅的寫照。

〈婦女工作歌〉：工作中，婦女們不忘過去祖先如何克勤克儉的生活面，更藉著此類歌謠，舉凡工作、婚嫁、苦悶、勞動等瑣事融於歌謠裡。

〈敘事歌〉：如古老傳說、古時山上的生活，敘述歷史、戰功，抒發情緒等。

ᘈᘈᘈᘈ　五、布農族童謠　ᘈᘈᘈᘈ

布農族對童謠的界定，著眼於歌詞的意義及謠詞的結構原

則。童謠的題材都是寓言、童話性的簡潔歌詞，充滿了童稚逗趣的曲意。目前布農聚落保存的童謠，大都是老一輩族人的回憶式記錄，布農兒童在西式音樂教育的主導下，不但忘了母語的優美，更遑論兒歌的傳唱。有些童謠是以齊唱的方式來演唱，但由於老年人都習用合唱來唱所有歌謠，因此絕大部分仍然是以合唱或重唱的方式來演唱。童謠大多是布農兒童童年生活環境的遭遇，予以寓言化描述，或是類似「順口溜」式的問答、頂真、對偶等語文遊戲的設計。

童謠的內容，大部分是描述天真無邪、與世無爭的布農族兒童們，在山林間遊戲玩耍時，所遇到的一些趣事，或是大人們彙編一些寓言式的故事，來教導他們要如何孝順父母及尊敬長上。詠唱時非常溫馨、甜蜜，歌謠充滿著天真與歡樂，成為最真摯、最令人懷念的童年生活。

布農族的童謠如〈公雞鬥老鷹〉：歌詞敘述一隻公雞為了保護母雞和小雞，免於遭受老鷹迫害，不惜拼命與老鷹纏鬥，最後打敗老鷹。而另一首〈螢火蟲〉，大意則是述說歡迎螢火蟲來到這裡閃閃發光，這裡有很甜的水，歡迎你。

六、布農族歌謠的演唱

（一）獨唱

獨唱是屬於兒童演唱的歌謠。部分生活化的歌謠是以獨唱方

式來呈現，但若為成年人演唱時，則依族人熟悉的習慣，以Do、Mi、Sol、Do形式的四部合唱來演唱。

（二）重唱

由二位男性族人形成的二重唱，族人多以八度的和音來表現，偶而也會由三人輪唱，以對答式的方法來演唱，形成優美的二重唱型態。

（三）合唱

合唱是布農族人最典型的傳統唱法，族人以自然泛音所組成的Do、Mi、Sol、Do形成三部或四部合唱，幾乎所有祭儀類歌謠都採用這種合唱方式來表現。這種音階，與竹簧琴、弓琴所發出的汎音能夠一致。

（四）朗頌式的領唱與合唱

將生活中的寂寞，以歌聲來抒發表現的方式，多由女性族人先以憂鬱、傷感的口吻，用朗頌的方式表達內心的孤寂及無助，眾人再以傳統慣用的合唱方式來襯托出領唱著的重要地位。

（五）呼喊式的唱法

布農族人在狩獵或背重物爬山時，以呼喊的方式將高音集中在頭腔上唱出，族人相信以這種方法前後輪唱，可以減輕負重的感覺。

七、布農族的八部和音

（一）布農人是天生和聲的民族

布農族人的原始精神，樂天知命、無私無畏、守法守紀、英勇豪邁，加上日出而作，日入而息的生活方式，也孕育出悠美的歌謠及樸實有力的舞蹈。

布農族人的音樂天賦頗高，因生活環境關係，養成豪爽、勇悍而率直的個性，在音樂方面，有強烈的自然特色與成就，舉世聞名的〈祈禱小米豐收歌〉（Pasibutbut），獨特的「八部和音」唱法，是祈求農作豐收所唱的歌謠，更享譽世界。

布農族是對歲時祭儀與生命禮俗文化特別講究的民族，也特別崇敬自然靈界，族人把期望豐收的意念，以團體吟誦的方式來祈示。渾然天成的和音是天神賦予布農族人的天賦，台灣原住民當中，最先被國際音樂界知曉與震驚而聞名於世的是布農族人的「八部和音」〈祈禱小米豐收歌〉。

布農族人的音樂大多和祭祀連結在一起，有祭祀就有音樂，〈祈禱小米豐收歌〉的唱法非常特別，是民族音樂學上一個重要的研究素材，在世界音樂的理論上也具有相當重要的地位。

〈祈禱小米豐收歌〉是宗教的祈禱歌詠，這首無言之歌，藉著聲音的震動上達天聽，傳達深厚的祈求與情感，成為族人深切的生命指引。歌聲的魅力與旋律的情韻渾然天成，而成持久傳頌的民族聖歌，其曲式絕不會輸給世界上任何一首世界名曲。

〈祈禱小米豐收歌〉聲音的魅力，對人類亦有療癒功能，在現代大量炒作聲音的潮流之中，素樸的原音往往讓人有反璞歸真

的昇華感、燙貼感，也讓失去與大地聯繫的「文明」人，能夠重溫舊夢，一種來自大地的原音。

李哲洋〈山胞音樂提示〉云：「在台灣光復前一年，專程前來台灣搜集音樂的日本學者黑澤隆朝，最近根據他僅存的錄音資料灌製成唱片，第一首曲子便是他最得意而令海內外學者震驚的布農族的粟祭歌（即豐收歌）。這是眾人以平行疊音、聲部逐步增加、運用滑音的方式逐步昇高的歌聲，整個效果聽來有如飛機的發動引擎至於起飛。布農族與曹族（鄒族）一樣，擅以自然和聲（主三和弦）的方式來合唱，甚至俗歌亦如此，可以說十足是和聲的種族。據黑澤的推理，這是他們十分喜歡演奏弓琴之故。這種弓琴是衡住弓，靠口腔來共鳴，於是培養成自然泛音式的和聲感。尤其他們有些號角調的Mi偏低這件事，足以證明這件事，也因此有西洋小調的傾向，這一點是略不同於曹族（鄒族）的號角調，蓋曹族（鄒族）的號角調的西洋式大調傾向是很肯定的。」

布農族的和音，在民族音樂學上可說是世界民歌寶庫之一，在他們長期虔誠淳樸的歌唱中，發展出令人驚異的複音或和聲合唱技巧，也就是蜚聲國際，目前全世界音樂史上最特殊的布農族「八部和音」歌唱〈祈禱小米豐收歌〉（Pasibutbut）。此曲是在自然無修飾，莊嚴、敬神和諧的音樂中完成祭儀。每一個人的譜曲必須建立在團隊和諧的基礎上。

布農族人喜歡大家一起唱歌，他們獨特的群體歌唱方式，產生了無與倫比的多音性音樂（Poly-phony）。這種複雜而罕見的音樂現象，是重要的世界級文化資產，同時也是人類群性特質的極致表現。聆賞布農族的樂舞，將真切體認到「人文的自然之

美」。

國立藝術學院音樂研究所教授吳榮順，透過科學分析方式，用聲譜儀的解析，可以解釋布農族人對於聲響的敏感度，透過聲諧儀實驗顯現出來的數據，經分析，發現了布農族人的「八部和音」，會呈現自然的泛音現象。亦即在演唱〈祈禱小米豐收歌〉的時候，出現的複聲音部，一定是在八個以上。另一個重要的發現，則是布農族人雙音技巧的應用。第二聲部的演唱者，可以透過舌尖頂住上口蓋的前、後雙口腔形成雙音技巧。這種現象有別於普通人在唱歌時，以單口腔為共鳴箱的狀態。世界上能夠運用雙聲技巧演唱的民族，目前已知的只有八個，布農族人正是其中之一，由此可見「八部和音」的珍貴。布農族人透過這首〈祈禱小米豐收歌〉傳達出來的「八部和音」，正好反映了聲響世界的自然現象。同時展現布農族人對於聲響的敏感度，遠遠勝過其他族群。布農族人在該首歌曲中，之所以會有「八部和音」的觀念，可能來自複音進行時，實音與泛音交迭出現的感覺，以近乎直觀的方式，在音樂中進行描述。「八部和音」出現的條件，需要母音的發聲系統以及雙音技巧的運用，才能造成多聲部重疊的自然泛音現象。因此，有不少部落藉著增加演唱人數，其實還未能達到真正的「八部和音」。

幾個音同時共鳴的現象，被稱為「八部和音」、「泛音現象」（harmonics）。泛音現象不僅出現在樂弓或獵弓上，大自然界所發出充分共鳴的聲音，也都能產生相似的效果，例如瀑布的鳴響聲，風掠過林梢的颯颯聲等，這些存在於自然界的泛音現象，本是一種物理現象，泛音現象中，可聽得比較明晰的八度、五度、四度、甚至三度音的音程（兩個音之間的距離），應該是

原始人在確立音樂中的音高時，所依據的準則。例如最早的原始人口中，只能發出有如動物般、不具確定音高的叫聲，後來泛音所存在的幾個明確音程，讓他們受到啟發，終能唱出具有固定音程的音樂。除了唱出音樂外，他們還發明簡易的樂器，以奏出這些音程，例如樂弓，簡易的骨哨、簫笛、號角、木琴、石琴等。令現代文明人感到驚奇的是：原始社會中，經常具有由數個不同的音或數條不同的聲部一起鳴響的音樂，這類「複音音樂」或由幾個人一同唱出，或由幾種伴樂器一齊奏出，如此造成不斷變化的「混響」效果。台灣原住民的幾個族群中，這類「八部和音」、「複音音樂」特別發達，音樂學家們則發現世界許多遠離文明的角落，也都存在著這種模仿泛音效果的音樂。然而，令人感到奇怪的是，在文明社會中，人們反而喪失了這種即興唱奏複音音樂的能力與興趣。這可能由於上述源於大自然的、純淨的泛音現象，受到環境嘈雜的干擾，或受到人為、不自然的複雜音樂體制排擠，而不再與人們有著緊密關連。另外，現代文明人拘謹坐在音樂廳中或躺在音響前被動的欣賞音樂方式，也讓我們疏離了原始人式的渾然天成音樂。(註1)

（二）黑澤隆朝採錄與研究台灣原住民音樂

　　布農族人的〈祈禱小米豐收歌〉，在布農族文化中，非常具有代表性。1943年，日本音樂學者黑澤隆朝在台灣調查蒐集原住民音樂時，採錄了布農族人獨特的「八部和音」（〈祈禱小米豐收歌〉），並在1952年，將錄音成果寄給聯合國教科文組織（Unesco），使其受到國際矚目。

　　1943年1月底到5月初，黑澤隆朝教授，受台灣總督府外事部

的委託，對台灣的原住民音樂開始做實地的調查與錄音。這對台灣原住民族的音樂研究而言，可以說是最具規模又影響最深遠的一次田野調查工作。

經過這次調查，黑澤隆朝除了有《台灣高砂族的音樂》專書出版之外，還在1974年為日本勝利唱片公司製作了《高砂族的音樂》唱片一套兩張。

1943年3月25日，黑澤教授在當時的台東縣鳳山郡里壠山社（現今台東縣海端鄉崁頂村），首次聽見了布農族的「Pasibutbut」（〈祈禱小米豐收歌〉）這種獨特的和音而做下記錄。〈祈禱小米豐收歌〉中泛音的半音階唱法，更在民族音樂學上引起了極大震撼。巴黎也典藏當年的布農人音樂。

20世紀初期，達爾文進化論的思想，在世界的學術領域中，扮演著一個主導性角色，在音樂方面，有關「起源」的問題也因此被討論廣泛著。例如：達爾文主張音樂起自異性的吸引；羅素與史賓塞認為音樂是經由語言轉變的旋律；漢斯比羅認為音樂是從節奏生成；卡爾畢費生主張勞動起源說；其他還有模仿動物說、狩獵捕漁說、信號說等，眾說紛紜，莫衷一是。

在音樂史上，早期一直以為，音樂是先由一個音、兩個音、三個音逐漸演化而成的，然後由旋律再演變為複旋律，最後才產生和音，可是布農族的和音唱法是他們自古流傳至今的歌謠，在人類文化尚未發達之前就有如此複雜豐富的和音現象，實在是一件不可思議的事，這對以前有關音樂起源的理論與學說，都是一個很大的挑戰與否證。

1952年，黑澤教授將這次錄音寄至聯合國文教組織，受到國際著名的幾位音樂學者Andre Sohaeffiner Curt Sachs,Yaap Kunst以

及Paul Collaer等人的重視，並視為人類音樂文化中珍奇罕有的一種現象。

　　歌聲純樸、自然，是布農族人的音樂特色，其歌謠文化於1953年由日本學者黑澤隆朝教授在國際民族音樂學會中披露而大放異彩。如今，音樂起源之說，也已不再為人所爭辯了，這也是布農族音樂蜚聲國際的一個開始。

　　人類產生、使用音樂的方式，除了人本身能力的特性與限制之外，地理環境以及文化與社會的條件，也都是不可忽略的重要因素。

　　人類的音樂，不可能由單一因素來決定，因此，以進化論的觀念來理解音樂是沒有什麼意義的，布農族的〈祈禱小米豐收歌〉就是一個很好的例子。

（三）祈禱小米豐收歌的特質

　　明立國教授說：「聽布農族人歌唱，是一種聽覺上奇妙的經驗，如果有人認為人類的文明愈發達，其音樂的形式與表現也就愈複雜精緻。那麼當他聽到了布農族人的和音唱法之後，他必然會重估既有的這種文化觀。布農族在人類尚未發達之前，就已經發展了如此複雜而精緻的音樂文化，這個事實指出，人類文明的發展，精神層次與物質層次並非平行的。」

　　布農族人具有非常卓越的和音感，此種能力，或許就是他們音樂特質之所以形成的一個基礎。布農族音樂有歌必和的特性，在世界諸民族間堪稱異數。聆聽布農族的和音歌唱，就像在聽虔誠的吟誦禮讚天地。

　　布農族的多音性（Poly-phony）和音，就現象而言，是一種

人類的行為表現方式，這種唱法很明顯表示了人際關係的某種秩序。

和諧的聲音意味和諧的人際關係，因為如果人際之間沒有達到這種融洽而默契的關係，則音樂必然無法呈現出某種有秩序的規則。

〈祈禱小米豐收歌〉有著極為特殊的和音唱法，縱使到現在，許多人在第一次聆聽了這首歌之後，在不解與讚嘆之餘，仍經常可以聽到他們說：「這簡直是現代音樂！」

在精神內涵方面，布農族的傳統生活中，小米（粟）是他們賴以維生的主要作物，甘薯、玉米等雜糧為副食，因此有關粟作的祭儀也就非常多，根據統計，其舉行祭儀時間長達最少近五十天，幾乎占了一年的七分之一。

舉凡有關小米之農事，如開墾祭、播種祭、除草祭、收穫祭、新年祭等，布農族人皆非常重視，多會演唱〈祈禱小米豐收歌〉，以祈天神（Dihanin）賜福到人間。

〈祈禱小米豐收歌〉是粟作祭儀中非常重要的一首歌，因為這首歌唱的好壞與否，族人們認為將直接與那年小米收成的豐歉有關，因此，從開始到結束，從參與者到演唱方式，這首歌都是在非常嚴肅而且禁忌性的情況之下完成的。

布農族人的歌謠與祭儀，有著相當重要的關係，突顯其獨特的音樂文化，享譽國際。〈祈禱小米豐收歌〉聲勢波瀾壯闊，表現出世界民族所罕見之音樂特色。

由於這首宗教祭儀歌曲的演唱形式特殊，加上其與整個祭儀結合的複雜性，早已蜚聲國際，中外皆知。

〈祈禱小米豐收歌〉由於其演唱的複雜性及禁忌的限制，因

此無形中增添了許多神祕感。族人也都恪遵規矩，嚴守禁忌，以最虔敬的心情來演唱。

（四）吟唱祈禱小米豐收歌

布農族以〈祈禱小米豐收歌〉（八部和音）著稱於世，是一種二部（或三部）的合唱，其中一部是由低音約每半音漸次上升，其他二部是以協和音形成和音。布農族在演唱方面是有性別限制的，例如〈祈禱小米豐收歌〉是專屬成年男子的祭儀歌曲，狩獵性祭儀歌謠則以成年男子負責領唱，女性只允許在和唱時出現，其他歌曲就無性別上之嚴格限制。

古昔，〈祈禱小米豐收歌〉是一首禁歌，不是隨時都可以演唱的，也不可以事先組織練習。只有在有關小米祭典的時候才可以演唱。布農族人的粟作祭儀，透過〈祈禱小米豐收歌〉的集體演唱，把布農族人的心願及祈求傳達給天神。

參加〈祈禱小米豐收歌〉吟唱之人數，通常是八到十二人不等，但是必須要維持偶數。

布農族人聞名世界的天籟之音，以多聲部的和音唱法，藉由美妙和聲娛悅天神，同時也依此判斷當年小米的收成，演唱的和諧則天神賜福之，演唱的混亂不和諧則天神不加祝福。

〈祈禱小米豐收歌〉對以小米為主食的布農族而言，是一個既聖潔又莊嚴的祭歌。這首歌只有男子才能參加演唱，而且演唱的男子，必須是這一年最聖清、表現優異的男子才可以參加，且必須是成年男子。這些參與者在過去一年中必須都是非常順利，沒有遭遇任何意外和不好的事情，家裡過得平安幸福，收成也很好。

　　這些選擇與要求，構成了歌唱前穩定、平和、順利、與預期完美的精神及心理基礎，而使得這首歌的神聖性本質得以確立，然後才能夠發揚其宗教性，儀式性的功能。所以聽過布農族人〈祈禱小米豐收歌〉的人，一定會說：「此曲只應天上有，人間難得幾回聞！」

　　布農族之天韻八部和音這種群體性的歌唱方式，基本上是由一個人先領唱的，這個領唱者在這一群體當中，通常也具有著領導性的社會地位，或者領導性的歌唱才能。

　　〈祈禱小米豐收歌〉這首聖歌，是逐漸上升式的和音唱法，這首歌的另一特點是只有旋律而沒有歌詞。

　　演唱〈祈禱小米豐收歌〉，歌者站立圍成圓圈，伸開雙手，放在背後腰際穿叉，與左右之同伴相攜相扶持，以逆時鐘方向緩慢移動步伐繞移，圈內正中央則放置挑選過的小米種粟一串。演唱結束後，所有的族人都會分配到這把經過天神賜福的小米種子，帶回家去播種，族人深信這種粟會為他們帶來粟米的大豐收。

　　歌者們在演唱時，圍成一個圓圈，張開雙臂，對於擅長狩獵的布農族男子來說，張開雙臂是一個最沒有攻擊性的動作，由此，也可以顯示祈求者的誠意。

　　吟唱者先在屋外演唱這首〈祈禱小米豐收歌〉，然後再慢慢移入屋內，象徵今年播種的小米能夠豐收，並堆滿穀倉。移入屋內的儀式，就是小米豐收進入屋裡。

　　吟唱祭歌由領唱者先起細微「嗚」的聲音，其他人再跟著發聲唱和。聲音由小而大，音域由低轉高，直到領唱者認為天神已感應到他們誠懇的祈求為止。

　　八部和音在開始時，並不是一下子就很和諧了，歌者都在彼此的發音中，尋找和諧的音準，歌者會用手拍腰際或眼神暗示同伴彼此配合，經過不斷地嘗試應和，才能達到最完美的和音表現。

　　眾男子分成數部，隨之將自己的聲音配合起音的人，他們輕噘起嘴來，小心的發出「嗚」的聲音，極細微的好像互相在禮讓著，他們半瞇著眼睛，隨著「嗚」聲，慢慢地把頭抬起來，然後「嗚」的聲音在不知不覺中變得不費力就可以聽得到。從方才細微的聲音到現在，會讓人覺得那聲音是從遙遠的天上送下來的，不一會，「嗚」的聲音漸漸變大，大的好響、好亮，充滿整個山谷，縈繞迴旋不已，好像要從地上唱回天上似的，他們配上三度、五度等協和音程，持續唱下去，不中斷，把和音一波一波的傳送出去，蜿蜒成一條壯闊的山川大海，在每一個聆聽者心理汩汩地流著，直到天神欣喜而賜福到人間。

　　他們認真的唱著，並且就這樣一代一代的唱下去，不管是時空經過多少的改變，布農族人獨特的群體和音歌唱〈祈禱小米豐收歌〉始終是不變的，他們用最虔敬的心聲匯成一股強而有力的神祕之聲，上下流竄左右迴旋，直至完成了他們與大地神祇之間的性靈溝通。

　　〈祈禱小米豐收歌〉是聽到最美的音樂之一，布農族人一代一代的將這種形式傳承下來，一代一代的藉著歌唱來傳遞民族的心聲。

　　他們用歌聲祈求上天賜福人間，祈望小米結穀累累，倉廩盈盈；他們也用歌聲來禮讚大地和詮釋生命的哲理。他們延續了人類心靈美麗而又奇妙的律動，也保存了人類心靈的最後一片精神

樂土。

　　布農族的八部和音是否到達八部，有人持懷疑態度，但不可諱言，八部和音已是布農族音樂文化的代表特色，布農族人也以此為傲，這卻是事實。

　　傳統上，〈祈禱小米豐收歌〉唱法較為特別，沒有歌詞，只有母音O、E、I。從第一部開始，其他聲部依序加入，聲音逐漸高昂，最後在第一聲部與第四聲部長長的和諧五度下結束。布農族人認為，結束時這種和諧的聲音非常美好，也是布農族天神最喜愛的聲音。

　　布農族在台灣原住民族中，是海拔住地最高的族群，他們以旺盛的活動力縱橫於中央山脈間，在布農族人的一生中，生命禮俗、農耕、祭儀、狩獵、習俗等人文特質，往往以音樂為媒介，透過繁雜的多部和唱，從孩提到垂暮、從農耕到狩獵、從外在的英勇豪邁到內心的情感世界，一首首天籟般的歌聲，呈現了布農族人的音樂藝術結晶。歌謠是語言的藝術，布農族天生就具有自然和弦的稟賦，八部和音表現出世界原住民罕見的歌謠，早已蜚聞國際。

八、布農族舞蹈

　　在人類文明史上，音樂與舞蹈不論在任何時空當中，都一直維持著形影不離的密切關係，它們之間的共同本質，不僅在於速

度、拍子、節奏、旋律等物理性，以及形式結構上的一致或互補性，更在於對人性心智與感性深處所具有的催化、調律與整合的原始魅力。

布農族的舞蹈只是配合性的，舞蹈的舉行大都在馘首、播種、收穫、獵獲、凱旋、婚禮、迎客、落成等慶祝祭儀及節日之際，平時並沒有單純娛樂性的舞蹈，也沒有單人表演的舞蹈。舞蹈以祭歌之名行使，只在特定祭典出現，其功能為促進參與者的社會、宗教情操。

布農族人在舞蹈方面並不重視，其語言中沒有「舞蹈」這個詞語，所有的祭儀都是以歌（Kahuzas）為主。不像有些台灣原住民音樂具有「有歌必有舞」的現象，其原因可能與布農族沉潛內斂的民族性息息相關。

由於布農族長久以來音樂著重於和音的發展，因此忽略了舞蹈的發展。在舞蹈方面，傳統布農族人並不重視，布農族人之所以不重視舞蹈，其最重要的原因乃在於布農族音樂只重和聲，而忽略了節奏的音樂現象使然。

舞蹈在布農族來說，是附屬在歌謠上的配合性動作，通常不論是生活歌謠或童謠，因為是即興形式，而且布農歌謠通常是採集體頌唱方式，因此身體只會隨著歌聲輕緩地搖擺。

有些學者認為布農族沒有舞蹈，事實上，布農族並非沒有舞蹈，只是比較不發達而已，就是簡易的跳躍、拍手、頓足等舞蹈動作。在卓社群（Taki-tudu）就有自古以來傳承下來動作簡單的舞蹈，至今他們仍唱跳不輟（筆者看過卡豆部落的幾次表演）。

布農族卡社群的舞蹈，男子互相握手成圓形，寬腿而立，繼將右足拖至左足前後，向左或向右轉動時，跳躍一次；女子則拍

其雙手跳躍繞轉，圓形中央立一男子，四周繞以女子，其外再圍繞女子，成多層同心圓形。馘首時，置首級於中央，以代替中立之男子。

布農族卓社群中正村的舞蹈，或二人相對拍手跳躍而舞，女人之舞稱為「marenke」（馬連給），男子之舞稱「mintapang」（明達棒）。

布農族的傳統舞蹈分「酒舞」與「祭舞」二種，祭舞多為男女合舞，成一字陣或圓陣隨歌起舞。此類舞曲在南投縣仁愛鄉中正村卓社群部落仍可見到，其他布農族鄉鎮則甚難見到。

布農族人被認為沒有舞蹈，或許只是個人認定角度及觀點不同而已。中正村（卡豆部落）的祭舞（男女合舞），據他們說是流傳甚久的舞曲，也唱跳了很長的時間，時空交替、人員更換，但他們的舞曲是從沒有變過的。

布農族的舞蹈，最值得一提的是〈Malastapang〉（誇功頌、誇功宴、跨功會、報戰功歌），是比較大幅度的舞蹈動作，只見於布農族最核心的射耳祭祭典時。

在族人圍繞的飲宴中，男子圍成圈半蹲成弧形，女子們亦站立男子們的後圍參加，跳躍拍手並應和。勇士們（獵人）輪流高聲詠唱自己狩獵心得，男子自報打獵的成績或獵敵首的功績，炫耀自己的成就。每報一句，眾人跟著回應一句，一領一和，節奏分明，以應答的方式進行。每個人以四言格律的〈誇功頌〉，表達英勇事蹟和威武精神，眾人隨句複頌吆喝呼應，以暗喻幽默的方式在吟詠唱和中，引發大家亢奮的激情，搭配頓足騰躍的動作，渲染著勇士們躍武揚威的歌詞。

如此輪流炫耀自己的功績，每個人都要據實以報，不可以多

報少或以少報多。最後齊聲歡呼，以祈求祖先賜福。

　　這個一唱一和的聲音，表現出英雄的豪邁氣概。布農族人具有很好的和音能力，即使像在這種類似呼口號的口語應對中，也能表現其特有的音樂性。

　　布農族人是非常敬重英雄的民族，所以布農族人無論是獵敵首或是追逐捕捉猛獸，個個勇敢不退卻，從布農族傳統祭舞誇功宴可知，而誇功宴無疑是布農族人最原始的民族舞蹈形式，誇功宴雖是簡單的舞姿，簡單的唱跳、拍手及口呼，卻代代留下了先祖的叮嚀。

　　「Malastapang」（馬拉斯達棒），雖然是標榜個人的英雄功績，但其最大的意義就是教育後輩子弟，要精於狩獵，勇敢善戰，另外也有光宗耀祖的意思。

　　布農族的祭祀包括射耳祭、播種祭、收穫祭、獵首祭等，而任何祭典項目的進行中，必然有宗教性質的舞蹈儀式，其中最重要的歌舞就是〈祈禱小米豐收歌〉（Pasibut-but）及〈馬拉斯達棒〉（Malastapang）。

九、布農族民族體育、童玩與娛樂

　　布農族常年深居高山峻嶺，生活艱困，環境困苦，實談不上有什麼高級的生活享受與娛樂，雖然如此，布農族人仍有其自得其樂的生活休閒娛樂。

　　布農族人的休閒生活娛樂，大多是爭勝鬥強的娛樂，如背載重物、角力互相弄倒對方、比賽爬樹等。

　　大人也會與小孩子分組，在山野林間互相追逐奔跑，並互擲小石粒；大人也會和小孩子玩捉迷藏；或於林野中、草叢裡、樹上、石頭底下，藏一些物品，令小孩子尋找，找到者該物即贈送給他做為獎品；大人也會帶小孩到溪流戲水，或是到林野捉鳥、抓蟬、抓天牛、抓蜥蜴等。

　　婦女的生活娛樂雖比較靜態，但也不離爭勝爭強的本質，如比賽織布誰織得好、織得快，無形中促進彼此成長，使得織布的技巧得以有相互觀摩的機會。

　　以上所舉布農族的生活娛樂，為平時日常生活隨處可見者。但有一些生活娛樂，卻不是日常時日裡所能看見，而具有季節性。如專屬男子的娛樂「打陀螺」，及男女老少咸宜的「盪鞦韆」娛樂。

　　布農族人以小米為主食，因此，在播種小米之前要舉行隆重的祭典「小米播種祭」，此祭以祈禱粟種發育、杜絕害蟲與豐收為目的，在春季播種前，向天神告知播種之事。播種與除草完畢的農閒時期，男子的休閒娛樂為打陀螺，其玩法是用Quna（構樹）之樹皮抽打（鞭打）陀螺使轉，打時要打得快，要比別人轉得快，使其聲隆隆。打陀螺其意在希望小米的成長如陀螺旋轉之速。打完陀螺，把它收起來放在穀倉裡，並以酒撒祭。

　　農耕休息，布農族人（男、女、小孩）的休閒活動之一「盪鞦韆」（Lus-qa-qa-ia）。鞦韆要盪得越高，山田裡的小米才會成長快速，家業發展，也能鍊成為勇敢十足的一個人。布農族人盪鞦韆，其意在希望小米成長如所盪鞦韆的高，也期許事業發展之

意。盪鞦韆雖為休閒遊戲，但充滿著宗教祈禱行為。盪鞦韆在開墾期間，約十月至十一月間，布農語稱為Mabilau，男子們搬赤楊樹（Qainunan）放在自家屋頂。舉行過赤楊樹搬放屋頂上的祭儀之後，才可稱為是布農族真正的男人、祭禮過的男人（Sininlian tu bunun）。也有象徵年高的意思。其祭典方式為各家按其人口數，砍下同數目的赤楊樹置於屋頂上，然後釀酒。祭日，酒成，拿下赤楊，砍成每根約1尺左右長的薪柴，束起堆在門口前，再將最近獵得的山豬骨頭放於其上，一面灑酒，一面祈禱農作物和狩獵豐收，祭畢，開酒宴。布農族人在開墾期出盪鞦韆，即象徵農作豐收成長猶如所盪鞦韆之高與快速。有的社群在小米播種期或小米除草期也出盪鞦韆。過了這段時間，就得遵守禁律，將鞦韆束之高閣，不再把玩，恪守依大自然時序運轉而行事的傳統方式，全心致力於小米的耕作。

「竹製空氣槍」（Tequn）是布農小孩兒的童玩，以箭竹竹竿製成，分為兩部分，一是兩端挖空的竹槍管，另一是推進器，推進器是削成圓滑的長木條。玩法是將紙張浸溼揉成糊狀，於竹槍管兩端塞入糊紙團，竹槍管中間形成真空狀態，再用推進器從竹槍管的一端快速推進，因空氣壓力，致使竹槍管的另一端的糊紙團射出，並發出如槍聲般「碰」的巨響。布農小孩彼此互相追逐射擊，樂此不疲。

當還沒有紙張的時候，是用「玉山紫金牛」（Lankudun）的果實作為子彈，利用後浪推前浪的推進方式發射出去，產生爆炸的聲音。「飛龍掌血」（Ka-visvis）綠色的種子也是最好的竹空氣槍子彈之一。「九芎樹」成熟的果實也可用做竹槍的子彈。

布農族人的生活娛樂，除以上所舉者外，尚有利用休閒時間

唱歌，傾聽長輩說故事。還有彈奏樂器，如竹簧琴、弓琴、五弦琴等自娛，少男少女亦有彈奏樂器互表鍾情者。

近年來，民俗體育競技項目，除了角力、爬竿、射箭、搗米製糕、負重、剝花生米外，還包括抓豬競賽，趣味橫生，刺激有味。

「燙人遊戲」：有一種植物叫「Kan-ahil」（即血藤），血藤豆莢中的種子，成熟後會變黑，這是布農族的玩具。將黑色種子在地板上摩擦就會生熱，小孩子們互相趁對方不注意時，用血藤的種子燙對方的臉、手臂、腿等，然後哈哈大笑，其樂無窮。

【註釋】
註1　陳漢金〈畫說音樂：音樂的起源〉。

第十七章 布農族傳統衛生與醫療

古代布農族人傳統的生命禮俗和歲時祭儀（Lus-an），大都依附在他們的原始宗教信仰中，尤其是有關保障布農族人生命財產安全的原始巫術信仰，在布農族人的原始宗教信仰中顯得特別重要。

巫術也是布農族人原始宗教的一部分。巫術顯現奇蹟，在日常飯後茶餘裡，常常被族人談及，一般族人亦認為是不可思議的奇蹟，像變魔術或是奇術一般。

一、巫術與醫療

　　巫術是布農族原始宗教的一部分，人食五穀雜糧，難免會生病，一個聚落也難免會有東西為人所竊，但是當時並沒有醫生能治病，也沒有警察來維持秩序與治安，所以具有法術的巫師，在部落裡極受人尊重及敬畏，因為凡是有病痛、有東西失竊或受污辱等事，都會去找巫師作法，祈求除災免厄。巫師是布農族原始宗教主要的靈魂與執行者，施法有專門使用的咒語。他（她）們常以「神」之名讓族人信服，把禍害疾病歸之於對「神」之不敬，因此受到報應，所以必須要施法祓除附在身上的惡靈，回復平日健康的生活。

　　巫師有許多咒術，也盛行厭勝與禳祓。巫師治病、厭勝與禳祓，每個巫師施法不盡相同。日治時期巫術還是十分流行，以南投縣信義鄉為例，最後一位巫師是馬拉飛部落（潭南村）卡社群的Qavutaz巫師，逝世於民國八十幾年，從此信義鄉的巫術就失傳了。筆者的曾祖父是望鄉部落的末代巫師，逝世於台灣光復初期，名字叫做Sulau qandas。「qandas」是禿頭，所以我的曾祖父「Sulau」是一位「禿頭者」。他沒有把他的巫術傳給我們後代。

　　部落裡，一般巫師的地位崇高，頗受眾人敬重，因為他們具備祈福、治病、驅邪等特殊能力，甚至於還能通靈及控制鬼魂，黑巫術還能操縱族人的禍福，甚至幫忙別人咒詛或陷害仇敵，使其病死或發狂。

　　巫師男女都有，每個部落中或有一至二人，受酬禮，專替人

使咒術祈禱、驅邪、治病、尋找失物及施行妖術等。族人依賴巫師的主要事項，大致包括公共災害（水旱災、傳染性惡疫、蟲害）、公共厄象（暴猝、殺人、團體性違反禁忌）、個人較重或不明疾病，以及家有人死亡或見妖怪等，求其轉禍、息災開運、調伏。

　　從上述可知，巫師是專為人祈禱神明，以求神明降福的人。巫覡之所以發達，是由於民智未開，對於週遭的環境不能理解，巫術因而產生。於是事無大小，都要巫覡的祭祀祈禱，因此巫覡的地位崇高，族人們都敬畏之，並孝敬他。

　　巫師在族人的心目中，是具有「神能」地位的人，所以可以祈求甘霖、驅病與除邪。他也是唯一能傳達祖靈旨意的凡人，要培養一名巫師，備極艱辛，沒有經過長時間的訓練，是無法擔負這項重任的。

　　法術或巫術主要方法有自然卜占、夢占、水占、竹占、鳥占、石占、瓢占、飯占、星月占卜、草占等，許多社會活動必須以占卜斷吉凶。否則盲目行事，易出亂事。可知原住民族做事也是相當謹慎的民族，凡事都有一定的步驟與順序。我們從先人行事之前的一切宗教性準備活動，可知是非常謹守規律的民族。

　　布農族草占，是用來卜占病魔、竊盜嫌疑犯等，巫者手持茅草或菸葉，口頌咒語，病魔與盜犯面容會在葉上出現。草占不僅可尋物、尋人，亦可驅魔。

　　古時候科學不興，自然萬象有許多當時人類無法解釋的問題，因此除了把許多不好的事歸咎於惡鬼作祟以外，還穿鑿附會各種風馬牛不相及的東西，這就是俗信（迷信）的根源，事實上，這也是原住民原始宗教的基本核心，且擁有深層的文化與社

會意義，因此不能等閒視之。不過，也有不少俗信，卻也符合非常先進的科學或玄學理論。

「巫術」是一種神祕的法術，向來是採錄者最不容易採錄到，也是最不容易理解的。1993年6月，筆者在南投縣信義鄉馬拉飛部落（潭南村）採錄本鄉末代巫師「卡夫大日」（Qavutaz）的法術，「卡夫大日」的法術才得以記錄保存，也幫助揭開神祕隱晦的法術面紗，相信對於研究布農族的原始神祕宗教有所助益。

世界上任何一個民族，都有屬於自己民族系統的宗教文化，布農族人古代原始宗教信仰是天神崇拜、祖靈信仰與鬼魂崇拜、占卜徵兆及巫術信仰。

巫術的運作乃是一種早期人類為了要應付環境危機而產生的信仰和行為組合體。原始人類知識未開，凡是有驚恐皆訴之鬼神，人與神的生存空間畢竟是兩個完全不相同的世界，彼此間無法直接「對話」，於是人類因需要而產生了能與鬼神溝通並傳達人類意願的「靈媒人物」，一般稱為「巫覡」，民間叫做「通靈」，原始社會巫術信仰於是盛行。

古代布農族人傳統的生命禮俗和歲時祭儀（Lus-an），大都依附在他們的原始宗教信仰中，尤其是有關保障布農族人生命財產安全的原始巫術信仰，顯得特別重要。

巫術也是布農族人原始宗教的一部分。巫術顯現奇蹟，在飯後茶餘裡，常常被族人談及，一般族人亦認為是不可思議的奇蹟，就像變魔術或是奇術一般。

有些人誤解巫術裡有些神通的表現，因為不能解釋，而認為是無稽之談，其實他們只是對這些神通現象，沒有深切的認識而

已。

　　目前的科學還不足以完全解釋神通現象，當然無法證明它是否存在，但是也沒有辦法証明它絕對不存在。

　　世界上存在著視而不見的「風」、「空氣」等，但是它們確實是存在；無法用肉眼看見的「颱風」，如果不存在，那麼它的威脅與破壞力，又如何解釋，因此「無」不一定等於「沒有」。

　　任何存在皆無絕對性、孤立性、獨存性，一切必是相對的、相關的、依存的以及協同的狀態。

　　如果從許多的異境或是異相，神通一事不難推知其為應該有的現象，而且我們的潛意識裡有神祕的力量，只是一般人都不會運用，一旦運用了，自然可以說是神通。

　　神通可使潛意識產生妙用來影響環境，神通雖然近似精神現象，但它可以影響心理、生理、心情、行為，因而影響到人的一切和環境。

　　「神通奇蹟」（Minpakaliva）的存在，對布農族人的原始宗教性而言，是極其有必要的。蓋巫術為族人所接受，是因為古代布農族社會，神通奇蹟的情形極多。

　　古代原始布農族人因為依所謂「神感道交」的宗教性奇蹟，所以布農族人信仰鬼魂（Liskasia-qanitu）及祖靈（Ma-daingaz），且有真正靈魂（Qa-ni-tu）的救濟。神通奇蹟幾乎是世界上所有的宗教所使用的教化手段，布農族人古代原始宗教自然亦不例外。

　　所謂神通與奇蹟有二種解釋：

　　第一種：是違反世間自然現象法則之事，亦能自由自在發生的奇蹟。

第二種：是在自然法則的範圍內，以其他普通人絕對做不到的殊勝方法。如巫師治病，能夠以茅草袚除病人體內病源後，再用口吸出小石粒，病人自此痊癒；盜竊者，巫師可以作法讓其歪嘴、斜眼、瞎眼，嚴重者讓其死亡。

布農族人巫覡之所以發達，是由於民智未開，對於週遭的環境不能夠理解，巫術因而產生。布農族人巫術行為的產生背景有下列幾種基本因素：

（一）人生問題：人活著到底是怎麼一回事？想不明白的地方很多。

（二）苦樂問題：人生為什麼有苦樂？怎麼樣可以離苦得樂？

（三）行事問題：我們應該如何處理問題？

（四）目的問題：我們活著到底為什麼？

（五）宇宙問題：宇宙是怎麼一回事？宇宙的各種現象怎麼來的？

布農族人原始社會巫術的形成，確實是布農族人生活上的需要，這也說明了與巫術相關的各種宗教祭儀，為什麼會直接影響布農族人的「生活」之真義。

布農族人生活在曠野裡，在求生不佳的惡劣環境中，人人所厭惡的是痛苦、疾病和生死，相對的，人人所需求的是快樂與幸福，而巫術的最高目的，確是要給人減去苦痛，更進一步的造成內心永恆真正的快樂，布農族人需要它，於是事無大小，都要巫覡的祭祀祈禱，因此，巫覡的地位崇高，族人們都敬畏之。

在消極方面，巫術給了布農族人除去其他任何方法所不能滅去的痛苦；在積極方面，提高布農人內心的境界，達到真正永遠

的、其他任何方法所求不到的快樂與安全感。

　　從上述可知，巫覡是布農族人巫術的執行者，巫覡專為人祈禱神明，以求神明降福的人。

　　《說文解字》云：「巫，祝也，女能事無形，以舞降神者也。」這是「巫」同於「祝」，是能夠服務於天，通過舞蹈使神降臨的人。《說文解字》又云：「能齊（齋）肅事神明者，在男曰覡，在女曰巫。」

　　古代中國無論男覡或女巫，他（她）們都是用舞蹈來降神祈禱；布農族人亦是如此。

　　巫師是侍神為業者，介乎神與人之間，一向以化解神罰、驅除鬼祟、醫治疾病為本職，而且經常藉神意掘發個人的犯行，故其在社會上的地位極高且受敬畏。

　　巫師的布農語為Ma-muh-muh或La-pas-pas。布農族人的巫師，有男有女，但普通女多於男，經常每社中有1-2人從事巫術，為受酬禮，專替人使咒術祈禱、驅邪。

　　有些巫師行為，足以為一般族人的表率，言行能夠一致，被族人所敬重，巫師有的時候也是族群的祭司，負有領導族人的責任，地位崇高，為族人所崇敬與畏懼。

　　蓋巫術的智慧，不是世俗的智慧，但能息災即樂，這種最高的境界是無法形容的。但不管怎麼樣，巫術行為仍是大慈的、大悲的、積極的、救世的。

　　巫者在宗教活動中，通過祭神、祈禱、舞蹈、咒語等降神來驅邪祈福。巫者也有預知人之未來的智慧，並知曉過去的宿命通，由觀察現狀、繁複的生命禮儀及有關農業的歲時祭儀，以取樂上天，以邀賜福。

　　布農族人的生命禮儀、歲時祭儀，及各項臨時祭儀都是宗教上的禮儀。布農族人巫術儀式裡的咒語，都含有濃厚的宗教氣氛。而事實上，布農族人的原始宗教祭儀，都含有巫術形式。

　　布農族人要成為巫師，必須經過嚴格的磨練，始得成巫。學習巫術的過程是艱辛的歷程，必須針對許多不同的疾病或事件狀況，取用不同的法器與不同的咒語為族人解決問題。

　　巫師成巫，必須掃除一切雜念，集中思想精神於一點，一般無修持的人是辦不到的。有人以為巫術是具迷信色彩的，但是從他們的定力來看，就不會引為驚奇了。巫術這種定力的得來，還可以由信仰崇拜中得來。亦即信仰得愈深，定力也就愈強，所謂信仰生力量。

　　自從西洋基督教及天主教成為布農族人的信仰中心以後，禁止異端崇拜，布農族人的原始宗教信仰與巫術，亦因布農族人自己漠視，以致於消失。

　　遠古時代，死是對人類威脅最大的自然現象。人從那裡來，死往何處去？神祕而又矛盾的在人與自然間橫陳著。

　　當人類從「存在的兩重性」思維中衍生出靈魂的觀念之後，生死的問題才得以連結在一起。

　　所謂「兩重性」，即指人類的構造是由肉體和靈魂所組成，而人的存在形式，不單是依附肉體而已，同時也是抽象的形式而以靈魂自由存在，這就是鬼魂思想的肇始。古代的信仰，布農人稱之為Liska-qanitu，意即「鬼魂信仰」，所以亦多鬼魂的故事。

∿∿∿∿　二、布農族巫術性醫療信仰　∿∿∿∿

布農族民俗醫療的範疇，有許多是屬於巫術性信仰，例如：

「打噴嚏」：布農族認為打噴嚏代表一個人的魂魄脫出，因此出外之前若打噴嚏，就得禁止出門，待在家中。一群人行進中，若是有人打噴嚏，該人會被趕回家，除非舉行過厭勝儀式，否則還是不可以跟上來。(註1)

布農族獵團，出發前若有人打噴嚏，則今天不能如期出發，要改期。放屁也是如此。如果勉強出發前去獵場狩獵，途中可能會發生意外，讓人患病，或有人受傷等。

「吐唾液」：布農族人相信惡神嫌惡唾液，所以若感覺有惡靈在作祟或尾隨的時候，只要回頭吐一口痰，就可以阻止惡鬼侵害。(註2)

布農族巫師施法術的時候，常常會吐唾液，就是驅逐惡靈鬼魂。

「芒草」：布農人認為芒草葉有驅逐邪魔的能力，常取來驅逐不祥，在祭典中也常被用到。族人也認為芒草可以祓除病魔。在進入社口處打結茅草，可以阻止在身後緊追不捨的惡靈，也可以防止部落的流行病疫情和瘟疫。

「Ngan」：儀禮中，被利用的Ngan，族人相信這種植物有避邪、驅鬼的神奇作用。

∿∿∿∿∿ 三、布農族巫師治病 ∿∿∿∿∿

（一）病患求助巫師

過去布農族人的巫師大多數是為解除族人身體病痛而習巫，布農族人病患求助巫師醫治有二種情形：

一是病患至巫師的家求治。

二是巫師親自到病患者的家求治。

（二）巫師為病患治病

布農族人巫師為病患治病，一般的狀況是在室外進行，因為在室內進行治病，據說，求治者本人及其家屬，以後狩獵的時候就不能獵獲野獸了。

但是巫師治病仍然會依照實際之情況進行，例如病患病情非常嚴重不能夠行動，就會在病床上就地實施巫術醫治。

古代布農族人，家人中如果有人罹患了天花等為巫醫所不能醫治者，則必須實施隔離，家人皆不與病患共食舉炊，也不能共用飲水、用水，另外，在主屋左邊，或者在後面建築一間簡單的小屋，讓病患隔離住在那裡。甚至有的會隔離病患，令其住在田間小屋。

布農族人巫師治病，一般都是站立，年紀大的巫師則坐下來。病患普通站立或是坐著，重病者或襁褓嬰兒則躺臥。

巫師治病面對太陽升起（東方）的方位，南方則是善靈前來的方向。反之，太陽下山（西方）和北方則是惡靈出沒的方向。

巫師治病先要診斷其病狀，病人必須據實以報，不可以虛偽

欺騙，否則會遭到天譴，病情會更加惡劣，甚至波及子孫。

（三）巫師診病與施巫術

巫師診斷病患者病情的環境背景大致如下：

1、病患者的夢境吉凶。

2、病患者有無違反禁忌事項。

3、病患者是否視見、聞得或接觸禁忌之物。例如視見狗性交、女性陰部；聽見不道德的話等。

4、病患者有無傲慢、欺詐、偷竊行為。

5、病患者有無與人爭執、糾結、打鬥等恩怨。

6、病患者有無違反道德行為。

7、病患者的宗教禁忌生活信仰態度。

8、病患者有無違反倫理行為。

9、其他

巫師與求治者之應答中，了解了病患者大致的病情環境背景之後，就要進行了解病患者的病痛為何？

1、疼痛部位：頭部、胸部、腹部、四肢等。

2、病痛症狀：發燒或發冷、忽冷或忽熱、食慾不佳、頭昏、眼花、失眠等。

3、病患情緒：胸悶、憂鬱、煩燥、惱怒、心跳、不寧、易怒等。

4、意外傷害：野獸逐傷、墜樹、水淹、墜崖、跌傷、不明傷害等。

5、靈魂被鬼魂誘拐與迷惑所產生的恍惚之痛苦。

6、遭黑巫術施法的痛苦。

7、其他。

巫師了解了病患者的病痛後即可作法驅穢，把一切不乾淨、污穢的病魔從病患者身上驅逐。

人不免要生病，每個民族對於身體衰弱、刀傷、跌打損傷、皮膚病和頭痛發燒感冒等，都有一套解決的辦法，這些辦法若無法減輕病人的痛苦，布農族也有巫醫對患者使用心理治療，

布農人巫師祈禱去病

來請走惡靈的糾纏。用草藥若無法減輕患者的痛楚，只好靠心理治療。如果有人身體不適，不管多嚴重，家長都可以拿起一把「五節芒」的葉子，在他身旁或身上揮一揮、掃一掃，以達到驅除厄運的目的。小孩子常常心不在焉，經常做出奇怪、危險的行為，或是身體虛弱、病入膏肓，怎麼治都治不好時，這時就要用Ngan（台灣鳶尾）來驅邪了，所以居家附近常種植Ngan備用，把引誘小孩的惡靈驅走或請走。

如果有人骨折，沒有骨頭矯正術或打石膏之類的醫治，巫醫會拿「大莞草」的根，放置受傷者的患處，然後作法，患者逐漸就不痛了。有人若是不慎砍了山漆的木材，導致皮膚過敏、紅腫

疼痛，嚴重的話，請巫醫用這種樹的葉子祓除，並說些對不起樹的好話。另巫師也以「紅果苔」（Sus-nah）白色的根，祓除骨折處，並唸咒語驅除病魔。據說，山上的野獸例如山豬、水鹿、山羊、熊、山羌等，如果受傷了就會吃「紅果苔」（Sus-nah）。

四、布農族具保健醫療民俗植物

　　社群與氏族的繁衍故事也是很重要的經驗，在布農人的繁衍過程中，為了求生存，也發展出一套民族醫藥，雖然現在已不再使用，但它曾經是族人使用過的民族草藥。不過這一方面也是人類學者最為忽視的部分，目前的記載與研究仍然不多。

　　（一）「受傷止血」：「冷清草」為低、中海拔陰溼森林下層的優勢植物，嚼其葉後敷於傷口可止血。

　　「Sumai」也有止血的功效，古代布農族人出外耕作或狩獵都會攜帶Sumai，以防受傷時用。布農族甚至將Sumai製成項鍊，隨身配戴。

　　古代族人上山工作，或到獵場打獵，難免會有意外的事情發生而受傷，古人也有治傷療傷的草藥，有一種植物叫做「Valu」（葛藤），把Valu的莖、葉、子搗碎，貼於傷處，據說可以止血；Valu的莖有汁液，塗在傷處也可以止血療傷。亦可取嫩葉搗碎敷於傷處。（報導人：郡社群史宗源Li-tu）

　　搓揉「地膽草」（Tamakuaz）葉子，塗抹於傷口，傷口可癒

合。「白匏仔」（Tabuan）葉子嚼碎敷於傷口處，可以止血。搗碎「颱風草」（Salav-savaz）的心，敷在傷口可以止血，嫩芽用嘴咬碎，敷於傷口可以止血。

（二）「治刀傷」：古代人工作的時候Pada-mu-san（受傷、刀傷），立即用隨處可以採取的「Valu」（葛藤），用嘴嚼一嚼它的葉子，貼於受傷處，即可治傷止血。Valu的根，用刀切斷，其汁液塗於受傷處，也可以治傷。（報導人：郡社群方瑢A-lang）

（三）「跌打損傷」：「冇骨消」（Naza）為常用消腫的跌打損傷藥，烤其葉片敷於青腫痛處，包括手和腳脫臼，可以止痛。「玉山紫金牛」（Lang-kudung）可消瘀止痛、通經活絡、消腫、治跌打損傷。

（四）「治燒傷」：「水雞油」的根部有黏液，可以用來敷治燒傷。

（五）「治膿包」：布農族人敷治膿包的方法以「水雞油」的根部最為常用。搗其根，使黏液盡出，然後敷治破皮的膿包處，把膿吸黏出來，傷口比較快好。

「台灣百合」（Bahuhu）的地下塊莖搗碎後，是敷治膿包的好材料。或將球莖一片一片貼在膿包處，可以把膿吸出體外。

古時候，人們身體有「腫痛」（Min-bal-va）的時候，會用一種叫做「Naza」的植物治療。將Naza的葉子搗碎，貼於腫痛處，據說可以消腫止痛。（報導人：巒社群金清財Sau-li）。

「木棉樹」（Kancinhui）：樹根洗淨搗碎，貼於患處。嫩葉揉搓貼於患處。取樹皮肉搗碎，貼於患處。

「水雞油」（Du-saulaz）：布農族治疗瘡用，取其皮，捶打

後敷於患部，莖皮含黏液，搗碎外敷消腫退膿，治腫毒。

（六）「治蛇咬」：布農族在山上活動，不穿鞋，難免有人踩到毒蛇而被咬傷。常見於中低海拔的「長梗紫苎麻」的樹皮加酒喝，治百步蛇咬傷。將有劇毒性的天南星類植物，如「雷公拐」等的汁液加米酒喝下，治龜殼花蛇咬。以前有人被青竹絲蛇咬，後來吃了山羊的腸子後就好了，就因山羊的腸子裡有很多「冷清草」的葉子。另外，聽說吃「三葉崖爬藤」的葉子也可以治蛇咬傷。

（七）「治皮膚癢」：煮「菁芳草」的熱水來洗澡。

（八）「治頭痛發燒」：以「臭娘子」包頭額，就像綠油精一樣，治頭痛。喝「鼠麴草」葉子、「金線蓮」葉子、「烏毛蕨」的根所煮的熱湯，可治頭痛。煮「白茅」或「山芙蓉」的根可退發燒。

「食茱萸」（Saluksukal）的葉和莖煎服，可以治頭痛。

古代布農族人生了發熱的病，除了請巫醫診治外，還用「葫蘆」（Taqul）的葉子貼在肚臍上，身體包裹著許多葫蘆的葉子，據說可以散熱，熱病就解除了。（報導人：郡社群史宗源Li-tu）

換名退燒：郡社群史宗源，原名Dus-qav，今人則稱呼其為Litu。小時候因為發高燒，持續不退。有一位老婦女叫做Abus者，夢見天神說：「Dus-qav這個孩子必須改名為Litu，這樣才會退燒。」第二天Abus去告訴小孩子的母親。母親立即把發燒的孩子改名為Litu，果然燒退了，恢復了健康。（報導人：郡社群史宗源Li-tu）

（九）「治咳嗽」：喝「串鼻龍」的枝葉或「小葉桑」的根

皮所煮的湯可治咳嗽。

咳嗽時吃「Qu-du」（龍葵）可以治癒，也可以降火氣。（報導人：丹社群田長順Pima）

（十）「治胃痛下痢」：「小蘗」的根，隨時可以煮來喝，或是在家旁種植「芭樂樹」，煮它的葉子來喝，治療肚子痛和下痢。

有一種植物叫做「Iu-is-mut」，它的根長得很多，洗淨後嚼之，有些辣味，是治療肚子痛的藥草。（報導人：郡社群方瑢A-lang）

以前的人肚子痛，泡鹽巴水食用，肚子就不痛了。還有一種方法是，採「葫蘆」（Taqul）的葉子，加上灶灰，用布包起來，在肚子輕輕地摩擦，據說就可止痛。（報導人：郡社群史宗源Li-tu）

據說，吃「Sa-maq」（鵝兒菜），可以治肚子痛和脹氣。（報導人：丹社群田長順Pima）

（十一）「治牙痛」：咬「雙面刺」的根，可緩和牙痛。

古代布農族人牙齒痛的時候，他們自有一套治療牙痛的方法。有一種植物叫做「Kaku-navas」，它的葉子是布農族人治療牙痛病的野生草藥，把Kaku-navas的葉子用水燒煮，愈滾燙愈好。然後口就著Kaku-navas燒煮的熱水，張大嘴巴，頭矇著布。據說，牙齒裡有非常細小的白色小蟲就會掉到Kaku-navas熱水中，牙痛就好起來了。（報導人：巒社群金清財Sau-li）

有一種植物叫做「Masuli」，它的葉子可以治療牙病，將Masuli的葉子搗碎，然後塞入疼痛的牙縫中，據說可以解除牙痛病。（報導人：巒社群金清財Sau-li）

「食茱萸」（Saluksukal）的「根」，據說可以治牙痛。

（十二）「治眼病砂眼」：磨碎「黃花酢漿草」來敷眼睛，酢漿草帶有酸味，平常也可敷傷口或解渴之用。「小杜箬」或「杜若」類的草本植物在溼潤森林下層很常見，其莖中含有不少水分，折其莖，擠出汁液，滴在眼睛裡，是傳統的眼藥水。

（十三）「治耳病」：有一種耳病，耳朵裡生膿瘡，砍下「Valu」（葛藤）的莖，把莖裡的汁液吹入耳朵裡，據說可以治好耳朵裡生膿瘡的疾病。（報導人：郡社群史宗源Li-tu）

（十四）「治糖尿病」：「Pul-suk」藥草，是一種低矮的草，其根、莖、葉洗淨用清水煮，把它當茶喝，據說可以治糖尿病和身體內部被衝撞的瘀血。

（十五）「治肝硬化」：把「蟑螂」（Ha-tabang）烤吃，據說可以治癒肝硬化，肝硬化者肚子變大，吃了就會消失。（報導人：郡社群方璐A-lang）

（十六）「治肝病」：「Maz-av is-mut」藥草，即「含羞草」，患肝病，眼睛很黃的人，將Maz-av is-mut的根，洗淨後以清水煮，把它當水喝，傳說可以改善肝病的病情。（報導人：郡社群伍阿現）

（十七）「胃腸保健」：飛鼠的「腸」是布農族人的草藥，據說對胃腸有益。吃飛鼠腸的時候，腸裡的糞便（呈青色）也要一起吃，因為這就是草藥的所在了，而且要生吃。飛鼠只吃樹上的嫩葉，不會吃地上的東西，所以很乾淨。（報導人：郡社群方璐A-lang）

（十八）「病後復原」：從前族人病癒後，也有復原的保健食品，有一種叫做Sibus-padan（草蔗）的植物，樣子似甘蔗，但

是很細小。把草蓆打碎取汁飲用，據說可以使身體復原的更快。（報導人：郡社群史宗源Li-tu）

（十九）「沐浴」：以前布農族人沒有肥皂，但是沐浴時有數種替用品。其一是Qabu，就是燒木柴的「灰」，把灰包在較薄的布，用手擰一擰，瀝出來的水就是乾淨的，就可以用來洗頭髮。其二是「小米穗稈」（Nang-sa），即把小米粒用杵臼搗開，留下的小米穗稈，用火燒成灰，把灰包在較薄的布，用手擰一擰，瀝出來的水就可以用來洗頭髮。其三是「Da-qu」（即無患子），揉搓時會產生泡沫，可以洗頭、洗身體、洗衣服等。（報導人：郡社群史宗源Li-tu）

據說有「無患子」生長的地方，是野獸出沒之地。

（二十）「毒藥」：有一種植物叫做「Ka-di-la-tun」，禾本科植物，果實有毒，誤食就會中毒身亡，死的很慢，但是一定會死。以前的人都用它來自殺。（報導人：郡社群史宗源Li-tu）

「Ka-di-la-tun」是有毒的植物，果實成熟時是呈紫黑色，略有甜味，小鳥會吃它，但人吃了會中毒，吃多了會致死。以前的人知道用「Ka-di-la-tun」自殺，把它的嫩葉搗爛，取其汁喝下即會中毒而死。（報導人：巒社群全新春Qai-sul）

以前明德部落有一位叫做Man-san的婦女，她曾經用叫做「Ka-di-la-tun」的植物毒死一個人，所以她被判數年的刑罰。以前的人中了Ka-di-la-tun的毒，會用燒過的火灰用冷水泡，火灰會沉澱到底下，上面留下的清水，據說把它喝下，可以解Ka-di-la-tun的植物毒性。（報導人：郡社群伍阿現）

（二一）「解毒劑」：有一種植物叫做「Tum-basan」，它的根是古代布農人的解毒劑，祖先在家裡隨時都有準備，以備萬

一。Tum-basan煮後，據說喝下就可以解毒。（報導人：郡社群史宗源Li-tu）

「Tum-basan」是一種野生的樹，樹身及樹根是布農人祖先傳統的解毒劑，其功效很多，包括流鼻血、腹瀉、食物中毒等，都可以解毒。使用方法：在樹身及樹根刮一些樹皮，放在杯子上，燒熱開水倒入杯子中泡樹皮，還要加入患者燒成灰的頭髮在杯子中，據說對解毒很有效。以前布農族與鄒族人互為出草獵人頭，鄒族人擅於下毒，布農人就用Tum-basan來解毒，效果很好。（報導人：郡社群司福來Dah-hu）

（二二）「黃藤」（Quaz）：藤心可食，具有清血、降火氣、降血壓等療效，常用來燉煮排骨湯，湯頭苦中帶甘。

（二三）「山胡椒」（Maqav-lukis）：全株含有精油成分，中國在1976-1980年間，從224種能防霉去毒的草藥中，經過反覆試驗、篩選鑑定，最後發現山胡椒的芳香油防霉去毒效果最好。另有實驗多次證明，山胡椒確實有去除黃麴毒素的神奇功能。由於山胡椒在利用上，尚未有人工栽培，皆採自於天然山區，而且一般民眾無法辨識山胡椒的雌雄；原住民採集山胡椒的果，多採用截枝去幹方式，對母株的生長傷害頗大，因此若能先篩選優良母株，藉由無性繁殖大量培育，提高生產力，讓它更具市場價值。目前利用作為餐飲食品或是調味料的，還多在原住民的地區或部落，尚未普遍利用，若能開發更多利用山胡椒的餐飲食品，或是烹飪方式，讓民眾接受，更具競爭力。日常生活中利用到的植物性芳香精油，種類非常多，或者用於空氣清新劑、或者用於驅蚊防蟲、或者用於除臭防霉、或者用於健康保健，若能將山胡椒的精油做成商品化，市場價值甚大。黃麴毒素是一種毒性很強

的致癌物質，常常出現在稻米、麥類和花生等糧食作物中，尤其以花生最常發生，以往都是以氨來除毒，雖然有一定功效，但是會損害和降低品質，山胡椒確實有去除黃麴毒素的功能，而且對糧食的影響不大，它將是一個非常有前途的一種植物。（註3）

（二四）「姑婆芋」（Baihal）：在山上不小心碰觸「咬人狗」或「咬人貓」（Salingza），會引起疼痛燒熱，皮膚又腫又刺痛。姑婆芋的白色汁液可以塗抹在傷口上，可以中和酸性，去毒止疼。也可以將姑婆芋葉搗碎，塗抹於皮膚，就可以解毒。民間還有以尿液來酸鹼中和，也可以消腫止癢。

（二五）「綠豆」（Lai-ian）：綠豆有清熱消暑、潤喉止渴等功效，容易被人體消化吸收。

（二六）「雙花龍葵」：全株可供藥用，具有清熱、解毒、補虛的效果，全年皆可採集，夏季至初冬較佳。

（二七）「薊類」（Dugusha）：地下根像蘿蔔，常見於中、高海拔。拔其地下根，與雞肉、排骨等一起燉，是給孕婦、身弱者的補品。（註4）

（二八）「Salinbunuh」：根莖洗淨，與清水合煮，喝其湯，可治背部和腰部疼痛。

（二九）「Pusluk」：莖葉洗淨水煮，可治婦女白帶病。

（三十）「Leq」：當瘧疾瘟疫流行部落的時候，族人就會挖掘「Leq」的根煮湯喝，據說有療效。

（三一）「牛樟木」（Dakus）：在森林裡作為薪柴來燒，可以驅除蚊蟲。

（三二）「相思樹」（Susuziu）：據說皮膚擦傷，取嫩芽攪爛敷在擦傷處，很快就可以痊癒。

（三三）「九芎」（Natulun）：據說嫩葉揉鹽食，可用來止瀉。

（三四）「樟樹」：木削之，可防治蚊蟲、跳蚤。

（三五）「Bakbakiaz」：根莖與水煮沸後冷卻喝，可治腰酸背痛。

（三六）「大菀草」：布農族流傳著具有壯陽效果的植物，就是「大菀草」。獵人發現受傷的山豬吃過了「大菀草」，立刻生龍活虎，就追也追不到了。於是試著嚼「大菀草」的嫩莖，感覺似野豬之猛勁，一發不可收拾。

∿∿∿∿　五、布農族卡社群的民俗醫藥　∿∿∿∿

布農族卡社群採來做藥的植物：（註5）

（一）Kalalilu：灌木，開白花，結小果。葉有二掌大，具刺，觸摸會痛，將此種樹葉剪下數片。

（二）Kulkutal：為半米餘高之山棕。果如小米，大而堅硬，取其果二、三顆。

（三）Lalauts：蔓草，開白花。葉如一圓硬幣大，取其葉數片。

（四）Luli：約半米餘高。開白花。其根如早期五角硬幣大，截一段備用。

（五）Lulutsa：蔓草，開淡紅色花。葉如早期五角硬幣大，

取其根少許。

（六）Paihal：姑婆芋，取其根一段（約1公寸長）。

（七）Pulitsuk：約2公寸高，葉小，結莢果，取其葉二、三片。

（八）Sanlila：約1米高，根、葉均具毛，觸摸會扎手。開青花，結小硬果，取其葉數片。

（九）Tana：喬木，開白花。葉小，可當菜吃，取其根些許。

（十）Tsalu ak：高約1米，開白花，葉狹長，取其葉半片。

（十一）Tsalutsukal：約3、4米高，莖具刺。花白，葉小，用其根製藥。

卡社群人採來做藥的蟲：（註6）

（一）Kaciputs：形似螞蟻而大者，長於土中，白色，會咬人，取10隻備用。

（二）Kakapis：「蜈蚣」，用其足，取一隻或數隻蜈蚣之足。

（三）Lalaus：「蠟蟲」，具四紅腳，各如手指粗。此動物身小腳高，若任它爬在手上，手會紅腫。用其足。

（四）Tanalupa：約3公寸長，如拇指大，褐色，具毛，長於樹上。捉下後浸於鹽中殺死，取其毛。

（五）Bakutsa：「蜂窩」。

他們都將這些東西採來曬乾磨成粉。這些粉末製成後，裝入葫蘆裡備用。至於內服或外敷，則視病情而定。（註7）

卡社群人得到猴後，將其頭割下，以土封好，入火烤一天，以後有人頭暈、產後體弱或身體不適時，可服此猴頭治療。或將

猴的骨骼及鹿之角、皮、趾等入鍋煎熬一天。其汁冷凝成膏，身
體不健康或胃痛者可服此藥治療。每天早晚二次，每次吃一小指
節之半量。（註8）

六、布農族保健祈福的項鍊

（一）Ngan除穢項鍊

　　中國自古以來，講究服飾，特別是針對小孩設計用來驅邪、
除瘟、避蟲的民俗避邪服飾。如男兒多以虎形編錢繫於胸前，或
以虎頭繡紅兜，因為虎代表雄壯，象徵男兒英雄氣慨，同時有驅
邪的作用；女孩則配精緻香袋與香包，內裝雄黃、樟腦，繫於襟
帶，玲瓏可愛，有除瘟、避蟲的作用，凡此，皆為祈福的象徵。
古代布農族婦女，也有類似隨身配掛的祈福避邪項鍊。

　　「Ngan除穢項鍊」：是布農族婦女（做母親者）的頸飾，
Ngan的根略有香味，把根剪成一段一段，用麻繩穿串即成項鍊，
這是一種避邪物，當孩子哭鬧不停，以為邪魔作祟，小孩子被鬼
打，就取一段將之嚼一嚼，再塗抹於孩子額頭，意謂驅除邪魔，
並口誦：「惡魔離去。」當在田園工作，太陽下山要回家時，或
去某地而要離開時，也要「叫魂」（叫小孩的魂靈一起回家），
母親也要自頸項中嚼一段Ngan根，塗沫於孩子的額上說：「我們
要回家了，我們也一起把孩子帶回家，鬼靈啊！請不要把他的魂
靈留在這裡。」（報導人全紹仁Na-kas）

Ngan項鍊為布農人的除穢器物，古時布農人的媽媽都會掛上這種頸飾。可見布農族婦女服飾藝術，不僅重視美觀，而且還具有巫術宗教行為。

（二）嬰兒豬骨保健項鍊

豐丘部落的田明進先生（Ta-lu）珍藏有「嬰兒豬骨保健項鍊」。該項鍊是其祖先所擁有。當布農族人仍深居中央山脈叢林生活的時代，此項鍊就開始流傳下來。據說，這條項鍊對嬰兒具有保護作用，當嬰兒開始長乳牙時，令嬰兒唷咬項鍊，可促進嬰兒牙齒的成長，且以後牙齒健康，不生蛀牙，堪稱寶物。此條項鍊據云當時可做「錢幣」使用，一條項鍊可以換一頭大豬。（報導人田明進Ta-lu）

「嬰兒豬骨保健項鍊」，是用山豬骨磨成平面圓形，非常美觀，看起來好像是現代飾物。

（三）嬰兒肚臍袋項鍊

布農族婦女生育後，嬰兒的臍帶要永遠保留下來，做為嬰兒一生的護身符物。每一個部落或地方保存臍帶的方式並不一樣，有的地方在屋內之屋角，有一處專門放置臍帶的地方，一生中都不能丟棄，否則會有不祥之事發生，甚至於死亡。（報導人司文郎Tulbu）

「嬰兒肚臍袋項鍊」的做法是一條項鍊（木頭、果子等製作），下端繫上正方形編織的小盒子，其內就是保存嬰兒的臍帶。保留方式有的似漢人的護身符一樣，例如卡社群隨時配帶懸掛，以為護身之物。有些地方則做為所屬者的陪葬之物。

　　筆者出生於望鄉部落，出生時，母親保留了我的嬰兒臍帶，存放在石板屋內的一個角落。筆者6歲的時候，父母親離開了望鄉部落，遷徙到豐丘部落定居。當時可能是一時疏忽，沒有把我的嬰兒臍帶一起帶走，母親還常為這件事情懊惱，每次想到此事，就會與筆者論及此事。

（四）Su-mai醫藥項鍊

　　「Su-mai項鍊」：是屬於具有醫藥作用的保健項鍊。古代布農族人深居叢山峻嶺中，荊棘遍布，常遭刺傷，或跌落山谷意外受傷，他們就會用Su-mai 塗抹於傷患處，並向天神祈禱祈求平安，據說奇效無比，可立即止血。古代布農族人隨身掛帶這種Su-mai項鍊，以防意外受傷時用。（報導人：郡社群司文郎Tulbu）

　　「Su-mai」是一種植物地底下的小球莖，顏色呈褐色，布農族人為方便攜帶，便製成項鍊隨身配掛，具有裝飾和實用的作用。

（五）Qai-has項鍊

　　「Qai-has」：是「薏苡」的果實，這是布農族人原始項鍊裝飾最美的一種，若沒有經由戴掛此物的人的解說，可能會誤以為是現代的工藝裝飾品。布農族每年7月份會舉行「嬰兒節」，此祭族語稱「Buan masi-qu-lus」，其意為「掛項鍊月」，即為出生嬰兒掛項鍊的儀式，祈望上天為嬰兒祝福，健康長大，像Qai-has項鍊一樣美麗、耀眼。（報導人：郡社群司文郎Tulbu）

（六）巫師項鍊

「巫師項鍊」：是用箭竹製作，先將箭竹截一小段一小段，然後串起來而成項鍊，古時這種項鍊只有巫師才可以配掛。現代則一般人都佩戴起來了。事實上，現代布農族的巫師已經消失，所以佩戴就沒有禁忌。箭竹製作的巫師項鍊，其實就是巫師的法器之一，也是屬於「法石」（Qaiza）的一種。布農族人的病痛觀，以為神魔作祟，將異物不潔之物滲入人體內，如鐵片、碎瓷片、破瓶片、蝸牛片、樹草枝、石頭、毛髮、釘子、珠子、針、竹片等，所以人就會生病。有一說，黑巫師放法石出去害人，要對法石說：「我要把你送到某人身體的要害處去。」說罷，伸手將法石送了出去，法石就進入了人的身體內。二說黑巫師害人的法器，藏在他的左臂內，他要害人時，只要自其上臂吹了一口氣，害人的法器（隱形的）即自掌上吐出傷人。（報導人：郡社群司文郎Tulbu）

據說佩戴「巫師項鍊」可以不被病魔入侵。

（七）山豬獠牙項鍊

「山豬獠牙項鍊」：布農男子以山豬獠牙裝飾，不但美觀，也是英雄的象徵。據說佩戴山豬獠牙項鍊，具有招引動物靈魂的效力，獵人上山狩獵獵獲多。（報導人：郡社群司文郎Tulbu）

七、治蛇毒達人全英輝

　　報導人全英輝，族名Bi-iung，曾述：我的母親叫Qul-buaz（全阿枝），她的父親（即報導者的外公），就是日治時期，布農族巒社群的大頭目，名叫Pai-ian（百雅安，漢名田太陽）。日治時期，布農族的頭目是日本人從優秀的族人中封賜的，日本人設立布農族頭目的立意，是要抗衡布農人傳統的政治領袖（La-vian）、祭司（Liskadan lus-an）、巫師（Lapas-pas）等傳統勢力，瓦解布農人的社會組織，進而宣揚日本帝國主義，往日本皇民的路上挺進。有一次，一位日本官員深入中央山脈舊社Qatungu-lan（卡荳諾蘭）社（當時是巒社群最大的集中聚落），為感謝百雅安頭目平時協助宣導政令，就傳授他醫治蛇毒的草藥祕方，頭目的女兒Qul-buaz（報導人的母親），很仔細認真學習，親自實地採集藥草交給這位日本官員檢驗無誤，並且也實際操作製作，學會了治蛇毒的祕方。那時布農族人還深居叢山峻嶺、荒郊野地，遭到蛇咬而死亡的頻率是很高的，Qul-buaz就擔負起了治蛇毒的重責大任，在當時醫藥不發達的年代，上天給了布農人一個「神」，神奇的治蛇人。她救活了不少人的生命，也虔誠地祈求天神眷顧她的子子孫孫。

　　據報導人說：「祖傳的製蛇藥方，真的很有效，一星期就可以痊癒了」，其實，在他的家人裡，就有三個人被蛇咬過，他的媽媽（家的走廊）、太太（紅豆園除草）和孩子（在路上），都是用自己的祖傳藥方醫治好的。

　　其他如豐丘村的Qai-sul（全福盛的爸爸）、Su-Lau（田哲

富，筆者的弟弟）；地利村幸信義的太太（叫A-kuan）；雙龍村谷長發的太太（申秀女）；人和村洽波石聚落一位婦女叫Ni-iun（松雪哖的媽媽）等，都是被報導人家族救活的。有些人被蛇咬，經西式醫療，可能是餘毒未完全排出，其眼眶會發黑，經他們治療也會改善。

在漢族方面，名間鄉一位男子（報導人已經不知道姓名），在巡視茶園的時候，腳被蛇咬，原本在省立醫院治療，但是腳都已經腐爛了，報導人的親戚叫Qusung（全元和）者，看到了，便建議他到豐丘村，請報導人治療。報導人接到電話，立即請患者包車前來，報導人也火速製作藥方，馬上為患者治療，結果一星期就痊癒了。水里鄉永豐村陳添來的女兒；魚池鄉原光明國小附近的太子爺廟旁，有一男子，他們都是被蛇咬，也都是報導人醫治好的。從報導人的媽媽、姐姐和自己，不知道救助了多少人的生命。

報導人說，他們治蛇毒的藥草分為兩個部分：一是貼藥，有三種植物，三種混合搗碎後，敷於被蛇咬傷處；二是服用，有一種植物，水燒開放涼後，將藥草磨碎，取其汁，與涼水混和服用，貼藥與服用一週即可痊癒。他們以救命為第一，分文不收，對生命的尊重，令人肅然起敬。

會治蛇毒的人，都很清楚知道哪個地方有這些藥草，也很注意這些藥草的成長，以便在緊急情況下，在最短的時間內，迅速把這些藥草採回家，立即製作藥方。

自從百雅安頭目的女兒Qul-buaz，學會製作治蛇毒的祕方，開啟了他們家族濟世救人的高尚偉大情操。Qul-buaz傳給了她的女兒全阿雲（Aping）和兒子全英輝（Bi-iung，即報導人），也

救活了無數的人，包括布農族人和漢族人，許多遠自各地聞名而來的求診者，不知其數，真是善心福報人。

八、豬狗的草藥

「台灣苧麻」的葉子搓揉後，可敷治豬隻的傷口。狗要是身體不舒服，自己會去找草藥吃。在山上捕獵，獵人們會追殺被射中或被陷阱弄傷的野豬，如果看到受傷的野豬吃了「大菀草」，那就不用追了。因為牠的傷很快就好，恢復體力後就追不到牠了。大家普遍都知道，狗若腸胃不舒服，會去吃「柔枝莠竹」的小草。

九、布農族驅疫祭儀

漢人農曆五月五日端午節，先民為了去毒辟邪，乃懸艾葉、插菖蒲、薰蒼朮、焚白芷、浴蘭湯、飲雄黃酒、貼香囊等，無非是為了清潔居家環境，及注重自身衛生，以免為病魔所乘。

台灣布農族也有類似中國民間端午去毒辟邪的「驅疫祭」。「驅疫祭」為消災求福的一種祭祀，旨在驅逐污穢、祈禱平安，

又稱為「驅污祭」和「祓禳祭」。祓者，清除不潔。

　　驅疫祭在每年的四月份舉行，此祭以家庭為單位，其目的是要使一切疾病、不幸、惡運等驅逐根除。布農族部落曾有感染天花，全數死滅的前例，故族人極度恐懼之，所以。每年四月份都會舉行這項儀式。

　　祭前先把粟酒造好，祭日一到，家長一早就出去折取Lanlissum或山草Kaitalin枝回來，分發採回來的植物，每人用草沾一沾瓢中水，先拿來擦一擦眼睛，再拿來打在自己臉上或身上。

　　在這個時候，家長嘴裡並口誦：「諸病退去，病魔速去，砂眼退去。」（當時衛生較差，疾病流行嚴重，尤其砂眼傳染更厲害。）然後再拿一大把的草沾水，遍灑全屋，以驅逐魔鬼，並祝禱家人健康。其次，是用來拍打家畜及家中所有的用具，皆一一祭之。做完再把手中草扔到屋外去，有的社群且將家中所存舊水全換新水。此項儀式頗似民間傳統儀式習俗，「艾草淨身，菖蒲驅魔。」祈福、驅邪祓除完畢，族人又復盡情的喝酒、唱歌，歡樂數天後才結束。

【註釋】
註1　Jason Lee〈台灣原住民迷信一籮筐〉，《台灣原住民月刊》第10期，2000年
　　　9月。
註2　同註1。
註3　范義彬、呂勝由、彭立京〈一種深具發展潛力的植物山胡椒〉，農委會林
　　　務局《台灣林業》第31卷第3期，2005年6月，頁62。
註4　劉炯錫等〈台東地區布農族野生植物的調查研究〉，《台東文獻復刊》第
　　　12期。
註5　丘其謙《布農族卡社群的社會組織》。
註6　同註5。
註7　同註5。
註8　同註5。

布農族民族
工藝藝術

　　原住民的工藝藝師雖然從事的是個人藝術創作，但是他們都有一個共同的美夢與理想，那就是「文化是一種分享，一種眾人創造、眾人分享的生活」，希望能夠帶動部落文化傳承，使家鄉具有文化特色。

∧∧∧∧∧　一、原住民族工藝概述　∧∧∧∧∧

　　原住民長期居處封閉島嶼和山林，倚賴大自然維生的結果，其發展的工藝也多半取材於自然，具有原始風貌，如石頭、樹木、樹葉、貝殼等均是取材的對象，同時也因各族間的信仰、宗教、階級、生活習俗等各有不同，使得原住民工藝愈加顯得琳瑯滿目，舉凡獵具、武器、食器、服飾、建築等均帶有細緻又原始的特色，且多半應用在生活必需中。早期原住民工藝品多半做為以物易物的商品，時至今日，已漸從傳統的實用功能轉為手工藝品及擺飾。台灣各地均有原住民散居，處處可見原住民工藝品販售，尤以旅遊勝地居多。(註1)

　　根據台大教授曾旭正的分類：社區危機分為「認同危機」和「生存危機」兩項，兩項危機常常又彼此交互影響。因產業轉型所造成的社區生存危機，在台灣原住民社會尤其嚴重，令人隱憂。

　　社區內文化與產業發展結合成文化產業，是文化創意產業中的一項，也勢必是原住民部落必須走下去的路。唯反觀原住民面對嚴重的「認同」與「生存」雙重危機，站在社會整體的角度來看，當局公部門應以實際的資源支持協助原住民社區的發展。

　　台灣原住民從事藝術創作工作者，傳統上大多沒有受過任何藝術專業訓練，靠著與族裡的長老、前輩談話，了解民族傳說故事的精神及器物特色，過去以狩獵、耕種維生的生活情景及傳說神話，憑著原住民特有的激情熱力，苦心創作。

　　藝術也像動物、植物一樣，和它所生長的土壤、環境息息相

關，我們必須想辦法使原住民藝術真正由根部活醒過來，並繁盛壯茂。

原住民的工藝藝師雖然從事的是個人藝術創作，但是他們都有一個共同的美夢與理想，那就是「文化是一種分享，一種眾人創造、眾人分享的生活」，希望能夠帶動部落文化傳承，使家鄉具有文化特色。

原住民的器物，由於時代不斷地進步，從實用的觀點來說，這些傳統的東西不免被淘汰，但是若是以歷史演進的眼光來看，這些都是人類生活進化的軌跡，值得保存。

要延續原住民祖先的生存智慧，找回原住民的文化傳承，復振傳統工藝技藝，不失為重新與傳統社會文化接軌的橋樑。

如何復振，可以從三個方向著手：一是摹擬古老作品中樸拙實用的技巧；二是以後現代抽象藝術的觀點，配以濃厚的民族精神獨特創作，使作品具有獨立靈魂的「個體」；三是配合符合現代實用性的現代作品創作，因為藝術不能離開人群，否則易流於曲高和寡、孤芳自賞的境界。

原住民的社會文化歷經數千數百年，藝術是無聲的語言，藝術的創作者除必須大量接觸傳統文化的精髓之外，閱讀相關的神話與傳說故事，才有可能成為原住民視覺文化的開拓者。原住民文化藝術的研究與著作，可結合學術力量的傳播，提供原住民藝術創作者創作的根基，亦可促進族群之間的欣賞與了解。

原住民的藝術創作與生活是密切結合的，而且反應出人內心的種種情緒及感情，譬如在一切與生活有關的物品如陶器、木器、石器上，原住民族所繪或刻的藝術圖案及造型，都直接而真實的表達出人類最真摯的內心世界。從現今留下的大量台灣原住

民文物器具，即可看出台灣原住民藝術的豐富性與獨特性。

　　台灣的原住民族群，都有不同的工藝文化，多采多姿，展現了豐富的風采。由於現今的社會結構已不同於過往，所以傳統工藝也必須提昇到「文化產業」的範疇，否則實在難以與大環境競爭。

二、布農族的民族工藝

　　人類文明與發展，從歷史、傳說、器物、建築等，都可以揣摩出當時布農族人的生活背景與質樸的文化特色。民族工藝的發展與變遷，由於文化脈絡、歷史情境、經濟體系、技術發展、材料供應以及生活樣態的改變，而呈現不同的形式內容與技術。

　　（一）居屋工藝：例如石板屋、竹屋、茅屋、檜木皮屋及內部家具的陳設等。

　　（二）實用工藝：以實用機能為主，如日用器物、裝飾陳設器物等，例如木杯、木匙、木臼、木杵、木梳、石臼、水桶、米桶、煙斗、骨針等。

　　（三）紡織工藝：例如紡織、織布用具、織繡、刺繡工具、植物染料等。

　　（四）服飾工藝：例如男服、女服，各類全身的飾品等。

　　（五）織繡工藝：例如夾織與刺繡。

　　（六）雕刻工藝：布農族有簡易的木雕，石雕則不發達。

（七）編織工藝：例如編籃、編蓆、編繩、編網袋等。

（八）竹器工藝：例如各種生活上的竹材編器、竹水桶、竹簍、弓箭、樂器等。

（九）藤器工藝：例如各種生活上的藤材編器、背簍、魚簍等。

（十）月桃工藝：例如月桃蓆、月桃儲物盒、月桃便當盒、月桃編球等。

（十一）木器工藝：例如椅、凳、木箱、家具、房舍、住屋等。

（十二）石器工藝：例如石板屋、地板、住屋石牆等。

（十三）陶器工藝：例如陶壺、陶罐、陶碗等。

（十四）金屬工藝：例如佩刀、槍柄、盾、火藥筒、弓矢、簇、長槍、刀等金工翻鑄技術。

（十五）獸骨器工藝：例如祭器Lah-lah、手鍬、骨針、骨製鉤針（編織網袋）等。

（十六）揉皮工藝（皮革工藝）：例如皮衣、皮帽、雨衣、皮套褲、皮鞋等，布農族與鄒族的揉皮工藝技術堪稱一流。在布農族人未和外界接觸以前，就男子衣飾材料言，皮革是最主要的衣料。布農族男子擅長揉皮工藝，以鹿、羌、山羊皮為主，其他則有山豬、熊、豹的皮。

（十七）瓢器工藝：例如瓢壺、水瓢、瓢杯等。布農族的酒器，以竹筒為杯，也有用葫蘆或匏瓜的。比較大的葫蘆或匏瓜，對剖開來大都做成水瓢，比較小的則用來裝酒或飲酒器。

（十八）繩網工藝：又稱「結網工藝」，例如狩獵網袋、女用網袋等。

　　從時間的軸向，則可以分為「傳統工藝」與相對的「現代工藝」。傳統工藝自有其存在的價值，不僅過去如此，現代與將來也是如此

　　大部分的工藝創作都是因生活需要而製作，表現其內涵和生活態度，這是無法刻意內塑的。原住民在食、衣、住、行、育、樂各方面，皆與大地的脈動相契合，因此也處處顯見其與自然之對話。從本體來說，它是原始的、是自然的，這種單純與清澈的特性，較之文明社會的掩飾及人工化的藝術，可說更接近於自然和真實。

【註釋】
註1　交通部觀光局《工藝在台灣──台灣工藝精緻之美》摺頁。

布農族紡織工藝
植物的利用與運用

第
十
九
章

對傳統布農族人而言，男女的工作有別，例如男人負責出草、狩獵、伐木、編籃、製作器物等工作。而女人則從事採麻、紡織、縫紉、農耕等工作。

布農族的社會組織以男性為主，女性為輔，早期布農族以狩獵和祭儀為生活的主軸，狩獵勇士擅長狩獵，樂於分享，是男子的最高榮譽；而女子的角色雖然只是輔助，但勇士在家中卻非常尊重女性，尤其是對妻子手藝的欣賞和珍惜的態度。

布農女子除了要會釀製祭典飲用的小米酒，懂得採苧麻、紡紗、抽絲、養兒育女之外，更要極盡巧思為家人：丈夫、孩子、公婆等編織衣服。擁有織布精巧手藝的女人，在布農族社會裡可以提昇她的地位，她也常常讓丈夫引以為傲。

和台灣原住民其他族群一樣，織布是少女成長中重要的學習課題，不會織布的女孩，當長大成人，在議婚過程中，會遭到議評和挑剔。

∿∿∿∿　一、布農族傳統紡織材料　∿∿∿∿

　　傳統織布用的材料以苧麻纖維為主，取其麻根繁殖，種麻無季節之分，取其莖利用，處理過程十分繁複。近代婦女大都改用毛線與棉線做為織布的材料，主要是方便隨即可用，不需要如麻線要經過許多處理手續。

　　今日布農族的紡織之風已式微，係受漢人工廠紡織品的大量流入影響，又因衣式改變，「麻布」已不復見。惟在祭儀活動時，才能看到布農族婦女理經、綻線、織布等，較靜態的傳統紡織技術表演。

∿∿∿∿　二、布農族傳統紡織程序　∿∿∿∿

　　傳統紡織的程序可以分為：（一）紡線。（二）煮線。（三）理經。（四）織布。布農族婦女織布，週而復始的循環，直到布匹織完為止。

　　自剝麻至合線工作，全用口、雙手與腿，不用器具。架線用架線板，架經線以兩橫軸架於四木柱上為支。織機零件由「夾線板」（Haitsipang）二，「卷線軸」（Snaip lipuhan）二，「梭軸」（Naskusan）一，「提線軸」（Usiun）二，「打板」（Tsitsiahtsiah）一，「隔線軸」（Aisadu），「腰帶」

（Papavu）一合成。

～～～～　三、布農族傳統染色技法　～～～～

　　布農族人織布麻紗的染色染料，都是取自特定的自然植物：將紗線和木炭（或用油桐樹燒成的木灰）同煮可以漂白。用薑黃來染黃，用薯榔和木灰同煮染黑，用九芎葉染黑。染好的紗線，便在紡機上紡出頭緒，接著，依照各種所需的色線放在Gamsulan上，整理出自己想要的各種數量、次序。最後，便在織布機上經緯出一塊布面。

　　布農族人樸實的苧麻禮服及色彩鮮艷的胸袋，長期以來深受日本人的喜愛。早期布農族人以台灣苧麻織布，日治時期又引進日本苧麻，兩種差別是前者色澤較潔白，後者略帶米黃。當苧麻莖被砍下後，取皮曝曬，再把纖維一縷一縷地抽絲紡線，染色後，取材百步蛇圖案或有變化地經緯織出布來。

～～～～　四、傳統紡織技法　～～～～

　　布農族的織條特色為直條人字紋，普通以白線為地，兩邊緣

處有紅色邊兩條；常在中央與兩邊加邊色線帶條紋形，喜用紅、黃、紫或黃黑三色配合。傳統紡織技法可分為：

（一）平織法

「平織法」為最常見的基本技術，屬於條紋織法，可依個人喜好的顏色做變化，但還是以基本圖案為主。

（二）人字紋織法

「人字紋織法」與平織法最大的不同，乃挑織在綜絖棒及綜絖棒後的打棒做變化；即是紡織時有一半的機會把偶線也置於綜絖內，所以在織布時會產生三角形的開口，織布時在開口處穿進一根細棒，以平織法織面後，將細棒抽出，這時便可看出另的一種的梭路。

（三）挑織法

「挑織法」又稱「夾織」，其方法是用彩色絲線挑織成菱形、三角形、十字形等各類幾何花紋，而後平織和夾織交換進行。挑織原理和平織相同，有上下兩層，上層是用竹片進行挑花的部分，挑完後將緯線穿進去，以打棒打緊，再分上下兩層，讓緯線由中穿過去緊，因此，在夾織中通常是要準備二個梭子，因為挑花時都是先夾織再織布。

　　夾織是織布時，將色線夾織於上，以得紋樣。即在布紋中間，用有顏色的緯線織成，因經緯相互的交錯，形成各種幾何圖形的花紋。布農族大部分以紅、綠色等為主線夾織，圖案較簡單，只有條紋及方格紋。

（四）刺繡

「刺繡」是表現生活藝術的技藝之一，布農族人在刺繡方面也有優異的表現。主要是利用鎖鍊繡，繡出各種幾何圖彩，常用的顏色有紅、黃、藍、白、黑色等。

五、原住民織布機

原住民的織布機可以分為：

（一）傳統織布機：台灣原住民族使用的織布機，除了蘭嶼的達悟族是屬於「懸吊式」之外，其他各族均為「足撐式」水平背帶機，織布時，織者坐在蓆墊上，前面以雙腳頂著「經卷」。傳統織布機能織出華美、細緻、多變的織品，不過，目前簡便型或桌上型機器取而代之，因此，對傳統織法及工具的保存有其迫切性。

（二）改良式織布機：近年來學校與社區在傳統藝術推廣下，發展出桌上型、迷你型織布機，用來教授織布，其操作簡單、攜帶方便又不占空間，成為年輕一輩接受傳統紡織藝術的有利工具。

織布是婦女重要技藝的表徵，織布技巧更是做為其社會地位的評斷，所以織布是女子必須修習的課程，婦女終其一生不停地織布。

六、服飾工藝

　　布農族的服飾工藝包括：男服、女服、帽冠、首飾、頭飾、頸飾、項鍊、腕飾、腳飾等。陽光燦爛的原野鄉村，美麗的少女佩戴著傳統頭飾，微露出青春的微笑臉龐，令人心神嚮往。

第二十章 布農族編器工藝植物的利用與運用

　　台灣盛產竹、藤與月桃，因此各族都有以竹、藤、月桃為材料，編成各種日常用的器具，大如背框、籮筐，小的像首飾盒等。編器在布農族日常生活中的利用極為普遍，舉凡採集、收成、般運、儲存、盛物等，為用途廣泛的容器用具。布農族婦女亦擅長織蓆，以月桃為材料。

　　布農族編器工藝是由男性承傳，並且多父子延傳。傳統部落社會的物質技藝，有性別分工的表現特質，例如紡織工藝則由女性承傳，並且多母女延傳。古代小孩子從小就跟隨在父母親的身旁，邊看邊學會編器與編織的基礎技法。編器可以說是布農族最主要的生活技藝，有許多生活用品，都是靠著雙手編出來的。

一、布農族編器工藝的材料

　　布農族編器工藝的原始材料，如黃藤、竹子、苧麻與月桃。

　　（一）「黃藤」：藤條剖細成條片，處理後作為編織日常用具的材料。黃藤可以編織成背簍（Palangan）、穀簍（Talangkau）、飯盒（Tukban）、圓箕（Qapung）、簍筐（Kalala）、飯簞（Hailangsiu）和頭背袋（Tinaqes或Tisbunguan）等，其編紋漏孔者以六角紋為主；密編者以人字紋與十字紋為主。收邊法有斜卷法與捆卷法兩種。

　　（二）「竹子」：多用桂竹，剖細，編織成竹簍、竹籃、竹籠、笊、箕類器物。

　　（三）「苧麻」：用麻線編製成各種男用與女用網袋。

　　（四）「月桃」：以月桃編成月桃蓆（Sizu）、置物盒等。布農族的月桃蓆是鋪於床上的墊蓆。織月桃蓆是女性工作，以月桃草為原料，將月桃草曬乾後壓平，織成十字紋的座蓆或床蓆。此外，月桃還可編織成裝物箱（如裝衣物等）。

二、黃藤的利用與運用

　　「黃藤」除了是製作各種編器的主要材料，其藤心嫩質部分可以食用。據說藤心有祛暑的作用。藤心為黃藤植株的枝條末

端，去除堅硬外層後的幼嫩部位，食之略具苦味而後甘美，風味獨特，是布農族偶食的食品之一。

~~~~~~~~~~~ **三、竹子的利用與運用** ~~~~~~~~~~~

　　食的方面，幼竹為筍，春夏冬季皆可生筍，可以食用。台灣竹林其中約60％是桂竹林。而箭竹是台灣重要的原生作物之一。

　　住的方面，傳統建築取竹為材料的淵源已久，箭竹可供製作寢床。行的方面，器物如竹橋。娛樂方面，器物如竹製童玩等。

　　竹子的應用範圍非常廣泛，時至今日，以竹製器者尚多，例如傳統的汲水用具竹水桶，喝酒用的竹杯。編器方面的器物如各類日常生活編器等，多以竹子為材料，包括竹簍、魚簍、魚筌、置物簍、竹編蓆等。編製網袋，則是以竹製鉤針編織。

　　武器方面的器物如箭竹，為製作「箭」的材料之一，「弓」亦有用竹製作者。樂器方面的器物如弓琴、竹簧琴（口簧琴）、竹笛等，皆以竹製作。

四、苧麻線的利用與運用

　　布農族皆用苧麻纖維績線、織布，這是女子的專業；苧麻布紡織技術可能發生得很早，一直延續到近代。布農族有高品質的苧麻布，現代則發展並用毛線、絨線夾入經線，織成美麗的幾何圖形。

　　苧麻原產地，白葉種可能為中國，而綠葉種則為馬來諸島。埃及於7,000年前已利用苧麻與亞麻混合織布。據Watt氏稱，印度利用苧麻尚較埃及為早。中國於周、秦時代即利用苧麻作織衣原料，對於苧麻栽培及纖維採取法皆有發明。台灣苧麻在明鄭時已有栽培，且有苧麻布品輸出海外。引種來源，一說由原住民同胞自南洋輸入，或就本地野生種培育而成，因早在荷蘭人侵占以前，散居台中、新竹、台北、花蓮等地的原住民同胞已採取苧麻纖維，自織麻布使用，其所栽培品種能在瘠薄坡地生長。另一說為閩粵人移居台灣時由大陸移入，初以台南安平為中心，然後由南而北，逐漸傳播，據傳在250年前，曾有苧麻苗自浙江運至台中，且在清道光、咸豐年間，曾有輝煌的生產紀錄。（註1）

　　日治時期，日人曾大力推廣苧麻栽培，1936-1945年十年間，平均栽培面積1,910公頃，產量約93,000公斤。光復後，因麻價低落，品種退化，且對抗作物增加，1964年前尚在1,100公頃左右，1965年跌至928公頃，以後逐年減少，至1971年僅426公頃。台灣苧麻主要產地在南投、新竹、台南、苗栗及花蓮等縣山地，只有少部分在平地栽培。（註2）

　　麻線除了紡紗織布外，亦編織成「女用網袋」（Sivazun），

和「狩獵網袋」（Davaz）。然現代已經用「尼龍繩」編織「狩獵網袋」，不怕雨水與潮溼，非常耐用。

五、月桃的利用與運用

「月桃」：布農人稱Sizu，常見於山坡處，應用也很廣泛。布農族製作「小米糕」，用來包裹的葉子就是月桃葉，部分也有用香蕉葉包裹。

「月桃」是布農族編床蓆最重要的材料，此外，月桃編器尚有：月桃籃、月桃盒、置物盒、置物籃、嬰兒籃、便當盒、衣物箱等，都是利用自然的素材月桃，來進行編織各種日常生活用的器物。

在台灣鄉間野外，月桃是是極為平凡的多年生草本植物，屬於薑科，有類似生薑的地下莖，月桃花開時，3、40蕊成串垂掛枝頭，白色，脣瓣上底鮮黃而具有紅色腺紋，外表晶瑩剔透，一點絳紅宛如塗上口紅，嬌翠欲滴。初綻時微吐芬芳，常可發現蝶蜂爭相取蜜之熱鬧景象。其蘊含大量水分，芳香清涼。月桃的葉子十分的大，形狀為長橢圓狀披針形，與竹葉形狀相似，長可達60-70公分，所以被布農族用來包裹「小米糕」、「小米粿」或襯底，其味道特別香郁，既方便又環保。

月桃因其葉鞘層層包被，排列成莖桿狀，又具堅韌的纖維性，因此被用來編織成床蓆或製成各式的籃、盒等器物。月桃編

織器物，在布農族的日常生活中，占有一定的地位，與日常生活息息相關。

　　布農族廣泛的利用自然資源，將月桃莖曬乾，編製成各種月桃編器，輕巧美觀實用。月桃編織器物之用途的發展，是利用月桃材質細緻的概念，運用在不同的生活需求上。

　　月桃草的編製過程：先採收月桃草，從其底部削砍，一束一束捆綁載運家中。其次是剝葉，用手將月桃葉從外部一層一層的往裡部剝開來，將一根月桃葉剝離成一片片的材料。再來是翻葉，月桃葉剝離後，因其葉面是往裡捲曲，此時為使製作方便，須將葉面反向翻開成圓形狀，使其葉面呈扁平狀後始能製作。一圈一圈的葉面翻開後，因其韌性強度高，不易呈扁平狀以便編織，故要使其曝曬在日光下二至四日，待其乾透。將曬乾後的葉片鬆綁成一束束可以利用的材料；此時亦要作選材的工夫，葉面呈現裂痕或斷裂現象者，棄而不用。

　　月桃葉的編法是以平面編織為基本類項，而平面的編法有壓一挑一編法、壓二桃一編法、壓三挑一編法等。月桃編織為一種交織編法，是二組或二組以上的各相平行的材料相交編織而成的。其較簡單的編法是以二組編條（即經條和緯條）互成直角編織而成，在術語上稱作方格編法。亦有一種稱作斜紋編法的，即每一編條又隔一條，或一條以上的編條和其垂直的編條相織，向相鄰的平行編條與其垂直編條之交織僅一條之差，因而形成斜紋編條。而月桃製品，由於材料的柔軟可曲，其全部均為方格編法而無例外，而若用堅硬的材料如竹、藤，則宜少作屈折以求緊密，故多做斜紋編法。月桃編織收邊、修緣方法：有橫折收邊、反折收邊、內折插邊、菱形收邊及交叉收邊等編法。月桃編織的

的收邊或修緣，是所謂的剩篾倒插法，就是將突出於口緣的編條倒插於器壁內，使口緣整齊，而不另加編條。

六、竹藤編器的防蛀

以竹藤為材料的生活用編器頗多，器物編造完成後，加以煙燻或塗抹煤灰等方式來防止蟲蛀，器物便可以保存較長的時間。

【註釋】
註1 《台灣農家要覽》。
註2 同註1。

第二十一章　布農族瓢器與石器工藝

　　布農族以瓢殼製成許多不同的器皿，如瓢水壺、瓢杯、水瓢等。葫蘆果實多肉多漿，又稱瓢果，供食用。布農族人很尊敬葫蘆，因為傳說布農族人的小米種粟是從葫蘆裡長出來的，所以布農族人才有賴以維生的小米。

∧∧∧∧∧∧∧∧∧∧∧　　一、瓢器工藝　　∧∧∧∧∧∧∧∧∧

「葫蘆」在台灣各地皆有出產，因此很早以前，原住民就利用葫蘆作為容器，在台灣北、中、南部及東部的原住民部落，皆能見到葫蘆器皿。

布農族以瓢殼製成許多不同的器皿，如瓢水壺、瓢杯、水瓢等。葫蘆果實多肉多漿，又稱瓠果，供食用。布農族人很尊敬葫蘆，因為傳說布農族人的小米種粟是從葫蘆裡長出來的，所以布農族人才有賴以維生的小米。

葫蘆容器的製作，將成熟瓜果內部給予挖空，再曬乾，即可使用。葫蘆的用途很多，如可作為盛酒器、盛水器或盛物器。比較大的葫蘆或瓠瓜，對剖開來，大多做成水瓢，比較小的，上端蒂頭部分去掉，可用來裝酒，較小的葫蘆也可以製成葫蘆酒杯。

古代布農族人渡河涉水，也用數個「葫蘆」綁縛身上，可用來漂浮水上，游泳渡河。

∧∧∧∧∧∧∧∧∧∧　　二、石器工藝　　∧∧∧∧∧∧∧∧

布農族的石器製器有石臼、石飼盆、石磨及石灶等：

（一）石臼

「石臼」是專門舂米糕用的，質地非常堅硬，據說在石臼舂

米糕，味道特別芳香。石臼的樣子酷似石頭盆子，平常不舂米糕時，可以作為其他用途，如儲水器或裝米器。製作米糕時，則用木杵舂打。布農族人也另外製造專門搗火槍用的火藥石臼。

（二）石飼盆

布農族人也從事飼養的生產活動，飼養的動物中，以雞、犬、豬三者最重要，而飼養的歷史亦最悠久。犬在布農人狩獵生活中，是不可或缺的動物；雞和豬在布農人的祭祀生活中，是不可或缺的犧牲。

養豬均以舍飼法飼養，飼養的是土豬（Babu bunuu，意即山地豬），此種豬體型瘦小，養豬是古代布農族人的重要事情，因為有許多祭祀需要用到豬隻，如播種祭、射耳祭、收穫祭、嬰兒祭、小孩成長禮等，都需要用豬隻祭祀。

布農族人養豬，除用石製飼盆外，也有製作木製飼盆及竹製飼盆。

（三）石磨

「石磨」以石做成，是用來磨碎雜糧的器具，布農族的石磨體形較小，而且還是手搖式的。布農族人用石磨磨一種叫Tsalaz的農作物，Tsalaz磨成粉是用來混合在小米飯裡一起煮食吃的，加了Tsalaz粉的小米飯特別好吃，筆者小時候經常吃這種小米飯。石磨也是古代布農人常用的器物，唯較晚近製作的石磨，則仿漢人石磨型制。

（四）石灶

爐灶是煮燒食物的地方，布農族人的灶非常簡單，用三塊大石頭豎起來，下端固定埋於地下即成灶，一切燒煮食物就靠這三塊石頭豎起來的灶，上面覆蓋鐵網就可以烤肉了。布農人的灶也稱為「三石灶」。

第二十二章　布農族竹木、揉皮、結網、雕刻工藝

　　搗米是古代布農人每日生活的重要工作，布農族的春臼以楠木為主要材料，中間挖空的部分是用火燒成的，杵則是用青剛櫟樹製成的。

一、木工工藝

布農族以「木工」製成器具，如：背架、木臼、木杵、蒸桶、米桶、木凳、掛物架（木鉤）、木杓、湯匙、木飼盆、刀鞘、木柄、木枕、拖板、木筏、木甲、弓箭、火槍、刀柄等。

搗米是古代布農人每日生活的重要工作，布農族的舂臼以楠木為主要材料，中間挖空的部分是用火燒成的，杵則是用Qavutaz樹製成的。舂臼、杵的製作有大、中、小之分，男子使用大型臼杵，女子用中型臼杵，小孩則用小型臼杵。

二、竹工工藝

布農族用竹製為器物者，如：盛湯器、竹杯、竹桶、竹水筒、竹煙桿、竹篾編成火棚（Tapa）、竹篾（Tapa-an）、竹扉、竹笛、竹箭桿、竹飼盆等。

～～～～～～　三、揉皮工藝　～～～～～～

　　製作皮衣的「揉皮」為布農男子的工作，布農族人男子擅長揉皮。皮衣以鹿皮、山羌皮、山羊皮等為主要材料。

　　布農族的揉皮工藝，每一種野獸皮都各自有不同的功能與用途，布農族人也依據每一種獸皮的特性，製作需要的服飾或用具。

　　揉皮的技術程序：

　　（一）剝皮、洗皮、浸皮（三晝夜）。

　　（二）張皮，曬乾：將皮張緊在木框上，置於屋頂或掛在露天高柱上曬乾。

　　（三）刮皮：用刮皮小刀將裡皮面的脂肉刮淨，製革者將正面的毛剃光。

　　（四）揉皮：以煮熟的花生仁傾於皮上，用手揉足踏，使脂油進入皮毛孔中，會令皮柔軟，或將皮及花生放置於椿臼，用杵搗之。

　　（五）拉皮：兩人各持皮之一端，搭在木軸下往返拉數十下，使皮平直可用。

四、結網工藝

「結網」（Mat-tin-un），或稱「繩網」工藝，屬於男子的工作，結網工藝以麻繩或麻線（Div）為材料，織成「網袋」（Davaz，狩獵時用以背負山獸肉）和漁網（Davaz- Iskan）等。網袋用手結法結成長方形後，再結邊成為方袋；漁網有手結與中心結兩法，前者用於拋網，後者用於戽網。

網袋與編器都是布農人日常的盛裝器皿與搬運用具。網袋依性別上使用及用途的不同，有男用網袋（Davaz）、女用網袋（Sivazun）、男女通用網袋（Taukan）三種。男性擔任自搓繩、結網，到染色等過程的工作居多。現代結網工藝的材料，有用塑膠、尼龍繩者，也很堅牢。

五、雕刻藝術

傳統布農族的雕刻藝術雖然呈現貧乏的現象，但是骨製髮簪，仍多以幾何圖紋表現。布農人在刀鞘、弓背上刻上三角形缺口或點紋，用來記錄其獵首及獵獲的回數。此外，在貝製耳墜上，骨製口琴套上，竹笛及鼻笛表皮上，有刻上幾何線紋的習慣。

台灣南部諸族的雕刻，在性質上與北、中部不同，是屬於象

徵的雕刻藝術。雕刻的種類有凹刻、浮雕、透雕與立體雕刻等，而雕刻器物的範圍也甚繁多，尤以排灣族為最盛，其代表雕刻為門楣、木桶、祖先柱的浮雕、飲食器具、飾物用具的透雕或立體雕刻。魯凱族的雕刻藝術，大致與排灣族相似，不過種類較少。卑南族的雕刻則較簡化。阿美族的雕刻多為器物飾雕，少見板柱、浮雕及玩偶。達悟族以漁船雕刻最為出色，匕首刀鞘的浮雕亦特別發達，器物飾雕與玩偶皆甚精緻。(註1)

【註釋】
註1　阮昌銳〈原住民概說〉。

布農族陶器工藝

陶器的製作與技術顯示了先民運用天然資源與科學技能之追求，它是
土與火的藝術，更是形式與內容的有機融合產物。

一、布農族陶器發展與限制

　　陶器的產生也是因飲食的需要而製作。根據陳奇祿〈貓公阿美族的製陶、石煮和竹煮〉載：「在台灣的原住民當中，除了泰雅與賽夏兩族，自古就不會作陶，迄今也未發現有使用陶器的傳統外，其他的族群，包括平埔族在內，都能作陶也都持有陶器。」（註1）

　　台灣自古即有陶器，七千年前的史前時期有繩紋陶的出土，在台灣原住民族中素有使用陶器傳統的有：布農、排灣、魯凱、阿美、卑南、達悟、鄒等族。不過傳統製陶技術大多已經失傳。

　　台大人類學系所藏陶壺標本，計149個，分別來自阿美（70個）、雅美（27個）、布農（14個）、卑南（14個）、排灣（13個）、平埔（6個）、魯凱（4個）及鄒（1個）。（註2）

　　原住民族與漢人接觸之後，因為採用漢人陶瓷器的結果，製造陶器的技能日漸荒忽，以至於幾乎全被遺忘。（註3）

　　傳統布農人會製作陶器，可是目前已經沒有人懂得傳統製陶的方法。布農族的陶器發展，一般來說是比一般台灣原住民較不發達，原因在於生活的地理環境與精神生活重心之取向，對於藝術的發展有莫大的關係。

　　男性以狩獵為精神生活的重心，長年奔馳於山林間，其游耕農業及尋找耕地與獵場，從來沒有停止過，因此就無暇從事精緻的藝術創作，其生活所製作器具均以實用性為主，而不以藝術陶冶為出發點，就此點來觀察，其藝術發展無法朝向精緻的境界是顯而易見的。

　　大致說來，原住民泰雅族、賽夏族、布農族等，居住於山區幽谷中，地瘠物乏，生存上且有不斷敵對關係，自無進一步講究美感表現之餘力。他們的日常生活為爭鬥與遷移，且因不斷移墾，故一切僅求實用，而藝術乃停滯於實用主義的粗陋狀態下，雕刻也呈現貧乏的現象。

　　而排灣族、魯凱族、卑南族則居住於台灣島南部，扼險要之山地，臨著富於變化的海岸線，居高臨下，利於防禦，且全域在熱帶地區，相較於布農族的居地，其農產豐饒，生活安定。在此天然環境下，能保持安定的經濟生活，實為孕育藝術的有利條件。

二、文獻上的布農族陶器製作者

　　文獻上布農族陶器的製作僅保存於丹社群之間，不過日治時期陶器的製作已經衰微。一般而言，在日常生活中並未製造，必須具有特殊神話傳說背景的家庭，才有製作特定器物的權利，因此製陶工藝在布農族還帶有某些神祕色彩。

　　布農族從事陶器製作的工作者「海舒兒」，是近年頗有名氣的陶藝家，他是高雄市那瑪夏區人，也在民權部落成立了「海舒兒文化陶藝創作工作室」。

　　丘其謙教授到潭南社調查時，曾記錄社人是用鐵鍋燒飯，然而，這是近年來的事，在這以前，是用麻竹和陶壺燒飯的。卡社

群人不會製造陶壺，丹社群人才有製造。當時青雲社（地利村）尚有一丹社群的老人Atul-mangkuku還會製陶。以前製造陶器的人，可以不必從事其他工作，就有很多人家拿來跟他交換陶器的小米、豬、羊等東西供他食用。陶壺有大的有小的，大的大到足供燒三十人吃的飯，小的小到僅夠燒一人吃的飯；介乎這二者之間尚有可供二十人、十人、五人等煮用的陶壺。據云，大小共有九種之多，惟現在潭南、青雲、雙龍等三社中都無陶壺了。至於以物易物的方式有：一隻一斤重的雞，換可煮八人飯的陶壺一個；一頭四十斤重的豬，換可煮八人飯的陶壺四個；一、二升的Painudengal（為一種莢果，如指長，內含有似花生米大的種子六、七個），換五人用的陶壺一個。他們要交換這些陶壺時，都將要交換的東西運到會製陶器的丹社群人居住的社裡去交換。

（註4）

∿∿∿∿　三、布農族陶器製作　∿∿∿∿

　　布農族的陶器特色是圓底，器面上是方格拍打的花紋，陶壁厚約6mm。（註5）

　　布農族陶器以燒陶土為主，顏色以黑及暗紅為主；再以簡單圖案描紋；表現出布農族簡單、直率的敦厚個性。

　　台灣原住民的原始製陶法，是用木材覆蓋堆放燃燒，並將陶製品放在柴薪中央，由於是野外作業，因此沒有留下任何燒陶的

遺跡。

布農族製造陶器的方法是把黏土塞進圓形網袋裡，使陶器中空，陰乾後再燒製，於是陶的表面會有網形的飾紋，陶器口部也會很大，不會有圈足。

丹社群的陶器製法先以紗、布製袋，置泥於其中，逐次剖取中央之土，定型後以火燒之，故其陶器多布紋或網紋，後改用竹篾敲打其上使成篾紋。很可惜的是，如今已經不見布農族的陶器。

據說布農族的祖先，會做一種獨特的素色土器。在布農族的舊房子內，可以見到使用過的土器，那是用來煮小米的食器。它帶有點圓底形狀的底部，類似日本繩文土器的樸素質感。但自從他們開始使用漢人的鐵鍋後，加上日本愛好這種質感的蒐集家全力收購，這種樸素的土鍋已不多見。（註6）

四、布農族陶器傳說故事

傳說，一群獵人獵畢返社，在離部落不遠處的最後一宿。半夜，一位獵人起來尿尿，看見林深處隱約透著火光，趕緊叫醒其他同伴一起去察看，卻看見一群穿著布農族服飾的男女老少，舉行祭典。他們圍著一個月桃葉掩蓋的大陶壺唱歌，歌聲如天籟般和諧。最後他們把蓋在陶壺上的月桃葉拿掉，一個一個跳進陶壺中消失了。獵人們慢慢靠近陶壺，發現壺中都是陶土泥漿。他們

把陶壺帶返部落，巫師告訴獵人，他們在山上看到的一群男女老少，就是陶的精靈。

　　佐山融吉著（大正四年）、余萬居譯《蕃族調查報告書》〈武崙族前篇〉載：「從前，有個名叫Takebata的人發明了陶鍋，稱為Tabana，最初的製陶方法，是先用繩子或布料做成袋子，再把泥土放入袋中壓硬，然後用手挖出內部的泥土，用火燒烤。古人遺留下的陶鍋，表面都有布紋或網紋，就是這個原因。現代人製陶，是用刮刀畫上布紋網目。」（註7）

～～～～～　五、布農族陶器的紀錄　～～～～～

　　西元1896年（明治29年），自從日人長野義虎探險中央山脈及玉山附近，於翌年發表〈生番地探險談〉，報導發現南投縣的石器以來，學者鳥居龍藏、移川子之藏、森丙牛（森丑之助）、芝原太次郎、甲野勇、廣江清、青才三次、杉山直明、齊藤良秀、岡野警部、古屯、馬淵東一、尾崎秀真、山田金治、吉見佐吉、河野廣道、鹿野忠雄、笹尾宗晴、宮本延人、金關丈夫、國分直一、伊能嘉矩、佐山融吉、古家寶三、河野常吉、鈴木謹一、淺井惠倫、高山富夫、劉枝萬、劉斌雄、石璋如、芮逸夫、宋文薰、連照美、臧振華、劉益昌、洪敏麟等，陸續對南投地區的先史遺址遺物進行勘查研究，歷經多年的努力，所發現的史前南投陶非常豐美，在原住民布農族區域所發現的計有：

（一）仁愛鄉卓社大山遺址：遺物有陶片（有紋）。

（二）仁愛鄉Asang-daingaz社：遺物有灰褐色陶（無紋、條紋、圈足）。

（三）信義鄉Luluan坡上：遺物有灰褐色陶（無紋）。

（四）信義鄉楠仔腳萬社遺址：遺物有陶片。

（五）信義鄉望鄉社遺址：遺物有紅褐色陶。

（六）信義鄉東埔社遺址：遺物有甕棺。

（七）信義鄉Alipatun遺址：遺物有淡灰褐色陶、淡棕褐色陶（方格紋）。

（八）信義鄉加走咀社遺址：遺物有陶片（有紋）。

（九）信義鄉Quwas遺址：遺物有陶片（有紋）。

（十）信義鄉Lmusu社遺址：遺物有陶片。

（十一）信義鄉Qainugu社遺址：遺物有陶片（有紋）。

（十二）信義鄉Ilitu遺址：遺物有陶片。

（十三）信義鄉望鞍駐在所遺址：遺物有淡褐色陶（繩紋）。

（十四）信義鄉Uvahu社遺址：遺物有紅色陶。

（十五）信義鄉郡大社故址：遺物有陶片（網狀紋、方格紋、搔刷紋）、陶罐（帶尖底、長口緣）。

（十六）信義鄉Babahu1社至Masita1un社間：遺物有陶片（蓆紋）。

（十七）信義鄉Hinuqun社：遺物有陶片（有紋）。

（十八）信義鄉Hinuqun駐在所：遺物有灰褐色陶（繩紋、編蓆紋）。

（十九）信義鄉Telusan社：遺物有陶片（有紋）。

（二十）信義鄉Qalmut社：遺物有陶片（有紋）。

（二一）信義鄉丹大社：遺物有灰褐色陶（方格紋）、陶
罐。

陶器製作目的在於盛水儲物，信義鄉所發現的史前陶片甚
多，說明史前人類能夠製造陶器。

布農族的陶器製作，可能相當早，在臨時台灣舊慣調查會出
版的《蕃族調查報告書》中，於〈布農族前編〉中提到：在從前
有名為塔克巴丹者是第一個製造土鍋者的傳說。另外也敘述同屬
該族的丹社群，時至日治時期雖然數量稀少，仍在製造素燒土
器。

日治時期，日本考古學者森丙牛氏在〈關於臺灣之石器時代
遺址〉曾說明南投縣境內遺址：「遺物包含屬之表土堆積，若由
地質學上可得標準，則按其深淺而可推測其大體年代。於東埔社
52公分，於頂崁庄60公分餘，於林尾庄90公分。然則其年代，當
不甚新近也。且其發生及發達，與河川之關係至深，遺址多分布
於濁水溪及其上游一帶沿岸，可見石器時代人類曾沿河川而居
住。此事，現在高山族亦然，……由地形加以觀察，往時石器時
代人類，可能曾住於眉溪沿岸。渠等渡過湖水，長嘯於珠仔山，
有時漁撈於眉溪畔之情形，可想而知。玉山附近之布農族及阿里
山鄒族，有使用石器之傳說，尤其東埔社尚記使用石器之法。此
二族均保存古陶器，而用於宗教儀式。玉山附近、八通關下、濁
水溪畔等處，時見數百石器散布之地。從泰雅族居住地，亦曾發
現不少遺物，甚至有有紋陶片隨伴於石器。譬如明治40年鹿場大
山探險之際，在汶水溪上游發現的陶器，與埔里社番地發現者毫
無二致。但渠等並無關於石器之傳說，又不知製陶之法，想此係

先住人類所遺留者。」

以此報告觀之，南投不僅於平地有先史陶器，即連高山亦有，且時代甚早。並可知布農族及阿里山鄒族均保存用於祭祀之古陶器。

關於南投原住民的陶器，1919年（大正八年），日本學者佐山融吉曾報導布農族丹社群有陶匠及其製陶工程、形制，及有關石器陶器的傳說（佐山融吉《番族調查報告書・武崙族前編》，臨時台灣舊慣調查會第一部，大正八年）。可見布農族還是善於製陶的民族，而其居住地多分布在濁水溪流域。

1925年日本學者河野廣道曾撰〈關於台灣山地古代民族的遺物〉乙文（載於《台灣博物學會會報》第91號，昭和二年）敘述濁水溪的支流陳有蘭溪沿岸傾斜較緩之地，均曾發現眾多不帶釉的素燒陶片，依此批材料，河野常吉曾撰〈關於台灣之陶器〉一文（載於《考古學雜誌》第15卷第10號，大正14年），足見濁水溪上游流域涵育南投陶的關聯性殊為密切。

1902年（明治35年10月30日），森丙牛於信義鄉東埔社發現甕棺。1930年（昭和五年8月），日學者尾崎秀真於仁愛鄉Mahebu社曾發現陶罐（方格印紋、篦狀印紋）。1931年（昭和六年11月）於信義鄉丹大社發現陶罐。1931年（昭和六年7月），日本學者鹿野忠雄氏曾發掘位於郡大溪右岸之布農族郡大社舊社址，發現陶片甚多，紋飾除網狀及方格印紋外，更出土眾多具有用堅硬器具搔成之刷紋陶片，又有屬於古代型的布農陶器罐，尖底者及長口緣部者，且於陶罐中發現小孩之骨（鹿野忠雄〈台灣石器時代遺物發現地名表〉，載於《史前學雜誌》第1卷第5號，昭和四年）。由此可見濁水溪支流郡大溪岸邊之宜居

地，與陶器的產生，和族群的人文關係。上述高山陶器，並非於
日治時期製作者，顯然是古早所留，據此，可以佐證南投先史陶
器存在歷史悠久。

　　關於這些陶器的源頭，早年日本學者鹿野忠雄已經認定其中
的網紋（方格紋）陶器係由華中而來，而黑陶亦含中國大陸的文
化因素。近年張光直博士進而認為鳳鼻頭文化（黑陶）與大陸福
建曇石山文化相銜接，屬於中原文化龍山形成期。史前的台灣已
有中原文化的因子，而這些陶器和近代土著，如平埔族、布農族
的製作，又可以銜接。

六、布農族燒窯陶祭

　　2006年高雄市那瑪夏區「第二屆春之頌全國布農族射耳祭儀
系列活動」（2006年4月7日至5月6日），有一項非常特殊的祭儀
「燒窯陶祭」。

　　許多人認為布農族人沒有製陶文化，事實上，布農族曾經有
過製陶文化，只是布農族製陶中斷、消失了一段很長的時間，而
在布農族群的社會也甚少留下相關的訊息與陶製品，致使一般人
誤以為布農族沒有製陶文化。

　　那瑪夏區當地的「海舒兒文化陶藝創作工作室」為喚起古代
製陶文化，負責人海舒兒（李文廣）策劃「燒窯陶祭」，將布農
族過去祭典儀式運用在柴燒陶時的動作。

其儀式流程如下：(註8)

1、祭窯：主祭者領燒窯的人在窯口前進行酒祭，祈求燒陶過程平安順利。

2、祓除祭（Lapaspas）：祈天在燒陶過程中，將不好的東西驅除，祈求順利。

3、小米豐收歌（Pasibutbut）：燒陶的溫度由0度上升至1千多度，用布農族八部合音祈求溫度上升順利。

4、誇功宴（Malastapang）：布農族過去任何的祭典儀式或聚會，都會有報戰功的動作。

5、飲酒歌（Pisiling）：飲酒後會自然地吟唱。

「燒窯陶祭」是那瑪夏區獨特的祭典，也是海舒兒融合布農族傳統祭典儀式，和他自己燒陶過程而發展出的新式祭典，藉由他燒陶前的祭窯儀式，把從前只出現在小米豐收祭和獵槍祭的「八部和音」、「報戰功」等儀式，放在他的新祭典裡，目前在那瑪夏區已經舉辦過九次陶祭（1998-2006），以儀式動態的情境效果，引領對傳統布農文化感到陌生的群眾，從貼近布農族山林自然與神靈觀念的角度，來欣賞布農族的藝術觀。(註9)

【註釋】

註1　陳奇祿〈貓公阿美族的製陶、石煮和竹煮〉，《台大考古人類學刊》第一3、14期合刊，台北，1959年。

註2　崔伊蘭〈人類學系民族學收藏之陶器〉，《台大考古人類學刊》第48期，台北，1992年12月。

註3　徐文琴〈台灣史前與原住民陶藝初探〉，《台灣美術》第51期，國立台灣美術館，2003年1月，頁72。

註4　丘其謙《布農族卡社群的社會組織》。

註5　陳慧蓉〈台灣土著的陶器〉，《台灣博物》第5卷9期，1986年12月，頁49。

註6　王蜀桂〈你所不知道的原住民陶器〉。

註7　尹建中《台灣山胞各族傳統神話故事與傳說文獻編纂研究》。

註8　2006年高雄市那瑪夏區第二屆春之頌全國布農族射耳祭儀系列活動摺頁。

註9　〈陶壺精靈：布農族警察藝術家李文廣〉。

第二十四章 布農族民俗器物動植物的利用與運用

布農族的民俗器物，造型樸拙，散發出原始的純樸美感。其民俗器物眾多，大致如起居器物、住屋器物、運輸器物、儲藏器物、盛裝器物、容器器物等。

一、起居器物

（一）月桃蓆（Sizu）：月桃編織而成，是鋪於床上的墊蓆。

（二）嬰兒籃：月桃編織而成，是放嬰兒的籃子。

（三）床板（Sapalang）：睡床上的睡板，有用木製的。

（四）竹床（Sapalang）：以竹編排竹床，有用箭竹編床者，布農語亦稱Sapalang。

（五）麻被（Qabang）：是睡覺時用來蓋身子的被子，非常堅固耐用，以苧麻編織而成。

（六）掛物架（木鉤）：在住屋常於屋樑上掛上許多木鉤，吊掛雜物器具等。

二、住屋器物

（一）竹扉與木扉：傳統石板屋，最少會有一個窗戶，有竹製與木製兩種。

（二）竹籬笆：用以區隔居家內外。

（三）石板地板：布農族會以石板鋪設住屋地板。

（四）木凳（Pangka）：為坐下用的器物。

（五）石凳（Pangka）：亦為坐下用的器物。

（六）竹屋：以竹築屋，有日常家居竹屋、田舍竹屋、臨時竹寮、狩獵竹寮等。

（七）木屋：以木築屋。

（八）茅草屋（Langqa）：以茅草築屋，有田舍茅屋、臨時茅寮、狩獵茅寮等。茅草屋類型主要以茅草為主，也有用五節芒、山棕葉搭蓋屋頂者。

（九）檜木皮屋：以檜木皮為屋頂築屋。這是台灣原住民族特殊的住屋建築。

（十）石板屋（Lumaq）：以石板築屋。是原住民特色的住屋建築

（十一）會所（公廨）：為部落集會的場所，筆者發現在東埔社有會所的設置。其他部落的會所推測或許是在領袖（Lavian）的家。

（十二）紡織小屋：布農族有的婦女有專屬的紡織小屋。小孩子不可以隨意進入，以防紡織器具被破壞。

（十三）涼亭：主屋旁設置涼亭，唯不普遍。

（十四）掃帚（Asik）：「山棕」（棕櫚樹）的葉子梱成一束後，做掃把來掃地，非常耐用。

（十五）五節芒掃帚：「五節芒」可以綑綁起來，成為一把掃地用具。

（十六）防風牆：可用「芒草」或「五節芒」及「竹」（剖成片）編排而成。

（十七）繩索：以「苧麻」編織而成。構樹皮剝下來可以當繩索用。「葛藤」（山葛）也可以綑綁東西。「水麻」（Bulbulaz）葉莖的外皮可取用做繩子。「藤皮」則是建屋用的繩索。

「山棕」葉則是收割粟時，綑綁小米成束的繩子。「山芙蓉」（Laspang）纖維韌性高，布農族人廣泛使用，取樹皮曬乾搓製成日常使用的繩索，用來綁小米或鞭陀螺，是一種很好用的繩子。在山上砍柴時，沒有繩子則可用「四季果」（Tukisu）莖綑綁木材。

（十八）家具：布農族人曾經種植過「油桐」（Avula-kili），油桐早期屬於經濟作物，種子可以榨取工業用油，木材可以製作家具。台灣有木油桐和油桐兩個品種，主要區別在於核果的形狀不一樣。筆者小時候也曾經幫忙過家人剝油桐，取出油桐仔，曬乾後就可以出售。

三、運輸器物

（一）背簍（Palangan）：以藤為骨架，藤皮或竹絲削成編條，編織的漏孔呈排列的六角形紋為主，即簍身以六角形編法，簍底以方格編法編成，收編的地方為斜卷法和捆捲法。用以背負薯、芋、小米、玉米等之農作物。背簍有額頭頂負法（額帶式）和兩肩背帶法，男女通用。

（二）小型背簍（Palangan tikis）：為小孩子製作的小背簍。筆者小時候就常常背這種小背簍。

（三）密編藤編背簍（Palangan qishung）：以藤為骨架，藤皮或竹絲削成編條，密編則以人字紋與十字紋為主，簍底以方格

編法編成，收編有斜捲法和捆捲法。

（四）頭背帶（Tinaqes）：用頭額背負重物的編具。頭背帶是用藤材以斜紋編法編成。

（五）背架（Taqan）：是男子專用的搬運工具，以板子釘於二根鉤形的木棍上而成。用藤以斜紋編成的肩背帶，也是重要的負薪架（背負燒飯煮菜用的薪柴）。

（六）女用藤籃（Sivazun）：專門給婦女提物使用。

（七）網袋（Davaz）：是以麻線為材料，再運用竹製或骨製鉤針鉤織出呈菱形網目的方形網，四邊並預留四個可以繫綁兩條背帶的圈洞。

（八）男用背網（Davaz）：專門用來狩獵裝獵物的網袋，輕巧方便，是用麻編織而成。

（九）女用網袋（Davaz）：婦女專用網袋或旅行袋，斜掛在肩上，放置雜物或嬰兒用品、衣物等。

（十）拖板：最笨重之物則用拖板運輸，拖板屬男用運輸工具，拖板裝載重物時，前面二人用額頂帶，後面二人則用力推板而行。

（十一）木筏或竹筏：載運貨物以渡河，例如布農族卡社群在舊社時曾經使用過。

（十二）獨木舟：據丹社群已逝世耆老全紹仁（Nakas）說，在合流坪的丹社人曾經使用過獨木舟。做為丹大溪和濁水溪兩岸族人聯繫用。

（十三）竹橋（Hatal）：以竹為材料造的橋。

（十四）木橋（Hatal）：以木為材料造的橋。

（十五）藤橋（Hatal）：以藤為材料造的藤索橋。這種橋的

材料，非常特殊。

（十六）竹水筒（Batakan）：是汲水工具，用麻竹數節鑿空，底部留節，即可做為汲水工具。

（十七）木輪：日治末期，南投縣信義鄉羅娜部落開始飼養牛隻用於耕種，並以牛車運載貨物。筆者於民國五十幾年間，在羅娜部落還看過牛車走在部落的道路上。主人在後用竹鞭驅趕牛隻，手上並且還拿著畚箕，牛隻在路上放屎，就要用畚箕盛裝清理乾淨，否則會被派出所警察罰款。

四、儲藏器物

（一）穀簍：以竹藤為材料編成，盛裝粟穀的編器。

（二）米桶：是儲藏主食小米的圓形木器儲器。大家庭於每日一大早，家長就會從米桶取出一家人一天分的米糧，交給媳婦搗米。除了家長可以從米桶取米，其餘人均不可從米桶取米，否則會被認為是「偷盜」家米給別人，而被家長指正和責罵。

（三）竹筒：用以盛物。

（四）木桶：用以盛物。

（五）木皿：用以盛物。

（六）木槽：用以盛物。

（七）儲存盒：儲存用的竹、藤編盒子如：大套盒、小套盒、有蓋方盒等。

〰〰〰〰〰〰 　　**五、盛裝器物**　　〰〰〰〰〰

（一）簍筐：即藤藍，用於盛物裝乾糧。

（二）飯籩：用於盛裝食物。

（三）米籩：用於盛裝穀物。

（四）肉籩：用於盛裝烘乾的獸肉。

（五）食籃：放置菜餚。

（六）飯盒：用於盛裝便當，有藤製與月桃葉製。

（七）首飾盒：用於盛裝首飾，有藤製與月桃葉製。

（八）竹籃：竹編籃子的形式有很多種，有大、中、小各種裝物盒。

（九）麻編網籃：用於盛物。

（十）麻編提籃：用於盛物。

（十一）置物盒：盛裝衣物等，為月桃葉或藤編。

（十二）置物籃：盛裝衣物等，為月桃葉或藤編。

（十三）菸草袋：有藤製與皮製。

（十四）藤包：小的如手掌大，可握於手中，常用來裝納菸草或外出攜帶用的小東西。

（十五）種子籃：用於盛裝農耕作物的種子。

（十六）圓箕：即簸箕。殺豬分肉時，用於盛裝豬肉，亦為篩小米的用具。二者通用。

（十七）姑婆芋：葉子可以當雨具，或當盤子盛裝豬肉、小米糕等。釀酒時，以姑婆芋覆蓋罈甕口，酒味甘甜香醇。在山上工作或狩獵，因無水瓢，就用姑婆芋葉舀水喝，兼具飲食器具。

∿∿∿∿∿∿∿　六、容器器物　∿∿∿∿∿∿∿

（一）葫蘆容器：很早以前，布農族就利用葫蘆作為容器，在部落裡皆能見到葫蘆器皿。

（二）竹水筒：用於盛裝儲水，用麻竹製作。

（三）瓢水壺：大的用於盛水、酒，小的就成「杯」。

（四）陶壺：作為盛水器或酒杯、碗等。

（五）鹿膀胱盛器：將鹿膀胱吹大，用麻拴住，懸在火坑上一個月後即乾，加大其口後，即可以裝水或盛酒。

∿∿∿∿∿∿∿　七、陶器器物　∿∿∿∿∿∿∿

陶器的主要用途是盛水或做為碗及杯子。台灣自古以來即有陶器，7千年前的史前時期即有繩紋陶出土，在台灣原住民族中，素有使用陶器傳統的有：布農、排灣、魯凱、阿美、卑南、達悟、鄒等族。不過傳統製陶技術大多已經失傳。

在中央山脈布農族舊社，筆者採錄布農族喪葬埋葬死者，有用「甕葬」者；近代在羅羅谷部落（人和村）也有採用「甕葬」（大約是日治時期布農族集團移住初期）。唯讓筆者不明的是：布農族的製陶技術，是否已經可以製作大型陶甕，可以做為喪葬的棺槨？或是使用的喪葬陶甕，是從集集或水里漢人的窯場交易

來的？

♦♦♦♦♦♦♦♦♦♦♦♦　八、炊事器物　♦♦♦♦♦♦♦♦♦♦♦♦

（一）石灶：爐灶是煮燒食物的地方，用三塊大石頭豎起來，下端固定埋於地下即成石灶。又稱為「三石灶」，布農語Banging。

（二）木燧：為一木板及一木鑽合成之器，發火時以二掌夾鑽疾轉於板上，板上之洞會因熱而發火，引為火種。火柴尚未輸入時，就是這種方法取火。

（三）蒸桶：蒸桶為圓形木器，狀似搗米的臼，唯材質較輕薄短小，蒸桶的底部中空，使用時覆上圓形穿洞鐵片，蒸物放置於其上，蒸桶置於巨型大鍋中，隔水煮物，作用似漢人用竹子做的蒸籠。蒸桶大多用來製作年糕及米糕用。

（四）切菜板（砧板）：用來切菜切肉。可以用「烏心石」（I-nus）製作。

（五）鍋蓋：用以覆蓋鍋子，烹煮食物。筆者小時候見到的鍋蓋都是木製的。

（六）火棚：灶上放置燻肉的地方。以鐵線架在石灶的上方，分為好幾層，新肉放置在最下方，待又有新肉的時候，再往上層放，到達最上層就可以取來吃了。這種烤肉是慢慢燻烤出來的，非常香又好吃。

（七）竹篦：即烤肉架。

（八）竹筒：用來烤竹筒飯。

（九）木杵（Qusau）：可以用「烏心石」（I-nus）、「Qavutaz」樹製作。

（十）木臼（Qusung）：可以用「楠木」或「烏心石」（I-nus）製作，經久耐用。把烏心石鋸成段，挖空留底，臼口上大下小。在要挖空的上方燃火燒成木炭，然後刨掉，再繼續往下燒，也一直將燒成的木炭刨掉，燒刨到需要的深度為止，再加以研磨，一個木臼就製作完成，可以開始用來搗米了。

（十一）相思樹（Susuziu）：是家庭炊食很好的薪柴。

九、飲食器物

（一）木杓（Hai-dasu）：是用來搗煮小米飯的，其搗法似炒菜一樣，要不停攪拌。沒有用木杓搗小米飯，小米飯很容易燒焦。「鵝掌紫」（Nahailiun）即「江某」，材質輕耐撞，可以製作木杓、湯匙等。「七里香」質地硬且輕，也可以製作木杓。

（二）竹杓：以粗竹為材料，利用竹節砍削為杓頭，竹壁削細為長炳。

（三）撈飯棒：用於取飯（盛飯）。

（四）湯匙：古代原住民不用筷子而是製作木製湯匙，用來喝湯及取用菜餚。吃肉則用手取（沒有筷子）。「鹽膚木」

（Qalus）材質輕、軟、色白，很適合製作湯匙、盤、碗、杯等。「光蠟樹」（Sinav-haulus）也可以製作。「山枇杷」（Litu或Qadupal）材質鬆軟，易挖和加工，也是製作湯匙等的好材料。

（五）竹製盛湯器：以竹製作。

（六）木盤：用來盛裝菜餚、食物等。

（七）木碗：飲食用具除製作竹製盛湯器及木製湯匙外，也製作木碗，盛飯用。

（八）陶碗：陶製的碗不是很普遍。

（九）竹杯：用來飲酒喝湯。

（十）木杯：用來飲酒喝湯。

（十一）瓢杯：用來舀水舀湯。

（十二）水瓢（瓢杓）：用來舀水舀湯。

（十三）笊：為淺盤形器物，可盛薯、芋。

（十四）引水竹水管：自山中水源處引水到家中的竹水管，是用麻竹或較粗的竹竿製作。

十、食物加工器物

（一）簸箕（Qapung）：是用來把搗好的小米除糠的藤編編具。亦可用為置放食物的器具。

（二）濾酒簸箕（Qapung）：專門濾酒用的。

（三）藤篩（米篩）：是藤框上覆蓋的藤絲網，藤絲網有許多細孔，可從細縫中篩下小米粒。

（四）竹篩子：用來篩落玉米粒，並落在備好的簸箕上。

（五）石臼：專門舂米糕用的。形狀像木臼一樣。

（六）杵臼：搗米杵臼是舂米器具，手舉的為杵，舂米的器具叫臼，像盆子的樣子。

（七）木製碾米器：為傳統脫穀碾米的農作器具，藉由水及運用蹺蹺板的原理，借用注水槽滿水後，下傾倒水的反作用力，於水槽另一端綑綁木杵，木杵下至木臼，木臼中放置稻穀，藉助木杵下垂重力捶打稻穀。筆者小時候在羅娜部落筆石的農地見有這種碾米器。是國小同學，現任牧師的全天文（Qaivang）牧師家所有。

（八）石磨（Helangan）：用來磨碎穀糧如粟、稗、玉米的器具，為手搖式的。磨碎後的粟、玉米可以製作糕餅。磨碎的稗可以與小米混煮。

十一、飼養器物

「山龍眼」（Hasanu）樹是製作許多家用器具的好材料。

（一）石飼盆：從事飼養生產活動時，用石製成的飼盆，如養豬的飼盆。長方形。

（二）木飼盆：養豬的木製飼盆。長方形。

（三）竹飼盆：用大桶麻竹製作飼盆。長方形。

᭴᭴᭴᭴᭴᭴ 十二、農耕器物 ᭴᭴᭴᭴᭴᭴

（一）刀鞘（Qaili）：布農族男子喜歡佩刀，其實佩刀也是男子的服飾配飾之一。刀鞘是以木製成。

（二）木柄：工作用的砍草刀的柄、鋤頭的柄、小鍬的柄、鐮刀的柄等，都是木製的。「長尾烤」（Diluk）木材淡黃褐色，是製作木柄的好材料。

（三）趕鳥器：小米成熟時就要忙著趕鳥，用樹枝幹所作的木頭或竹片，互相敲擊時，可發出響亮的聲音，這就是簡易的趕鳥用具。現代的趕鳥器則是用瓶瓶罐罐，驅鳥效果更佳，也會設置假人用來驅鳥。

（四）手鍬（Tanga）：古時有鹿角小鍬及鹿骨小鍬，鹿骨小鍬用肋骨為鍬身，以木為柄。

（五）掘棒：是用來去石拔根或用以挖根的。

（六）摘穗竹刀：採收小米時用的竹製小刀，用完即可丟棄。

（七）山棕葉：傳統上收割小米的時候，是用山棕葉綑綁成一大束，再背回家曝曬。

（八）擔苗架（扁擔）：挑物工具。這是從漢人處引進的。

（九）雨具：姑婆芋葉、青芋葉和香蕉葉，可以當遮雨雨具

使用。

∿∿∿∿∿∿∿　十三、武器器物　∿∿∿∿∿∿∿

（一）木甲（盔甲）：為戰爭護胸用。戰爭傳說故事常會提到木甲。可以用「烏心石」樹（I-nus）製作。

（二）盾牌：用木製作的武器。戰爭傳說故事常會提到盾牌。可以用「烏心石」樹（I-nus）製作。

（三）弓箭（Busul-kahkah）：「弓」為木製，「箭」為竹製。「玉山箭竹」是「箭」的主要材料，也可以做為陷阱材料。嫩筍也可以食用。「山枇杷」（Litu或Qadupal）的莖相當有韌性，是不錯的製弓材料。「梅樹」（Banuaz）也是製弓材料，也相當有韌性，所以弓箭也稱「Busul-banuaz」（梅樹製的弓箭）。「狗骨仔」（Suh-nisaz）木材如狗骨般堅硬，韌性也夠，可以用來做弓。「呂宋莢蒾」（Ba-lin-sin）也是弓身良材。「九芎」（Natulun）木質堅硬，也可製作弓身。

（四）擲槍：請人製作擲槍頭，須備酒、肉等宴請製作者。鐵是漢人供應。擲槍多為木槍。

（五）長矛（Baungan）：尖端是鐵器菱形刺箭。鐵是漢人供應。布農人在中央山脈舊社的時候，會有專門製作擲槍、長矛、佩刀、鋤具的漢人來到部落，依據族人所需樣式製作，與布農族人以物易物交易。有時會長駐部落裡，以應所需。

（六）火槍（Busul）：早期是與漢族人交易獲得，後來更能自製火槍、火藥、子彈等。

（七）火藥（Qabu）：經常製作火藥的木炭是「鹽膚木」（Qalus）。「九芎樹」（Natulun）燒成炭後，與補羅氏鹽膚木炭混合製成為火藥。「山黃麻」（Nal-ung）燒製的木炭也是製作火藥的材料。「福杉」（廣葉杉）也是很好的材料。一般雜木燒成的木炭，研磨成火藥，燃燒後的灰燼，容易膠結，小則阻塞槍管，清理不易，大則造成槍枝鎗炸。據說「火藥」的製作是平埔族「噶哈巫族」傳授的，所以布農人稱他們為「Kahabu」（意為製作火藥的人）。

火槍最重要的是火藥。受衝擊或遇熱，即起劇烈化學變化，而發生高熱及多量氣體之不定比化合物或混合物，總稱火藥。火藥是供炸裂破壞用的硝磺藥品，最普通的是硝石、木炭、硫黃等混合而成黑色火藥。

（八）硫磺：非金屬原質，黃色的結晶體，性易著火。硝石即硝酸鉀，在吹管火焰上燒之易熔融，有強烈的爆炸性。有天然產者，入氯化鉀於硝酸鈉之濃溶液中，加熱煮沸，可製之。古時因製造火藥而培種硝石，其法是將動物性廢物（氮化合物）與木灰（含有鉀化合物）混合堆積，常以尿、污水等潤溼之，由微生物的作用而生硝石，即靠土壤中的兩種消化菌幫忙。

布農族人在深山裡自製火藥，曾用雞糞提煉過火藥。布農人收集足夠陳年雞糞後，先去除砂石雜物，再置大鐵鍋中，加水、生火，以棍棒攪拌，熬煮一晝夜後，濾取上層液體，底層糞渣拋棄不用，澄清後的液體再置大鍋中慢火蒸發，待乾燥後，刮取鍋壁上白色的結晶備用。

　　布農族人聚居的中央山脈深處，有許多小溫泉，不乏含有硫酸鹽泉。溫泉亦稱湯泉，其溶解較冷泉為強，能溶解種種礦物，而成礦泉。泉有硫酸鹽泉及碳酸鹽泉之分，人體沐浴，均可療疾。其中硫酸鹽泉往往含有硫化氫和二氧化硫，這兩種氣若湊在一起，會相互反應，化合成水，並析出硫磺。

　　日治時期，日人為了防範布農族人的抗暴，在中央山脈裡架設了無數的警用電話線。而電線桿上的礙子裡頭，就有將近一茶杯的硫磺，因此，日本人的通訊設備，就成了布農族人偷襲的目標，以獲取硫磺。配製火藥時，硫磺的需求量並不很大，硝石百分之七十五、木炭百分之十五、硫磺百分之十，所以一個礙子就足以配製一大包火藥了。

　　（九）子彈（Savis）：將粗鐵線剪成一小段一小段當成子彈。

　　（十）槍托：以木製作。「食茱萸」（Saluksukal）木可以製作「槍托」。「台灣八角金盤」（Lanbal）也可製槍托。「九芎」（Natulun）木質堅硬，也可製作槍托。

　　（十一）佩刀（Via）：佩於腰間之刀，多俗稱「腰刀」，他們於作戰、獵頭時佩帶，故亦名「佩刀」。刀為鐵製，昔日山地各原住民族均不能自製鐵器，所用鐵器，皆由平地漢人處輸入。有時則由一、二漢人常駐山地，製造鐵器以供當地所用。「刀」是原住民男人工作、宴會隨身攜帶的工具，尤其是參加公共場合聚會的「禮刀」，更是特別的注重裝飾。布農族人在早期，工作用的刀、狩獵的刀（有短刀有長刀）與出草馘首用的刀是有分別的，不可以混用。

　　（十二）刀柄：「台灣八角金盤」（Lanbal）可以製作刀

柄。

（十三）佩刀木套（Qaili）：即刀鞘，有的會施以簡單的雕刻。「鵝掌紫」（Nahailiun）材質輕又耐撞，可以製作佩刀木套。「光蠟樹」（Sinav-haulus）也可以製作。「血桐」（Tabuan）材質輕不易裂，也是製作佩刀木套的好材料。「台灣八角金盤」（Lanbal）也可以製作佩刀木套。

十四、樂器器物

（一）竹笛：竹製的笛有橫笛與縱笛。日治時期曾紀錄，布農族也有鼻笛。

（二）竹簧琴（Qung-qung）：又稱竹口簧或竹口琴。

（三）舂石音（Tul-tul）：以「杵」舂石，是台灣原住民較為特殊的樂音。

（四）弓琴（Latuk）：弓形的弦樂器。

（五）鼻笛：日治時期布農族人尚有「鼻笛」，現在已經失傳了。布農族人曾以玉山箭竹製作鼻笛。

∿∿∿∿∿ 十五、生活器物 ∿∿∿∿∿

（一）煙斗（Kau-nan）：原住民族人抽菸的習俗始自何時，無法考知，但是菸係舶來品。抽菸所用的桿煙斗，是用竹子的根部挖製而成，桿子則用細竹作成的。

（二）月桃菸絲盒：裝菸絲用，為男女通用。

（三）月桃針線盒：裝針線用，為女性用品。

（四）針線：針是「骨針」，「線」是苧麻線。

（五）木梳（Tikutu）：用來梳頭的器物。

（六）束腹帶（Tisqut）：以藤皮編成，比較柔軟。這是男子專用的。背負重物時使用。

（七）雨具（Sapa）：以山羊皮作成。

（八）背兒袋（Tavuk）：以鹿皮製成。母親背負嬰兒用。

（九）麻竹製品（Batakan）：可以製作湯匙、筷子、水壺、水壺、湯鍋、魚籠等。

∿∿∿∿∿ 十六、童玩器物 ∿∿∿∿∿

（一）彈弓：以木（木叉）製作，小孩子用來遊戲擊物。筆者小時候，部落裡的小朋友人手一支彈弓，到處去射鳥。

（二）構樹球（Mali）：布農族以構樹皮編織而成，是女孩

子的玩具。

（三）陀螺（Pis-hu-zias）：布農族有陀螺玩具，大人也玩大陀螺。布農族的陀螺很有特色，是用構樹皮（Quna）鞭打使之旋轉。「九芎樹」（Natulun）樹幹硬又重，是製作陀螺的好樹材。

（四）小陀螺：「大葉石櫟」（Babu tu lukis）果實可以製作小陀螺童玩。在果實的中心插上一根竹籤或小木棒，果子底部是尖形，正好是陀螺旋轉的軸點，即成小陀螺。

（五）鞦韆（Lus-qaian）：主要是以木製作，其用途有時用在祭典上，也用在休閒娛樂上。

（六）空氣槍：是用「玉山箭竹」（Talum）竹管製作。為一種推進作用產生爆炸的玩具。

（七）黏著遊戲：有一種叫做「Bakbakiaz」者，果實可以做成玩具，丟到別人衣服黏著不掉落。

（八）漂浮船：「颱風草」（Salav-salav）的葉片可當作小船漂浮在水面。

（九）刺茄（Takulus）：未成熟的果實可以當玩具。

（十）無患子（Daqu）：黑色球果可以當彈珠來玩。

~~~~~~~~~~ 十七、狩獵器物 ~~~~~~~~~~

（一）藤編獵簍（Davaz kishung）：盛置獵物。

　　（二）麻編網袋（Davaz）：原以麻繩編成，今大多改用尼龍繩。

　　（三）火藥筒：做為裝火藥的獵具。

　　（四）彈藥筒：做為裝子彈的獵具。

　　（五）箭杆（Kus）：以竹製作。

<h2>～～～～～　　十八、漁撈器物　　～～～～～</h2>

　　（一）漁網：專為河裡漁撈活動之用。

　　（二）手網：捕魚用具。

　　（三）掬網：捕魚用具。

　　（四）漁筌：用以撈捕魚蝦，是用細竹條編織，形作漏斗狀，其內側並縛附刺藤，以防止漁獲溜出。魚筌是以定置方式置於河溪中。

　　（五）魚籠：竹編的盛魚用具，形扁壺狀。

　　（六）漁筒：裝漁獲用的木筒。

　　（七）釣竿：釣魚用具。

十九、紡織器物

（一）副麻器：為紡織最先使用的工具，功能在使麻的纖維與表皮部分脫離，是用較粗的竹竿製成。

（二）紡線器：紡線器是由筵與紡垂所構成。筵的材料是竹子，先將竹竿劈成若干部分，再以這種窄長的竹片副成。

（三）軖：外形像橫置的H，是用木材製成。上下兩圓形橫木較短且細，叫做軖邊；中間的豎木較寬，為支持兩端橫木的支柱，恰巧將軖分成左右兩邊，叫做軖隔。

（四）盛線筐：是用藤編成的小筐，形狀不定，有圓形的，也有方形的。功用在盛線盤。

（五）理經架：理經架是由底座及支柱合成的，全部以木材製成。

（六）織機：原住民的織布機又稱為「腰機」或「水平背帶機」，水平背帶機又稱腰式水平織機，為平地腰織型（地機），是一個長方木箱，為一種有背帶置於織者背部以拉直經線的移動式水平織布機。台灣原住民使用的織布機，除了蘭嶼的達悟族是屬於「懸吊式」，其他各族均為「足撐式」的水平背帶機。

（七）紡織盒：用以盛裝紡織用品。

（八）紡軸：有用竹與木製作。

（九）經卷：為側面成三角形的長筒狀物，以整塊木頭中間刳空，停止織布的時候，織布工具及織布可收藏於其內。

（十）布夾：由兩塊長方形木條組合而成，兩塊布夾的扣合面有凹凸的榫接處，以便夾緊經線或織好的布，使用時放置於腹

部，與背帶綁在一起。

（十一）打棒：是打緊緯線的木棒，兩端尖、中間寬，每次穿入一條緯線後，以打棒打緊，使布更緊密。

（十二）隔棒：是用來區分經線的奇、偶線。

（十三）固定棒及綜銚棒：固定棒及綜銚棒兩者可以交互代替運用。固定棒放置於經卷後方，主要將經線固定，使之不隨意移位；綜銚棒則配合所織花紋，使用不同數量以分出梭路。

（十四）挑花棒：多用竹材一端削尖而成，主要是織花時，挑起經線使用。

（十五）梭子：以竹、木製作，是扁長的棒狀物，兩端有陷入的凹口，以便繞緯線於上，穿梭入經線內。

（十六）背帶：是用粗麻線編成的長帶子，用來將布夾綁繫固定於腹間。

二十、衣飾器物

（一）皮製品

皮衣以鹿皮、山羌皮、山羊皮等為主要材料。皮革製品包括：

1、鹿皮被子：用為禦寒蓋被。

2、帶毛無袖鹿皮背心：男女通用。

3、不帶毛無袖鹿皮背心：男女通用。

4、鹿皮披肩：亦稱披風，是一種禦寒擋風的大衣，男女通用。

5、鹿皮套袖：套於手臂上，狩獵時以免茅草割傷手臂。

6、鹿皮套褲：又稱無背褲，套於雙腿，繩結於腰際，狩獵時避免茅草割傷雙腿。

7、鹿皮嬰兒背巾：用來背小孩子。

8、鹿皮鞋：以鹿皮製作。

9、皮帽：以猴子皮或鹿皮製作。

10、戰帽：布農族卡社群以鹿的背脊皮製成，有覆耳垂至背後，帽上有長頂以辨別敵我。

11、綁腿：用來護膝，山羌皮製作。

12、無袖山羊皮衣：男女通用。

13、山羊皮雨衣：男女通用，亦可夜間當蓋被。

14、獸皮水袋：用以裝水。

15、皮火石袋：內盛專用火石、普通火石、木燧、火絨（似香茅草的一種草的根部，曬乾後易起火）等物。專用火石專供狩獵、戰爭、獵頭等活動時作祭生火之用。

16、皮馘首袋：盛裝人頭的袋子，以鹿皮革製作。

17、皮背包：用來置物。

18、皮彈藥袋：亦用皮革製作，放置火槍子彈、鞭炮（火槍擊發用）以及火藥等。

19、皮菸袋：裝菸絲與煙管。

（二）裝飾器物

布農族主要裝飾品尚有：髮飾、項鍊、手環、腳環、胸飾、

耳飾、頭飾、額飾、頸飾、腕飾、腳飾等。

　　隨著社會的進步，布農族傳統的原始項鍊，已經逐漸被現代玻璃珠、彩色塑膠、亮片、銀絲線所取代。雖然這些現代工藝材料看起來，顯得更美豔耀眼，但是原本那種古樸、敦厚的原始特性，卻也逐漸消失。

布農族的神話文學
與動植物

　　早期的布農族人，深居在高山部落，過著自給自足的農耕狩獵生活。閒暇時用歌聲表達情緒，部落耆老也會以口耳相傳的方式，傳述古老的的神話傳說故事。布農人在物質上並沒有豐富的享受，但是在精神上卻領受了祖先留下來的文化洗禮。

　　布農族人由於客主觀條件的限制下，布農族人就如同其他原住民族一樣，無法產生文字系統，因此，布農族人的口述歷史方式，便是布農文化綿延傳遞的重要因素。

一、神話與傳說的特質

（一）教育後代的教育資料。

（二）勸人向善的倫理道德教育。

（三）生活教育的寶典。

（四）實踐宗教禁忌信仰的法典。

（五）對宇宙現象的釋義與解惑。

（六）古代茶餘飯後的談話內容。

（七）先人生活經驗的傳承與分享

（八）研究古代文化社會生活的重要依據。

（九）大地自然合理的解釋。

（十）追求理想世界的願望。

（十一）善惡是非忠奸的辨別。

（十二）人類生命來源的探討。

（十三）亦有鬼神妖怪傳說。

（十四）具有生態平衡與環保意識。

（十五）一種常懷感謝與懷恩的省思。

（十六）尊重天地生命與神明的崇敬心。

布農族神話與傳說教育的時機，是隨機教育，隨生活情境講述，長輩都是教育者，每當夜晚星空燦爛的時候，長輩喜歡傳述故事，小孩則在一旁一面遊戲一面傾聽。

二、神話傳說故事的意義

　　神話與傳說寄託著族群對於自然與社會的觀念與記憶，也是傳承族群文化的重要媒介，從神話傳說中，可以窺知布農族人社會組織與制度規範部落成員的思想與作為，是族群具體生命運作與延續的依據，而藉神話傳說規範的習俗與儀式，致使族人一致的行為趨向與禮敬神靈的過程，凝聚族群的向心力，並與超自然的力量獲得聯繫。

　　布農族人數千年長期的生活經驗，藉著神話傳說的傳承，使布農族原住民在這塊土地上，建立了最自然而和諧的文化體系。

三、神話傳說故事的範疇

　　布農族神話傳說故事的範圍極為廣泛，包括與大自然界及宇宙、天地、星辰、人文、水文、地理、歷史、地名、動物、植物、災難、宗教、信仰、祭儀、政治、經濟、社會、文化、生活、禮儀、禁忌、食衣住行、娛樂等。

～～～～　　四、神話傳說故事的內容　　～～～～

　　布農族神話傳說故事的內容包括：地名、貿易、社群、遷徙、氏族、宗教信仰、祭儀、禁忌、巫術、醫療、保健、鬼魂、太陽、彩虹星辰、洪水、動物、植物、農耕、飲食、器物、變異、巨人與小矮人、地底人、機警智慧、文字、服飾、婚姻、狩獵與漁撈、建築、出草與戰爭、技藝、童玩與娛樂等母題。

～～～　　五、布農族動植物神話傳說故事實例　　～～～

　　（一）玉山的故事：〈洪水神話〉。紅嘴黑鵯、山羌、癩蝦蟆等幫助人類取火；巨蛇堵住溪水往海流，造成洪水，最後巨螃蟹把巨蛇剪斷，洪水才退去。

　　（二）山豬的故事：〈家豬與野豬〉、〈野豬與婦女情〉。

　　（三）猴子的故事：〈人變猴子〉、〈小孩子貪吃變成猴子〉。

　　（四）麻雀的故事：〈豬肉變麻雀〉。

　　（五）狗的故事：〈公主與狗〉、〈狗的舌頭〉、〈狗的葬禮〉。

　　（六）癩蛤蟆的故事：〈小孩戲弄癩蛤蟆〉、〈夫妻戲弄癩蛤蟆〉、〈癩蛤蟆是神的動物〉、〈癩蛤蟆取火〉、〈打雷懲罰

戲弄癩蛤蟆者〉。

（七）太陽的故事：〈征伐太陽〉。

（八）百步蛇的故事：〈人蛇大戰〉、〈百步蛇是布農人的朋友〉、〈百步蛇之報復〉、〈服裝與百步蛇〉。

（九）山羌的故事：〈汲水人投石問路〉。

（十）卡納西李斯鬼的故事：〈小孩智殺鬼〉。

（十一）巨人的故事：〈Tang-av巨人偷盜獵物〉，族人造酒假意宴請巨人，巨人酒醉了，族人合力綑綁並燒死巨人。

（十二）小矮人的故事：善戰、善巫術、敏捷、固執，最後不知所終。布農族小矮人故事是台灣原住民族中最豐富者。

（十三）有尾人的故事：人居住三層境域，天界、地界、地底。布農人自地底下有尾人那裡獲得農作物。

（十四）狗變鳥的故事：獵人狩獵把狗留在獵場，結果狗變成了鳥。

（十五）地鼠的故事：〈孤兒變成地鼠〉。孤兒在深谷尋找山羊變成地鼠。

（十六）假懷孕婦女的故事：懶惰、欺騙、通姦等即可構成逐妻的條件，無須賠償。懶惰假懷孕的婦女，最後被驅逐出門。

（十七）人變老鼠的故事：懶惰的婦女煮飯變老鼠。

（十八）螃蟹的故事：祈雨到河邊翻找螃蟹並大聲吶喊，因為螃蟹曾經幫助人類除洪水災害，所以祈雨也請求螃蟹幫忙。

（十九）熊的故事：酒醉的人被熊擄到樹上準備吃掉，最後脫險。

（二十）大耳朵鬼的故事：大耳朵鬼喜吃小孩、把小孩裝進耳朵裡。

（二一）男子耳飾的故事：不戴耳飾死後將戴負木杵，在荊棘上走向痛苦之地。

（二二）祈禱小米豐收歌的故事：傳說布農族著名的〈祈禱小米豐收歌〉（Pasibutbut），源自於竹林的搖曳聲、蜜蜂聲和瀑布聲。布農族是和音的民族，有歌必和，歌為和而作，其中〈祈禱小米豐收歌〉享譽國際，為世界珍貴的音樂文化資產。其他在男女和聲表現上，聲勢壯瀾洶湧，音質繞樑不絕，堪為世界原住民諸族中罕見的傑作。

（二三）竹簧琴的故事：布農婦女被太魯閣族人俘虜，最後成功逃回部落。

（二四）孩子變老鷹：後母虐待，孤兒每天打掃、舂米、挑水，亟思自由變成了老鷹，後母則被變成老鷹高飛在天空的孩子的眼淚殺死。

（二五）蜥蜴解圍：蜥蜴曾經解救過布農族人，使得布農族人得以繼續繁衍。

（二六）人變鳥的故事：有〈孩子變鳥〉、〈婦女變鳥〉等。

（二七）人變鹿的故事：懶惰的年輕人變成鹿。

（二八）人變百步蛇的故事：〈嬰兒變成百步蛇〉。

（二九）老鼠復仇的故事：老鼠在小米田到處挖洞，啃咬破壞人類的農作物。

（三十）貓頭鷹的故事：傳說貓頭鷹是一位未婚少女變成，牠常常會飛到有孕婦家的樹上鳴叫，提醒孕婦要注意保健身體。

（三一）烏鴉是狗變成的故事：狗是布農族人的恩物，傳說烏鴉是狗變成的，所以布農人不會狩獵烏鴉，也不吃烏鴉。

　　布農族的民俗風情是不是很有趣與豐富呢？口傳文學是否具有哲理，以及藏著祖先生活的智慧與經驗呢？

　　傳說神話故事是一個族群民間生活的縮影，也是一個探索民族傳統思維脈絡和傳統原始觀念之依據，一個民族的個性表現與民族性，也可以從傳說神話故事中探索萃取出來，讓我們更清楚該族群的民族特色。

六、布農族飲食作物神話文學

（一）小米的故事

　　佐山融吉著《蕃族調查報告書》〈武崙族前篇〉（余萬居譯）提到：「古時候的人跟猴子一樣，根本不懂農耕，所以每天都要摘取自然生成的草木之果實來裹腹，當時的粟也不是煮著吃，而是放在一塊平面的石板上，在下面用火燒。」（註1）

　　其次，有關布農族粟之來源也記錄到：「太古時，有兩兄弟出現在Lamugan，哥哥叫做Bukkun，弟弟叫做Tappan，不久後，來了幾個自稱Pun的人，對兩兄弟百般欺凌，後來一隻螃蟹，帶領他們逃上玉山，兩兄弟在山上以狩獵為生。但一段時間後，兩人決定下山，來到Asanlaiga之地，可是兄弟間起衝突，弟弟負氣出走一直往西行，成為今日Tsuou族Tapang社之祖。哥哥Bukkun則到處流浪，一天他走到海邊，撿到粟種，視如珍寶，帶回山上栽培，一年復一年，終於如今日所見，族社裡到處都有了粟。」

（註2）

　　並對布農族最初種植粟在Kalumotaba樹下，有這樣的記載：
「……從前，人們總是把粟播在Kalumotaba樹下，如此一旦遭逢
旱災，只要砍斷樹根，水就會源源流出，而不必擔心粟會枯死。
又說，當時的人如果隨身攜帶粟，從不隨便放置，以免被老鼠吃
光。」（註3）

（二）甘藷的故事

　　佐山融吉著《蕃族調查報告書》〈武崙族前篇〉（余萬居
譯）：「從前，有個人用葛藤捆綁屍體埋葬，後來在埋葬屍體之
處長出一種從未見過的藤蔓來，那人便沿著藤蔓往下拉，結果發
現了地瓜，他拿起一個品嘗，覺得味道甚美，這就是我們祖先獲
得地瓜之始，故事也告訴我們，地瓜是由葛藤的根部長出。」
（註4）

（三）南瓜的故事

　　有關南瓜的故事，筆者採錄一則〈地震的故事〉有提到「南
瓜」之事：「古代發生過一次大地震，人們都停止外出工作。地
層搖盪的非常厲害，人們沒有辦法煮飯，米粒都會跳出來。煮飯
的灶（布農族人的灶是三塊石頭豎立而成，故稱三石灶）豎起來
就倒下，再豎又翻，根本沒有辦法煮飯、燒菜，裝水的甕在地上
滾來滾去相互碰撞，有時候甕和南瓜碰擊，結果南瓜碎成兩半，
那時候地層都裂開了，住屋的主樑都傾倒了，人們不能煮飯，歷
經了好幾個晝夜，嚐盡了許多痛苦」。

（四）紅豆的故事

佐山融吉著《蕃族調查報告書》〈武崙族前篇〉（余萬居譯）：「一日，某男子到一陌生地，見一棟房子，屋前曬紅豆，他未曾見過紅豆，很想得到它，但是，眾目睽睽之下，很難得手，便就地蹲下，悄悄攝起一粒，塞進陰莖的包皮裡，可是，站起來的動作不太自然，引人猜疑，主人跑過來搜他的身，查不出任何東西，便放他走。社中有紅豆以此為始。」（註5）

（五）綠豆的故事

布農族「馬督拉雅安」氏族是以「綠豆」名氏族名，其傳說如下：「從前有兄名瓦各阿爾（Vakual）和弟卓幹（Tsukan）及侄迪昂（Tiang）到他們的漢人朋友家作客，漢人請他們吃綠豆，覺得風味甚佳，心理非常羨慕，於是向漢人討綠豆種子，以之播種，可是漢人不允。當他們要回族社，經過綠豆園時，剛好主人不在，他們見四下無人，便盜拿綠豆種子，將它種於山地，結實後分給社人種植，所以現在布農族有了綠豆。瓦各阿爾的后嗣，遂以綠豆為氏。」

（六）花生的故事

佐山融吉著《蕃族調查報告書》〈武崙族前篇〉（余萬居譯）：「有一日，田裡飛來一隻小鳥，將一物埋進地中之後飛走，不久，該地冒出嫩芽，是為花生的起源。」（註6）

（七）葫蘆的故事

筆者採錄葫蘆的故事如下：「布農族人很敬重葫蘆，絕對禁

忌用石子丟擲別人種植的葫蘆，否則家裡會變得貧窮。所以帶著小孩到田裡工作，經過別人的田裡，一定要特別叮嚀小孩子，千萬不可以用石子丟擲別人家裡的葫蘆。古代布農族人的田裡都要種植葫蘆，如果沒有種植葫蘆，家裡會變貧窮，如果葫蘆種不好，則農作物小米將來收成一定也不好。」

陳千武譯述《台灣原住民的母語傳說》載人倫社傳說：「媳婦從天界下來，帶葫蘆種子來播種，告訴舅舅說是好粟子，舅舅一看，那不是粟子，是葫蘆，很生氣，拿鐮刀把葫蘆割斷了，媳婦很生氣，收集被割斷的葫蘆放火燒了。火焰出來，媳婦就跟著火煙回昇天去了。然後用葫蘆綁繩子放下垂到地上，讓留在地上的孩子抓住葫蘆，也升上天界去。」

林道生《台灣原住民族口傳文學選集》載〈葫蘆〉：「從前還沒有穀物的時候，布農族的祖先都以葫蘆替代穀物當作食物。有一天，有個舅舅與媳婦一起在種葫蘆的田裡除草，田裡的葫蘆長的密密麻麻，舅舅拔除較密的部分，在燒草的時候葫蘆也被燒著了，沒想到這時媳婦竟隨著煙升天去了。不久後有一天，從天上有一條繩子綁著小葫蘆降到地上來，媳婦的孩子拿在手上把玩，竟也被接上天界去了。」

佐山融吉著《蕃族調查報告書》〈武崙族前篇〉（余萬居譯）：「從前有個男人，獨自過日子，有一天，一位來歷不明的女人帶著孩子到他家來，拿出一個葫蘆，說裡面有樣東西叫作粟，只要一粒就足夠三人一餐之需，而且如果把粟埋在土裡，明年就能得到同樣的粟，而且一粒會變成千粒。可是男人必須和他同居，才能將葫蘆送給他，於是男人便娶那女人作妻子。可是，有一天，妻子外出時，小孩號哭不已，男人怒斥了他一頓，這

時，妻子回來了，知道這件事，很生氣，心想：服侍這種無情的丈夫，還不如回天上作星星。於是，她便拿著葫蘆，牽著孩子升天去了。至於葫蘆裡的粟，也因此未曾播種。」（註7）

（八）瓢簞的故事

陳千武譯述《台灣原住民的母語傳說》載卡特格蘭社傳說：「古早，還沒有穀物，瓢簞就是穀物的代用品。有個舅子和媳婦一起到種瓢簞的旱田去除草。舅子把瓢簞密生的部分拔起來，燒草時把瓢簞也一起燒了，隨之媳婦也跟著火煙昇天去了。過了不久，有一天從天上，絲線吊著一個小小的瓢簞降到地上，媳婦的小孩在那兒玩，孩子的手拿了瓢簞，突然被瓢簞帶上天去了。」

七、野生動物與植物文學

布農族居住的地區野生動物與植物生態豐富，推展自然生態與環保意識，亦可以作為「山林文學」的方向之一。包括野生動物與植物的生態環境，甚至相關之神話、傳說或故事等，皆可取材做為材料，使山林更具文學性與吸引性。

【註釋】
註1　尹建中《台灣山胞各族傳統神話故事與傳說文獻編纂研究》。
註2　同註1。
註3　同註1。
註4　同註1。
註5　同註1。
註6　同註1。
註7　同註1。

第二十六章 布農族集團移住後的發展與變遷

台灣原住民族的文化型態，大體上可以說是從原始狩獵文化，漸漸演變到半農半獵文化，而最後則變成完全以農耕為主的生活。

一、布農族農耕經濟發展的變遷

　　布農族的傳統農耕經濟變遷，從共產分享制度到私有制度，農業的發展，也由粗放農耕演進到精緻農耕。古代農耕經濟活動與宗教祭儀密切相連，歷經與異族接觸後，傳統的農耕經濟逐漸瓦解。而在布農族民族食物上也起了改變，從以小米為主食變成以稻米為主食，主食的改變，也造成了農業耕作形式的改變和原始宗教的瓦解。

（一）從共產分享到私有的演進

　　布農族的傳統農耕經濟，每個人都有同樣的機會，獲得其生產活動所必要的土地與勞力，並且不為某社會群體所掌握或控制，這也是使得布農族成為一個較平等而非階級性的社會之經濟基礎。

　　布農族人的原始分配方式是原始的共產分享主義，然而，由於人類有慾望，慾望使得生活複雜化；人類擁有智慧，智慧使人的能力（腦力勞動和體力勞動）複雜化，在人類的慾望下，部落社會長期演進的結果，人類的需要便逐漸無法量化，原始共產共享的思想也慢慢淡化，人類發明了私有財產，例如布農族人也發展出氏族獵場私有以及土地私有制度等。

　　布農族也有所謂的「布施」當有一家人因為收成不佳而缺乏食物的時候，同部落的族人會紛紛拿出一些米糧等濟助這家人。因此古代布農族的社會是非常溫馨的。

（二）從粗放農業到精耕農業

布農族的農業發展，亦從粗耕進步到精耕，過去布農族人栽種小米，以小米為主食，如今，有愈來愈多的族人投入高經濟作物如製茶行業等，收入較豐。至於布農族人純粹以手工技藝賺錢的例子倒是不多。

農會是輔導農民農業經營與技術的單位，不過有些原住民鄉鎮，至今還沒有設置農會的機構，例如台東縣的延平鄉，並未設置農會而合併在鹿野地區農會，從而當地農業還停留在低技術的農耕，亟待突破困局。

（三）農耕生產與貨幣活動

布農族人以傳統農耕經濟活動與宗教信仰，構成一套經濟生產方式，透過宗教信仰的禁忌，形成一套規範與智慧結晶，也發展出獨特的生產組織與生產方式。

布農族的農耕經濟生產活動不只是單純的經濟行為，而是與宗教信仰相結合。因歷經與異族之接觸、外來政權之植入新的生產型態及交易價值後，逐漸起了變化，走向新的資本主義市場邏輯，讓布農族人進入了陌生的貨幣市場交易文化，面臨新的挑戰。

順益台灣原住民博物館《布農族人經濟文化活動之變遷》載：日治時期慢慢強化了布農族人對貨幣變成交易標的的概念，尤其當布農族人移住到了平地，與主流社會接觸更加頻繁，以物易物的交易方式慢慢式微，使用貨幣變成了交易的主流。當貨幣衡量交易物價值被建構之後，首先衝擊的是原本建構在布農族人社會中的交互機制，在布農族人的社會中原本就存有一套互動時

的交易行為，透過交換或贈與，讓布農族人可以對氏族、聚落成員達到互動人際網的建立，甚至有時可以讓布農族人達到社會內生產物重分配的效果，當然在這樣一種交際機制裡面，其實引含了布農族人的宗教信仰意涵，當越是處於交換結構上層的，布農族人就相信他的Hanitu（靈力）越強，所以交換或交易所衡量的，在於宗教性的Hanitu（靈力）的強度，但當貨幣變成主要的交易換算單位後，無形的宗教意涵無法清楚的被量化使用，對每一種物品開始以貨幣作為衡量標準，財富的累積成了新的Hanitu（靈力），但最後布農族人宗教信仰卻在同一時期慢慢被瓦解時，簡單的貨幣衡量就成了主流，而傳統社會中原本的交易或交換機制，及嵌合在一起的宗教意涵漸漸消失，隨之影響的是，布農族人的經濟文化活動亦變成了名副其實的經濟活動。當貨幣變成交易的衡量標準之後，財富累積亦成為社會地位取得的另一個方式，加上所種植的的作物宗教意涵慢慢退去，完全變成了經濟作物，布農族人開始了種植經濟作物的生產活動，當然原本存在的生產組織與分工，也以勞力換取貨幣的價值作為判準，布農族人的經濟生產活動中，深植布農族人內心世界的文化意涵就這樣慢慢的流逝了。探究布農族人新的經濟文化活動，當具有宗教意涵的Maduh（小米）不再是布農族人的生計作物，當布農族的獵人不再焚獵，當布農族人不再喜好利用坡地進行山田燒墾，當Kiuzu（輪工，或稱Palapai）不再是部落氏族共同進行生產的生產組織，當Samu（禁忌）不再規範布農族人的生產活動之後，布農族人如何在新的市場機制裡面，尋找屬於自己新的經濟文化活動型貌，是當今布農族人面對時下流行的文化產業最重要課題之一。

（四）墾地與耕作方式的變遷

過去布農族人對於土地的利用，是採取輪耕的農耕方式，為了地力，必須預備幾處旱田，所以耕植的土地，基本上是不會缺乏的。自從原住民的傳統土地被歷代統治者收編後，所換取分配的土地就相形短促了，而且分配的耕地多是懸崖峭壁或是岩石構成的土地，因此根本不適合做為耕地，所以族人的經濟生活更形困難，目前仍然還沒有脫離貧窮與落後。

日治時期統治者當局的原住民政策，將布農族人自高山遷移到山谷或平原，以便於管理與統治。

第二次世界大戰末期，日本政府因缺軍糧而實施授產政策，強迫原住民種植水稻，布農族人的農耕方式從此由山田燒墾變為水田稻作，而且水田稻作變成了主要的生產方式。

（五）農耕生產的轉型

日治時期，遷徙新居地的布農族人尚種植小米為主食，現在則已經很難看見族人種植傳統主糧小米了，取而代之的是種植高經濟價值的作物。

布農族人開始水田稻作後，頓時與傳統生活迥異，連帶地傳統的男女分工等形式的界線慢慢的模糊了起來。因為水田稻作必須花上許多的時間與精力在種植上，男人狩獵與婦女的採集活動減少了。

以南投縣信義鄉布農族種植採集經濟作物為例，曾經在山坡地種植經濟作物，賣給漢族人以改善經濟生活，例如種植「香茅草」（Katibun）、「蓖麻」（Hima）、「油桐樹」與「梧桐樹」（Avula-kili）等。也養過「蠶」和採集過「桑樹皮」（造紙

用）等。

「香茅草」種下後，年可割四次，蒸餾得油後售與漢人。
（註1）

台灣戰後初期，南投潭南部落各家均種有香茅草，1955年日月潭人曾至本村築灶，並向社人購買香茅草以蒸油。其灶於1959年的八七水災所沖去，嗣後社人自己出資建灶，例如幸金成、谷燈坤各建有一灶，建一灶須2,700元，覆灶之屋則為自己蓋者。此等蒸油之灶每天可燒四次，每次得油8斤。若借與他人使用時，每天抽油半斤以為租金。（註2）

「蓖麻」：每年3月種，8月可收蓖麻子，亦售與漢人。（註3）

日人據台時，曾令卡社群人種過杉木、油桐及Bahul等樹。戰後，該批植物改為部落公產。1956年時，社人將杉木與Bahul樹砍伐下來，售與平地漢人，杉木賣得3千元，Bahul樹賣得8萬8千元。油桐樹所結油桐子，每年可得3千元之譜。（註4）

「油桐樹」：自日治時期開始種植，然昔日種者為公產，台灣戰後種者為私產。於3、4月間種，亦須年割雜草一次。種後四年，有桐子可收，七年後收穫量可大為增加。（註5）

「油桐樹」與「梧桐樹」，兩者都稱之為「Avula-kili」，在戰後初期對於布農族的經濟生活不無幫助。油桐，大戟科落葉喬木，株高可達12米，春末至夏季4-5月開花，種子可榨油，稱為桐油，為防水、防腐劑。筆者小時候住在「沙里凍」部落（豐丘村），當時部落種植許多油桐樹與梧桐樹，小孩子也會幫忙剝皮取出油桐子。

「梧桐樹」：落葉喬木。掌狀裂葉形葉片互生，葉形為掌狀

五裂，粗糙有毛；紅色的葉脈為七出掌狀脈。黃綠色的圓錐花序，夏天開花。果實的顏色則為淺褐色。

布農族很喜歡吃菌菇類的東西，過去都靠採集，後來推行種植「香菇」，楓香就是所謂的香菇柴。

布農人也曾經採集「馬兜鈴」賣給草藥店，「蓪草」的髓心也可以賣錢，但後來就沒人買了。布農族人也曾經養過「蠶」，也採集過「桑樹皮」賣給平地漢族人，筆者的母親就曾經養過蠶和採集過桑樹皮。據說桑樹皮是用來製作紙漿造紙的。

另外，布農族人還栽種別的樹木，這些樹木有的以果實售與漢人，有的以木材售與漢人。「李子」於春天種植，所結果實賣與漢人。種植「香蕉」多售給漢人。「桃」於春天種，三年後可有果實收穫，亦售與漢人。「梅子」亦售與漢人。「麻竹」，2-4月種，挖根種，不加肥料，麻竹可供蓋屋用，做豬舍用，引水管用，亦售與漢人，其筍可供食用，或製成筍干外售。「相思樹」三月種，十年後成材，可砍來燒炭或製造犁頭，亦售與漢人。相思樹是很好的製作「木炭」的材料。

（六）農事曆法的變遷

古代布農族人是以種植小米為主要食物，因此有關小米的種植記憶比較清晰，所以小孩子年齡的數算是以小米的收穫結繩記事，一個結即代表一次收穫小米的次數，每一個孩子都有一個專屬的結繩記事的繩結，保存起來，即可知孩子的年歲。按古代布農族人一年收穫一次小米。

日治末期，布農族人開始從事水稻耕作，經濟作物的改變，不僅改變當地自然景觀的面貌，無可避免的，更衝擊了部落的傳

統文化。現在這種布農族人古老的結繩記事，已經不再使用，甚至大多數的人，也不知道布農族人的祖先曾經用過這種方法記事與數算，現代月曆取代了這種記事法。

（七）原住民農業政策的得失

　　布農族人集團移住後的發展是落後的，這固然是早期的聯外交通開闢較為緩慢有關，以及農地運輸的產業道路不發達所致，以致造成經濟作物運輸成本的相對提高，而實際獲益不多，僅能糊口。

　　布農族人的農業定耕從日治時期即已開始，民國40年台灣省政府公布的〈原住民施政要點〉，確立了對原住民社會、經濟、政治及文化各方面的具體方案，此要點中提出的〈山地三大運動及辦法〉中，有定耕農業一項，同時台灣省政府更公布了〈台灣省獎勵山地實行定耕農業辦法〉。

　　從1950年代起，逐漸由山田燒墾輪耕，逐漸定於一處耕種土地。定耕的結果與形成，也使得布農族人的農業發展必須與大社會聯繫，諸如新的農耕形式的資源與技術，種子、肥料、農藥、工具等，布農族人開始正式大量的使用貨幣交易，雖然日治時期（尚原居舊社時）已經開始使用貨幣，但是仍是以物易物較為普遍。

　　後來國民政府開辦原住民鄉鎮山地農業推廣教育計畫，但是成效不彰。這與1953年和1963年，台灣省政府相繼提出的〈促進山地行政計劃大綱〉和〈山地行政改進方案〉有關係，因為這些方案中，確定了「山地平地化」的施政方向和內容，亦即要把山地社會和平地社會加以融合，使原住民能整合於整個大社會，這

種思考把原住民和漢人等同視之，因此漢人在擬定和執行農業計畫時，就用自己的理想和觀念來做，而就因為不了解原住民的特性，使得計畫往往流於形式而徒勞無功。

今天原住民的農業計畫是外在社會的決定，都是機構式的計畫，當然與原住民的需求格格不入。殊不知原住民的農耕生產必須從他們自己的文化認知來規劃，必須考慮文化因素的層面，唯有自己才能知道自我發展與如何參與農業生產。原住民的農業政策內容必須是發展式計畫，不是機構式的計畫，這樣才符合原住民文化的尊嚴。

政府對於原住民的農業生產技術、興闢產業道路、興利水圳等設施執行緩慢，許多灌溉水圳仍是日治時期所整治的基礎。上述數項是部落最重要的基本生活要件，卻被長期漠視。致使原住民對於政府一天到晚掛在嘴邊的開發山地的目的是在繁榮其經濟，提高其收益，以改善其生活水準，使其早日邁進現代化安和樂利之社會，產生了極大的質疑。

二、服飾的變遷

（一）裸形跣足至華服翩翩

服飾不只是表徵一個時代的變遷與更替，更透視出一個民族的文化演進與奮鬥塵煙，為考古學者、生物學者及民族人文學者所孜孜追求探索的目標。

不管一個民族是多麼的原始，都有各自所需求的傳統服飾。台灣原住民的先民，遠在幾千年前的新石器時代，就已經發明了蔽體之物，或用樹皮，或用樹葉，或用動物皮毛等。

由於台灣地區氣候暖和，原住民過去習慣於裸形跣足，「眾心無掛礙，四體不須遮」。僅以幅布麻片或獸皮遮陰，番嶼圍腰。

時代之漸進，服飾也由簡易而精緻，到了近代，除了織布外，還發展了夾織、綴珠、刺繡、貼飾等工藝。

佩飾由少而多以至於琳瑯滿目，從原始至現代化的歷程，服飾幾度變遷，也受到各族群彼此交際的相互影響，唯不變的是服飾精神意涵的永久性，成為族群的特色與象徵。

（二）服飾型式上的變化

清初至日本治台之前，清政府的政權雖然沒有實際到達布農族部落執行，但是深山的布農族人與住在平地的漢族人早有經濟貿易的交往，早期布農人以山產、野獸、中藥材等交換平地漢族之鹽巴、火槍、糖、火柴、鐵鍋、鋤頭、砍草刀、布疋、衣服、鹹魚、食物及許多日常用品。

布農族人從與漢族人彼此交易中，獲得了漢族人的衣飾，也穿起漢服，而在本族民族服裝的製作上也起了一些變化。布農族女性上衣的款式自清季以來即已經有了漢式，例如目前布農族女子上衣的斜襟即是漢衣的形式。

自從接觸漢族文化之後，逐漸形成男穿長衫女著裙，日本人鈴木作太郎在昭和七年（1932年）著作《台灣的蕃族研究》裡，指出布農族人的穿著和泰雅族同樣是麻織布上衣，只是婦女後來

仿漢人穿著棉布衫褲。可見在日治時期，布農族已經大量穿著漢服，與傳統族服互為穿用。

（三）服飾材料的變遷

古代布農族衣服原料僅有麻布與皮革，自游獵時期逐漸沒落，而迄農獵興盛，布農族人與漢人交往機會增多，由於棉布、毛棉取得較易，皮革就逐漸式微，布農族的皮飾文化自此面臨極大的變化。狩獵活動減少後，皮革衣飾的製作也跟著沒落與消失，代之而起的是繽紛的現代質材製作的布料。

原住民的傳統衣飾主要材料為麻布，近代漸為棉布所取代，亦用羊毛線織成毛織物類；由於以苧麻為紗線耗工費時，大部分被現代紗線（混紡、尼龍、毛線）所取代。

古早時代由於居住在高海拔的山上，布農族服飾質材大都採擷於大自然環境，狩獵時獵物的皮毛是基本的禦寒衣物，水鹿、山羊、山羌的皮等各有用途之外，最常利用的是苧麻，這種原本生在山野的自然植物，布農人將之變成栽植植物，經過剝皮、抽絲、日曬、染色，再紡織成夾有特色紋飾的族服。

從前，布農族婦女要學習織布技藝，栽種苧麻，採收苧麻的莖幹，經過複雜的程式，剝取纖維，做成麻線，然後才織布。製麻線就有許多步驟，非常耗時，這是必修課程。如今現代布料取得容易，苧麻不再種植，布農族的織布藝術文化，面臨了傳承的隱憂。

隨著社會的進步，服飾中的貝殼、黑珠、銀質、銅質、玉、鹿角等裝飾，已逐漸被玻璃珠、彩色塑膠、亮片、銀絲線等代替。

雖然這些現代工藝材料看起來顯得更美艷耀眼，但原本那種古樸、敦厚、粗曠的原始特性卻也逐漸消失。

（四）服飾色彩的變遷

從日治時期學者攝影留下來的布農族祖先影像，男子服裝以白（上衣）、黑（遮陰布）色系為主；女子服裝以黑色系為主。南投縣境（信義鄉、仁愛鄉）與花蓮縣境（卓溪鄉、萬榮鄉）的布農族人仍然保留布農族自清代以來的民族服裝。

傳統上，代表布農族的布料顏色是黑、白色系為底，加上小面積的紅、黃、綠，使布料變得活潑而不單調。到了現代，在許多的場合裡可以看見布農族女性的服飾，有以藍色系為主者，配色也採取光豔瑰麗的各種色彩，可見布農族民族服飾的轉變是深受時代和環境的影響。

布農族的服飾，雖璀璨奪目，變化多端，但卻不難觀察出，服飾的色澤先以沉穩的深暗，摻以熱情的紅藍，而逐漸走向明艷開朗的黃紅彩紋，這其中的轉變受時代與環境因素的影響極大。

原住民織布藝術為了增加色彩上的變化，以植物或礦物為染料，豐富了麻線的色彩，加上植物染的顏色有天生耐看的韻味，沉穩而不突兀，令人覺得舒服。不過現代織布線材之多樣性及多色性，確實非常美觀，但是傳統麻線及植物染色的柔美自然又是人工色線所不及，因此如何利用現代技術結合傳統材料與現代材料的優點，值得思考。

以現在布農族盛裝「禮服」（以高雄、台東為例）為例，大多以手工編織，色彩艷麗多變化，呈幾何圖形花紋。南投縣信義鄉、仁愛鄉，花蓮縣卓溪鄉，花蓮縣萬榮鄉馬遠部落，花蓮縣瑞

穗鄉奇美村布農部落，台東縣長濱鄉南溪村三間部落等，布農族的服飾仍比較保有清代以來傳統的原始風味。

今之布農族服飾，男子頭飾或披戴經過綴珠的頭環，上衣的前胸、脊背、袖口，都有錦繡花紋，腰間及方形胸袋，色彩變化多；下身為素色前裙，具花紋者不多。女子頭飾極華麗，色彩更繁麗；頭飾所使用的素材有美麗的鳥類翎羽，鹿角雕刻、貝殼鑽磨、玉、綴珠、彩色毛線、根質釵掛；肩飾的花紋較大，採用菱型紋及方格紋較多，顏色亦較淡；下身的長裙，亦經錦繡花紋。女子與男子在服飾方面不同處，是女子服飾除有嵌織、夾織外，更有多種綴珠懸掛，而男子則無。（以上就台灣高雄、台東布農族服飾而言）

而在刺繡方面，布農族更能運用嵌織、夾織等技巧，繡出美麗圖案，確實難能可貴。

（五）服飾製作的變遷

傳統布農族的服飾技術稱為夾織與嵌織，這是在編織過程中，夾入不同色的緯線，以構成幾何形美麗的圖案變化。傳統男子服飾以白色當底色，以直條人字紋、菱形紋來製作服裝，如今更大量揉和黃、紅、紫、藍、黑、白等顏色的線，做成布農族男子的上衣。近年來，更大量採用金黃色，益增其美感。

（六）服飾因地域的變遷

現代高雄、台東兩縣布農族人之盛裝禮服，色彩艷麗多變化，呈幾何圖形花紋，多彩絢麗。從台東縣布農族現代服飾中，男子之肩帶（從右肩斜掛至左，本非布農人傳統之物）以及色澤

之運用與變化，可看出其受鄰近阿美族、排灣族、魯凱族、卑南族等的影響與啟發。而南投縣信義鄉、仁愛鄉，花蓮縣卓溪鄉、萬榮鄉、長濱鄉布農族的服飾，仍保守清代以來傳統的原始韻味，至今變化不大。

目前布農族與其他族群一樣，同受外來文化的影響，服飾在材料的選用、型式的剪裁和色彩的運用，都有很大的變化。因住居遷徙，例如高雄、台東的布農人，自祖居地南投縣境遷出，而與當地其他族群產生互動，因此在服飾上有相互學習與相混的情形，這是明顯易見的，唯族群基本型式可辨，不失是一種進步與突破。

（七）現代布農族的服飾

早期的布農族服飾非常樸素，一方面是製作服裝的材料有限，另一方面則是布農族人與溶入山林的性格，喜歡採取隱於山林的暗沉或單一素淨的顏色。

古時候服飾的原料都源於自然界，現代化科技材質則變化多端。布農族的女性服飾伴著斜襟紋飾，鑲嵌著懸吊的珠綴或銀飾，華麗而璀璨，走動起來還會叮噹作響。

總之，布農族的服飾，除遠古時期外，近代多以其獨特腰掛紡織方式，發揮其錦繡花紋特色，這些花紋有三角紋、曲折紋、條紋、菱形紋及方格紋等。雖然直到目前為止，布農衣飾仍然是台灣原住民各族群當中比較簡約的風格，但與過去相比，現代的布農服飾不論是剪裁、型式和配件，都比過去花俏華麗。

∧∧∧∧∧∧∧　三、住屋的變遷　∧∧∧∧∧∧∧

　　日本人強迫遷徙布農族人集團移住，並規劃由大家合力集體建築房屋，當時建造的住屋是用茅草、石板、原木等傳統木構建築。當時也是集體開闢農田，在日人主導下，建築房屋與開闢農田完工後，才分配住屋與墾地給族人，沒有參加集體築屋與墾地者，則分配不到住屋與墾地。唯據說與日本人比較親近者，似乎分配到比較多（好）的土地。

　　古昔，布農族人在居家環境方面，原來祖先的住屋多是利用石頭、頁岩、竹子、原木、草樹為建材，但是目前我們看到的布農族人的部落，早已經住進了現代化的房屋了，現在族人居住的房屋已經是磚頭、鋼筋、水泥結構。傳承傳統祖先智慧的石板屋（Lu-maq pis-tas），也已經見不到且看不出部落建築的傳統味道。

∧∧∧∧∧∧∧　四、交通運輸的變遷　∧∧∧∧∧∧∧

　　布農族人數千年來並非過著定耕的農業，原本只靠著粗糙的方法和工具種植小米、陸稻（旱稻）、芋頭、地瓜等主副食。直至日治時期集團移住後，才開始過著正式定耕的生活，日本人開始積極指導從事水田耕作等農業技術，此時期尚沒有良好的交通

運輸道路，都是一些羊腸小徑。從日治末期至今，部落的道路及農業道路逐漸開闢，農產品的運輸也才更加便利。

五、傳統宗教信仰與祭儀的瓦解

　　布農族人在不自覺的情況下，被日本人將一個包含著生計與宗教意涵的作物「小米」抽離出布農族人的生活。因為水稻種植的步驟與時間，和原來配合小米種植的歲時祭儀不合，因此，原有的歲時祭儀便已隨小米種植的停止而被迫瓦解。

　　布農族人環繞以小米為中心的宗教生活與信仰，隨之被破壞，定律的生活與祭儀不得不被迫消失。祭儀的消失，讓宗教信仰無法透過每年不斷重複的祭儀所強化，慢慢的脫離了原本一年四季均活在宗教氛圍的經濟文化活動中。隨著水田稻米轉作，布農族傳統有關小米的農業祭儀之執行者祭司（Liskadan-lusan），在小米的地位被稻米所取代，停止了種植小米之後，布農族的祭司也跟著消失，隨之祭司所屬的祭團（Kaskunan lusan）也解散了。

　　祭司的社會地位，是一位具備豐富天文知識和農業知識的人，包括引領族人尋找新耕地、決定種植時間、傳授種植技術等。布農族人相信其有Hanitu（靈力），可以收服土地與植物的Hanitu（靈力），讓農作豐收。唯水田稻作的引進，對祭司而言，是一種全新且不認識的作物，他不再能夠帶領布農族人種

植，隨之祭儀的消失，也使祭司無發揮空間，當他不再能主導水稻的種植豐收，其地位隨之式微，當環繞著小米建構的宗教信仰，在主要作物與主持祭儀強化宗教信仰的人均無作用時，背後構成的內在宗教信仰，當然就加速瓦解。目前布農族部落的祭司已經完全絕跡，自從新信仰基督教與天主教傳入，更加速了布農族原始宗教的消逝。

布農族因為經濟型態變遷，而使得原始宗教祭儀，至此已經完全轉型，甚至於瓦解。布農族經此一變遷，其社會構造、部落組織、生活型態，都造成急遽的變化。

布農族人從古時以狩獵維生，但至少在很早的時候就能夠耕地種植農作物，惟不可諱言地，狩獵文化、農業生活，離不開宗教祭儀的行為。

布農族人的傳統經濟文化活動，與Hanitu（精靈或鬼魂）信仰、祭司（Liskadan-lusan）、氏族制度等因素相互作用形成的經濟文化活動，並無法單純的從經濟理論、經濟效益來觀察。故此，與其說是布農族人的經濟生產活動，倒不如說是經濟文化活動來得貼近其內涵。

布農族人一年四季的祭儀相當繁多，如從開墾新地、播種農作物、除草，以至於收穫等工作，始終都離不了宗教儀式。

布農族的農耕活動與宗教密切關聯，而祭司（Liskadan-lusan）與巫師（Mamumuh）則是主要的宗教執行者，所有的農業祭儀及農事活動，社民均須聽從祭司的指導以從事這些活動。

布農族自舊社集團移住後，初期仍以山田燒墾為主要的生產方式，小米還是其主要糧食，因此有關小米的宗教歲時祭儀甚多，此時仍然繼續執行以小米為中心的祭典活動儀式，至大約民

國40年後，由於基督教、天主教之傳入，及農耕之變遷，傳統宗教祭儀遂逐漸消失不再舉行。

　　日治末期，稻米取代小米成為主要的作物，雖然只是一種經濟作物的改變，然而稻米的播種步驟與時間和小米不同，也因此，配合著小米播種的歲時祭儀，不免漸漸簡化，甚至停止，最後被自己瓦解，不再舉行。傳統宗教歲時祭儀的停止與瓦解，當然也與新興起的天主教、基督教教義的影響，有很大關係。

　　總之，布農族衣食住行文化的內涵，以及跌宕多姿的變遷史，無論是服飾上，從草縷結裙、卉服羽冠到衣裳五彩的變化；飲食上，從生食魚肉、飲血茹毛到熟食的進步；居住上，從巢居穴處到竹木結構的創造，以至今高樓大廈；交通上，從獨木橋，以步代車，乃至公路網的革新，其中步履艱難，峰迴路轉的演進，凝聚著族人幾十代甚至幾百年奮鬥不懈的心血與智慧。

　　許多文化的習俗，雖然在現代文明社會裡，或被淘汰而湮沒不存，或被更新整合而面目全非，或昇華為象徵式保留在節慶活動中，但總而言之，有價值的文化應能夠被體現出來，繼而發揚以至於愈加神采輝煌。

【註釋】
註1　丘其謙《布農族卡社群的社會組織》。
註2　同註1。
註3　同註1。
註4　同註1。
註5　同註1。

國家圖書館出版品預行編目資料

布農族傳統文化誌／田哲益（達西烏拉彎.畢馬
）著.初版. -- 臺中市：晨星，2019.09
　304 面；公分. -- （台灣原住民；064）

ISBN　978-986-443-925-6（平裝）

1. 布農族 2. 民族傳統 3. 民族文化

536.333　　　　　　　　　108013027

線上讀者回函，
加入馬上有好康。

台灣原住民 064
布農族傳統文化誌

作　　　者	田哲益（達西烏拉彎・畢馬）
主　　　編	徐惠雅
執 行 主 編	胡文青
校　　　對	田哲益、王詠萱、胡文青、陳智杰
美 術 設 計	王志峯
封 面 設 計	王志峯

創 辦 人	陳銘民
發 行 所	晨星出版有限公司
	台中市 407 工業區 30 路 1 號
	TEL：04-23595820　FAX：04-23597123
	E-mail：service@morningstar.com.tw
	http：//www.morningstar.com.tw
	行政院新聞局局版台業字第 2500 號
法 律 顧 問	陳思成律師
初　　　版	西元 2019 年 10 月 10 日
劃 撥 帳 號	22326758（晨星出版有限公司）
讀 者 專 線	04-23595819#230

印　　　刷	上好印刷股份有限公司

總 經 銷	知己圖書股份有限公司
	台北　台北市 106 辛亥路一段 30 號 9 樓
	TEL：（02）23672044／23672047
	FAX：（02）23635741
	台中　台中市 407 工業 30 路 1 號
	TEL：（04）23595819　FAX：（04）23595493
E - m a i l	service@morningstar.com.tw
網 路 書 店	http://www.morningstar.com.tw
郵 政 劃 撥	15060393
戶　　　名	知己圖書股份有限公司

定價 480 元
（如有缺頁或破損，請寄回更換）
ISBN：978-986-443-925-6
Published by Morning Star Publishing Inc.
Printed in Taiwan